全国高等教育药学类规划教材

药品GMP车间实训教程

郭永学　主　编

刘剑桥　柴海毅　马义岭　副主编

化学工业出版社

·北京·

内 容 简 介

《药品GMP车间实训教程》以我国《药品生产质量管理规范》(2010年修订)为基本准则和基本要求编写而成。全书共11章内容,主要涉及药品生产质量管理、公共设施管理、制药用水系统和洁净空调系统的管理,并以此为基础,以中药饮片与中药提取物生产线、化学非无菌原料药合成生产线、口服固体制剂(片剂和胶囊剂)生产线、典型发酵生物制品生产线、注射用粉针剂生产线、最终灭菌小容量注射剂生产线为主,按照制药生产工艺、生产设备、车间设计要点和GMP相关法规要求安排章节内容,注重理论与实践相结合,以期帮助学生在校期间就能树立正确的质量意识、熟悉制药工艺流程及质量控制方法、掌握常规设备的原理和操作规程,与毕业后进入制药企业生产车间建立衔接。

《药品GMP车间实训教程》可作为药学类专业专科、本科实训实践类教材,也可供制药企业开展培训参考使用。

图书在版编目(CIP)数据

药品GMP车间实训教程/郭永学主编.—北京:化学工业出版社,2022.2(2024.6重印)
全国高等教育药学类规划教材
ISBN 978-7-122-40206-6

Ⅰ.①药… Ⅱ.①郭… Ⅲ.①制药工业-质量管理体系-中国-高等学校-教材 Ⅳ.①F426.7

中国版本图书馆CIP数据核字(2021)第220460号

责任编辑:褚红喜　　　　　　　　文字编辑:林　丹　骆倩文
责任校对:宋　玮　　　　　　　　装帧设计:关　飞

出版发行:化学工业出版社(北京市东城区青年湖南街13号　邮政编码100011)
印　　装:北京科印技术咨询服务有限公司数码印刷分部
787mm×1092mm　1/16　印张17¼　字数422千字　2024年6月北京第1版第3次印刷

购书咨询:010-64518888　　　　　　售后服务:010-64518899
网　　址:http://www.cip.com.cn
凡购买本书,如有缺损质量问题,本社销售中心负责调换。

定　　价:58.00元　　　　　　　　　　　　　　　　　　　版权所有　违者必究

《药品GMP车间实训教程》编写组

主　编　郭永学

副主编　刘剑桥　柴海毅　马义岭

编　委（以姓氏笔画为序）

马思洋（沈阳药科大学）

马义岭（上海允咨医药科技有限公司）

王　伟（南京汇科生物工程设备有限公司）

王　嘉（中国医药集团联合工程有限公司）

王绍宇（中核第四研究设计工程有限公司）

文青云（辽宁美亚制药有限责任公司）

尹宏业（沈阳红旗制药有限公司）

刘剑桥（沈阳药科大学）

李灵坤（沈阳药科大学）

吴武通（浙江迦南制药设备有限公司）

吴　昊（沈阳药科大学）

佟　玲（北京东方仿真软件技术有限公司）

沙露平（沈阳药科大学）

张功臣（上海励响网络科技有限公司）

郑金旺（上海东富龙科技股份有限公司）

柴海毅（上海诺狄生物科技有限公司）

郭永学（沈阳药科大学）

唐志勇（上海远跃制药机械有限公司）

黄贤磊（浙江国祥空调设备有限公司）

谢　譩（天津天士力圣特制药有限公司）

前 言

《药品 GMP 车间实训教程》是根据《教育部关于"十二五"普通高等教育本科教材建设的若干意见》精神和 2010 年国家食品药品监督管理局修订的《药品生产质量管理规范》（GMP）的基本要求编写的。本教材注重理论与实践结合，突出制药工艺的系统性、设备的先进性和车间设计的规范性。通过学习本书与参与车间实训，可帮助学生树立正确的质量意识、熟悉工艺流程及质量控制方法、掌握设备原理及操作规程。

药品的特殊性决定了药品研发、生产、流通和使用各个环节的从业人员必须具备特殊的专业素质，但仅根据《药品生产质量管理规范》（GMP）要求，学生很难深入医药企业车间进行药学实习、实践。为解决学生实习岗位落实难、实习质量控制难等问题，沈阳药科大学以其南校区搬迁为契机，建设了校内药品 GMP 实训中心。沈阳药科大学药品 GMP 实训中心建于 2017 年，总建筑面积约为 15000m^2，实训教学区面积 5000m^2，洁净区与控制区面积 3000m^2，现有生产设备 298 台套，建有五条生产线，分别是化学非无菌原料药合成生产线，口服固体制剂（片剂、胶囊剂）生产线，中药饮片与中药提取物生产线，典型发酵生物制品生产线和最终灭菌小容量注射剂生产线，其中固体制剂和中药提取物制备车间符合 GMP 设计要求。所建公用工程包括制药用水系统（纯化水与注射用水）、洁净空调系统、压缩气系统、工业蒸汽系统、冷却水系统和理化分析室。药品 GMP 实训中心由中国医药集团联合工程有限公司设计，设备成套采购于国内一流药机企业，如楚天科技股份有限公司、浙江迦南制药设备有限公司和上海远跃制药机械有限公司等。该药品 GMP 实训中心是融规模化、系统化、信息化于一体的实践教学与制药工程研究平台。

本书参编作者是有一定工程实践经验的一线教师和多年从事医药设计、生产质量管理或设备验证的高级工程师。在本书编写过程中以实际生产线为依托，按照制药工艺、生产设备、车间设计要点和 GMP 法规要求的思路安排每章内容。全书第 1～5 章由郭永学、文青云、黄贤磊和张功臣编写；第 6 章由刘剑桥和唐志勇编写；第 7 章由马思洋、文青云、王嘉编写；第 8 章由沙露平、谢譿和吴武通编写；第 9 章、第 11 章由李灵坤、王伟编写；第 10 章由吴昊和郑金旺编写。北京东方仿真软件技术有限公司佟玲、上海允咨医药科技有限公司马乂岭、中国医药集团联合工程有限公司王嘉、中核第四研究设计工程有限公司王绍宇、沈阳红旗制药有限公司尹宏业、上海诺狄生物科技有限公司柴海毅对全书进行审核、校订。

教材编写过程中得到了化学工业出版社和各编委所属单位的大力支持，在此深表感谢！由于编者水平有限，本书不足之处在所难免，诚盼读者批评指正，以利教材不断完善。

编 者

2021 年 3 月于沈阳药科大学

目 录

上 篇

第1章 药品生产过程质量管理 / 2

- 1.1 概述 ……………………………………………………………………………… 2
- 1.2 机构与人员管理 ………………………………………………………………… 3
  - 1.2.1 概述 ……………………………………………………………………… 3
  - 1.2.2 机构设置与职责划分 …………………………………………………… 3
  - 1.2.3 人员培训 ………………………………………………………………… 4
  - 1.2.4 人员卫生管理 …………………………………………………………… 5
- 1.3 设备管理 ………………………………………………………………………… 5
  - 1.3.1 概述 ……………………………………………………………………… 5
  - 1.3.2 设备管理的原则性要求 ………………………………………………… 6
  - 1.3.3 制药设备设计和安装要求 ……………………………………………… 6
  - 1.3.4 制药设备维护和维修要求 ……………………………………………… 7
  - 1.3.5 制药设备使用和清洁要求 ……………………………………………… 7
  - 1.3.6 制药设备校准要求 ……………………………………………………… 8
- 1.4 物料与产品管理 ………………………………………………………………… 9
  - 1.4.1 概述 ……………………………………………………………………… 9
  - 1.4.2 物料与产品管理通用原则 ……………………………………………… 9
  - 1.4.3 原辅料及包装材料管理要求 …………………………………………… 10
  - 1.4.4 中间产品、待包装产品及成品管理要求 ……………………………… 10
  - 1.4.5 不合格品的管理要求 …………………………………………………… 11
  - 1.4.6 4个"Re"产品的管理要求 …………………………………………… 11
- 1.5 确认与验证 ……………………………………………………………………… 11
  - 1.5.1 概述 ……………………………………………………………………… 11
  - 1.5.2 验证总计划（VMP） …………………………………………………… 12
- 1.6 文件管理 ………………………………………………………………………… 13
  - 1.6.1 概述 ……………………………………………………………………… 13
  - 1.6.2 GMP文件管理的原则要求 ……………………………………………… 14
- 1.7 生产管理 ………………………………………………………………………… 15
  - 1.7.1 概述 ……………………………………………………………………… 15

  1.7.2 生产管理的基本文件要求 ……………………………………………………… 16
  1.7.3 生产管理的"四防"要求 ………………………………………………………… 17
  1.7.4 生产操作的管理要求 …………………………………………………………… 17
  1.7.5 包装操作的管理要求 …………………………………………………………… 18
思考题 ……………………………………………………………………………………… 18

第 2 章 药品生产质量控制与质量保障 / 19

 2.1 质量控制实验室管理 ……………………………………………………………………… 19
  2.1.1 概述 ……………………………………………………………………………… 19
  2.1.2 质量控制实验室人员要求 ……………………………………………………… 19
  2.1.3 质量控制实验室硬件要求（布局、环境、仪器设备）………………………… 20
  2.1.4 质量控制实验室"料"的要求 …………………………………………………… 20
  2.1.5 质量控制实验室"法"的要求 …………………………………………………… 20
 2.2 质量保证 …………………………………………………………………………………… 21
  2.2.1 概述 ……………………………………………………………………………… 21
  2.2.2 物料供应商的评估和批准 ……………………………………………………… 23
  2.2.3 物料和产品放行 ………………………………………………………………… 25
  2.2.4 持续稳定性考察 ………………………………………………………………… 26
  2.2.5 变更控制 ………………………………………………………………………… 26
  2.2.6 偏差处理 ………………………………………………………………………… 29
  2.2.7 纠正措施与预防措施（CAPA）………………………………………………… 32
  2.2.8 质量回顾分析 …………………………………………………………………… 33
思考题 ……………………………………………………………………………………… 33

第 3 章 公共设施管理 / 34

 3.1 概述 ………………………………………………………………………………………… 34
  3.1.1 制药厂房设计概述 ……………………………………………………………… 34
  3.1.2 厂房各区域主要原则 …………………………………………………………… 35
  3.1.3 厂房设计考虑要点 ……………………………………………………………… 36
 3.2 虫害管理 …………………………………………………………………………………… 37
  3.2.1 GMP 对虫害管理的要求 ………………………………………………………… 38
  3.2.2 厂房、设施与虫害管理 ………………………………………………………… 38
  3.2.3 虫害控制措施 …………………………………………………………………… 38
 3.3 备件系统管理 ……………………………………………………………………………… 39
  3.3.1 备件的定义 ……………………………………………………………………… 39
  3.3.2 备件管理的意义 ………………………………………………………………… 39
  3.3.3 备件库的管理 …………………………………………………………………… 39
 3.4 预防性维护系统管理 ……………………………………………………………………… 40
  3.4.1 预防性维护系统管理的相关法规要求 ………………………………………… 41

  3.4.2 GMP 中预防性维护的实施指导 ……………………………… 41
  3.4.3 预防性维护的意义 ……………………………… 41
 3.5 图纸系统管理 ……………………………… 41
  3.5.1 药厂图纸的分类 ……………………………… 42
  3.5.2 图纸管理的相关法规要求 ……………………………… 42
 思考题 ……………………………… 42

第 4 章 制药用水系统 / 43

 4.1 制药用水概述 ……………………………… 43
 4.2 制药用水的分类 ……………………………… 43
  4.2.1 饮用水 ……………………………… 44
  4.2.2 非药典水 ……………………………… 44
  4.2.3 纯化水 ……………………………… 44
  4.2.4 注射用水 ……………………………… 45
 4.3 制药用水的质量标准 ……………………………… 45
 4.4 制药用水的 GMP 标准 ……………………………… 47
  4.4.1 我国制药用水的 GMP 标准 ……………………………… 47
  4.4.2 制药用水的欧盟 GMP 标准 ……………………………… 48
  4.4.3 制药用水的 WHO GMP 标准 ……………………………… 48
  4.4.4 制药用水的 FDA cGMP 标准 ……………………………… 49
 4.5 制药用水系统的组成 ……………………………… 49
  4.5.1 制药用水系统的设计理念 ……………………………… 49
  4.5.2 纯化水制备单元 ……………………………… 51
  4.5.3 注射用水制备单元 ……………………………… 54
  4.5.4 制药用水储存与分配系统 ……………………………… 55
 4.6 制药用水系统关键工艺控制因素 ……………………………… 56
  4.6.1 关键质量属性 ……………………………… 56
  4.6.2 关键工艺参数 ……………………………… 59
 思考题 ……………………………… 60

第 5 章 洁净空调系统 / 70

 5.1 洁净空调系统概述 ……………………………… 70
  5.1.1 洁净空调系统的概念 ……………………………… 70
  5.1.2 洁净空调系统的运行原理及构成 ……………………………… 70
  5.1.3 典型洁净空调系统的应用 ……………………………… 71
 5.2 单元设备工艺原理 ……………………………… 73
  5.2.1 表冷器 ……………………………… 74
  5.2.2 加热系统 ……………………………… 74
  5.2.3 过滤系统 ……………………………… 74

5.2.4　风机 …………………………………………………………… 77
　　5.2.5　风管 …………………………………………………………… 77
　　5.2.6　风阀 …………………………………………………………… 78
　　5.2.7　气流组织 ………………………………………………………… 80
5.3　空调系统确认 ……………………………………………………………… 82
　　5.3.1　确认目的 ………………………………………………………… 82
　　5.3.2　确认程序 ………………………………………………………… 82
　　5.3.3　洁净空调系统确认 ………………………………………………… 85
5.4　空调系统设计计算 ………………………………………………………… 88
　　5.4.1　送风量的确定 ……………………………………………………… 88
　　5.4.2　新风量的确定 ……………………………………………………… 89
　　5.4.3　压差控制的计算 …………………………………………………… 90
　　5.4.4　温度和湿度要求 …………………………………………………… 92
5.5　隔离系统 …………………………………………………………………… 92
　　5.5.1　隔离系统概述 ……………………………………………………… 93
　　5.5.2　隔离器关键技术 …………………………………………………… 93
　　5.5.3　隔离器与传统洁净室的对比 ……………………………………… 95
5.6　GMP实训车间洁净空调系统 ……………………………………………… 96
　　5.6.1　人员进出洁净室 …………………………………………………… 96
　　5.6.2　物料进出洁净室 …………………………………………………… 99
　　5.6.3　洁净区良好的行为规范 …………………………………………… 99
思考题 ………………………………………………………………………………… 100

下　篇

第6章　中药饮片与中药提取物生产线 / 102

6.1　中药饮片 …………………………………………………………………… 102
　　6.1.1　中药饮片概述 ……………………………………………………… 102
　　6.1.2　我国GMP对中药制剂的部分要求 ………………………………… 102
6.2　中药饮片生产工序 ………………………………………………………… 103
　　6.2.1　净制 ………………………………………………………………… 104
　　6.2.2　润药 ………………………………………………………………… 105
　　6.2.3　切制 ………………………………………………………………… 107
　　6.2.4　干燥 ………………………………………………………………… 108
　　6.2.5　炮制 ………………………………………………………………… 109
　　6.2.6　粉碎 ………………………………………………………………… 111
　　6.2.7　生产监控点 ………………………………………………………… 112

6.3 中药提取物 ……………………………………………………………… 114
6.4 中药提取物生产工序 …………………………………………………… 115
 6.4.1 提取 ……………………………………………………………… 115
 6.4.2 浓缩 ……………………………………………………………… 117
 6.4.3 精制 ……………………………………………………………… 119
 6.4.4 再浓缩 …………………………………………………………… 120
 6.4.5 干燥 ……………………………………………………………… 122
 6.4.6 生产监控点 ……………………………………………………… 125
6.5 车间设计要点 …………………………………………………………… 125
 6.5.1 整体布局 ………………………………………………………… 126
 6.5.2 安全防爆 ………………………………………………………… 126
 6.5.3 设备布置 ………………………………………………………… 126
 6.5.4 工艺管道 ………………………………………………………… 127
思考题 …………………………………………………………………………… 127

第7章 化学非无菌原料药生产线 / 128

7.1 化学合成原料药 ………………………………………………………… 128
 7.1.1 概念 ……………………………………………………………… 128
 7.1.2 乙酰水杨酸的合成工艺 ………………………………………… 128
7.2 设备介绍 ………………………………………………………………… 130
 7.2.1 反应釜 …………………………………………………………… 130
 7.2.2 离心机 …………………………………………………………… 133
 7.2.3 双锥干燥机 ……………………………………………………… 135
 7.2.4 袋式过滤器 ……………………………………………………… 136
 7.2.5 三合一设备 ……………………………………………………… 136
7.3 化学合成药车间布局 …………………………………………………… 137
 7.3.1 车间产品组合的原则要点 ……………………………………… 137
 7.3.2 车间布局要点 …………………………………………………… 138
 7.3.3 车间布置中应注意的问题 ……………………………………… 140
 7.3.4 GMP 相关法规要求 ……………………………………………… 141
思考题 …………………………………………………………………………… 142

第8章 口服固体制剂生产线 / 143

8.1 工艺设计概述 …………………………………………………………… 143
 8.1.1 工艺设计的基本原则 …………………………………………… 143
 8.1.2 工艺设计的内容 ………………………………………………… 144
8.2 固体制剂过程操作单元 ………………………………………………… 145
 8.2.1 配料 ……………………………………………………………… 145
 8.2.2 粉碎 ……………………………………………………………… 147

        8.2.3　筛分 …………………………………………………………………… 148
        8.2.4　混合 …………………………………………………………………… 150
        8.2.5　制粒 …………………………………………………………………… 152
        8.2.6　干燥 …………………………………………………………………… 157
        8.2.7　整粒与混合 ……………………………………………………………… 159
        8.2.8　胶囊剂的制备 …………………………………………………………… 159
        8.2.9　片剂的制备 ……………………………………………………………… 161
        8.2.10　包衣 …………………………………………………………………… 165
        8.2.11　包装 …………………………………………………………………… 170
    8.3　隔离及密闭技术 …………………………………………………………………… 172
        8.3.1　排风 ……………………………………………………………………… 172
        8.3.2　隔离器 …………………………………………………………………… 172
        8.3.3　密闭传输技术 …………………………………………………………… 173
        8.3.4　工艺设备 ………………………………………………………………… 175
        8.3.5　生产线搭建 ……………………………………………………………… 175
    8.4　固体制剂车间设计要点 ……………………………………………………………… 177
        8.4.1　物料净化系统 …………………………………………………………… 177
        8.4.2　辅助间 …………………………………………………………………… 177
        8.4.3　排风除尘 ………………………………………………………………… 177
        8.4.4　前室 ……………………………………………………………………… 177
    8.5　GMP 相关法规要求 ………………………………………………………………… 177
        8.5.1　厂房相关 ………………………………………………………………… 177
        8.5.2　设备相关 ………………………………………………………………… 178
        8.5.3　生产管理相关 …………………………………………………………… 178
    思考题 ……………………………………………………………………………………… 179

第 9 章　典型发酵生物制品生产线 / 180

    9.1　典型发酵生物制品生产工艺流程 …………………………………………………… 180
        9.1.1　生物制剂概述 …………………………………………………………… 180
        9.1.2　L-天冬酰胺酶生产工艺流程 …………………………………………… 180
    9.2　单元设备工艺原理 …………………………………………………………………… 182
        9.2.1　公用系统的准备 ………………………………………………………… 182
        9.2.2　种子（发酵）罐 ………………………………………………………… 182
        9.2.3　高压纳米均质机 ………………………………………………………… 190
        9.2.4　管式离心机 ……………………………………………………………… 192
        9.2.5　膜过滤系统 ……………………………………………………………… 194
        9.2.6　色谱系统 ………………………………………………………………… 195
        9.2.7　冻干设备 ………………………………………………………………… 197
    9.3　典型岗位操作事项与车间设计要点 ………………………………………………… 197

	9.3.1 发酵罐的管理	197
	9.3.2 发酵罐操作的注意事项	197
	9.3.3 发酵过程应注意避免危险的操作	197
	9.3.4 车间设计要点	198
9.4	GMP 相关法规要求	199
	9.4.1 厂房与设备	199
	9.4.2 生产管理	199
9.5	灭菌方法	200
	9.5.1 概述	200
	9.5.2 专业术语与灭菌参数	200
	9.5.3 常用灭菌方法	202
	9.5.4 典型灭菌设备	205
	9.5.5 灭菌方法决策树	209
思考题		210

第 10 章　注射用粉针剂生产线 / 211

10.1	典型冻干粉针剂生产工艺流程	211
	10.1.1 冻干粉针剂工艺流程	211
	10.1.2 冻干工序	212
	10.1.3 GMP 部分相关条款	212
10.2	生产单元	213
	10.2.1 配液系统	213
	10.2.2 西林瓶洗烘灌联动生产线设备	215
	10.2.3 胶塞的清洗、消毒、干燥	225
	10.2.4 冻干设备	228
	10.2.5 轧盖	233
	10.2.6 灯检	236
10.3	冻干注射剂车间设计要点	240
	10.3.1 冻干粉针车间设计遵循的基本原则	240
	10.3.2 冻干粉针车间的设计流程	240
思考题		243

第 11 章　最终灭菌小容量注射剂生产线 / 253

11.1	典型工艺流程	253
	11.1.1 安瓿瓶水针工艺流程	253
	11.1.2 安瓿瓶水针工序	253
	11.1.3 GMP 部分相关条款	254
11.2	单元设备工艺原理	257
	11.2.1 无菌制剂	257

	11.2.2 灌封工序 ………………………………………………………………… 257
	11.2.3 灭菌检漏工序 …………………………………………………… 261
11.3	典型岗位操作注意事项与车间设计要点 ………………………………… 261
	11.3.1 灌封岗位操作注意事项 …………………………………………… 261
	11.3.2 灭菌岗位操作注意事项 …………………………………………… 262
	11.3.3 车间设计要点 ……………………………………………………… 262
思考题	…………………………………………………………………………………… 263

参考书目 / 264

上 篇

第1章 药品生产过程质量管理

第2章 药品生产质量控制与质量保障

第3章 公共设施管理

第4章 制药用水系统

第5章 洁净空调系统

第1章 药品生产过程质量管理

1.1 概述

GMP 是 "good manufacturing practice for drugs" 的英文缩写，直译为"药品良好的生产规范"，行业翻译为《药品生产质量管理规范》，相当于 "good practice in manufacturing and quality control for drugs"。GMP 适用于药物制剂、原料药、药用辅料、药用包装材料和直接涉及药品质量有关物料生产的全过程。

1963 年美国 FDA 颁布了世界上第一部《药品生产质量管理规范》(GMP)；1969 年 WHO 向世界推荐了自己的 GMP，标志着 GMP 的理论和实践开始从一国走向世界；之后世界上很多国家、地区制定了自己的 GMP。

我国在 20 世纪 80 年代初提出在制药行业中推行 GMP，至 1998 年前，我国药品一直由卫生行政部门监管；1988 年国家卫生部根据《药品管理法》，颁布了我国第一部《药品生产质量管理规范》(1988 年版)，作为正式法规执行；1992 年国家卫生部又对《药品生产质量管理规范》(1988 年版) 进行修订，颁布了《药品生产质量管理规范》(1992 年修订)。

至 1998 年我国国家机构改革，国家药品监督管理局作为国务院下辖的部门成立，行使管理药品等职责，于 1999 年 6 月 18 日颁布了《药品生产质量管理规范》(1998 年修订)（即为"旧版 GMP"），自 1999 年 8 月 1 日起施行，它的颁布使我国 GMP 更加完善、严谨、切合国情，便于药品生产企业执行。之后，国家药品监督部门从 2006 年开始，历经 5 年修订，在"旧版 GMP"的基础上，参考 EU GMP 及 WHO GMP，两次公开征求意见，对 GMP 进行了修订，《药品生产质量管理规范》(2010 年修订) 于 2011 年 2 月 12 日正式对外发布，于 2011 年 3 月 1 日起施行，同时发布执行的 5 个附录（分别是无菌药品、原料药、生物制品、血液制品、中药制剂）。《药品生产质量管理规范》(2010 年修订) 相对于 1998 年版 GMP，大幅度增加了内容，由 1998 年版的 14 章 88 条增加至 14 章 313 条，具有以下特点：全面提升了管理要求、部分提高了硬件要求、引入质量风险管理概念并增设相应管理制度、强调药品生产全过程必须按注册审评要求实施、完善与药品召回管理办法的有效衔接等。本章内容仅为 GMP 的一部分内容，所述药品以化学药为对象。

1.2 机构与人员管理

1.2.1 概述

GMP（2010年修订）第三章对机构与人员管理进行了阐述，表 1-2-1 为按主题划分的机构与人员涉及的 GMP 条款。

表 1-2-1　机构与人员涉及的 GMP 条款

主题	涉及条款
机构设置与职责划分	第十六~十九条(共 4 条)
关键管理人员的资质与职责	第二十~二十五条(共 6 条)
人员培训	第二十六~二十八条(共 3 条)
人员卫生管理	第二十九~三十七条(共 9 条)

1.2.2 机构设置与职责划分

机构设置与职责划分可以以"一大图""二参与""三职责"概括。

1.2.2.1 一大图

"一大图"指组织机构图。GMP 对此机构图有以下要求：

① 要求应建立与药品生产相适应的组织机构图；应至少涵盖生产管理、质量管理、物料仓储、设备、产品发运及人员管理等内容，并指定培训管理部门。

② 此机构图中要包含独立于其他部门（主要是生产管理部门）的质量管理部门。

③ 质量管理部门应履行质量保证（QA）和质量控制（QC）职责。

1.2.2.2 二参与

"二参与"指质量管理部门的两个重要职责。

① 应参与所有与质量有关的活动。是否与质量有关应经过科学评价，质量相关的活动有：供应商审计、物料放行、生产过程监控、产品放行、验证管理、自检、投诉与召回、问题产品调查、偏差与缺陷调查、变更控制管理等。

② 应负责审核所有与 GMP 规范有关的文件，如涉及物料管理、生产管理与操作、质量控制、质量保证、设备与设施管理等标准管理规程（SMP）和标准操作规程（SOP），旨在能持续平稳地保证产品质量。

1.2.2.3 三职责

"三职责"是指公司每个部门应建立职责，每个岗位应建立职责，质量管理职责通常不授予别的部门。

我国 GMP（2010 年修订）对质量管理部门及生产管理部门的职责未明确提出具体要求，在 ICH Q7A（原料药 GMP 指南 2001 年版）及 EU GMP 第Ⅱ部分（活性物质 GMP 指南，引用 ICH Q7A）中，对质量管理部门的职责进行了明确的界定，对生产活动应履行的职责进行了说明，质量部门及生产活动的主要职责见表1-2-2和表1-2-3。

质量部门的主要职责总结为"21346"，即"2要求、1系统、3审核或评价、4批准、6确保"，见表1-2-2。

表1-2-2 质量部门的主要职责

分类总结	细则
2要求(总要求)	应参与与质量有关的一切活动,应审核、批准与质量有关的所有文件
建立1系统	应建立原辅包材及中间产品放行和拒收管理系统
进行3审核或评价	①审核批记录,产品放行前,必须审核批记录(生产、包装、质量控制及相关记录); ②审核(及批准)确认与验证方案和报告; ③审核(评价)产品质量回顾分析报告
履行4批准	①批准质量标准和工艺规程; ②批准影响产品质量的相关操作规程; ③批准影响产品质量的变更; ④批准委托生产与委托检验
完成6确保	①确保物料都经过适当的检测并有测试报告; ②确保有稳定性数据支持中间体或原料药的复验期或有效期及储存条件; ③确保确立有效的体系,用于关键设备的维护、保养和校准; ④确保各种重大偏差已进行调查并已解决; ⑤确保对质量相关的投诉进行调查并予以适当处理; ⑥确保进行内部审计(自检)

生产活动的主要职责可总结为"226"，即"2参与、2规范、6确保"，详细内容见表1-2-3。

表1-2-3 生产活动的主要职责

职责分类	说明
2参与	①参与生产文件(工艺规程、SOP及与生产相关的其他操作规程)的制订、审核、批准和分发(软件); ②参与产品、工艺、设备变更的评估(软件)
2规范	①规范生产过程操作:按批准的生产规程生产操作(软件); ②规范生产记录:审核所有批生产记录,确保完整和签名(软件)
6确保	①确保厂房、设备的维护和保养(硬件); ②确保生产设施已清洁并在必要时消毒(硬件); ③确保新的(或经过改造的)生产设施和设备通过确认(硬件); ④确保进行必要的校准并有校准记录(硬件); ⑤确保验证方案、验证报告的审核和批准(软件); ⑥确保偏差均已报告、评价,关键偏差已调查并有结论、记录(软件)

1.2.3 人员培训

1.2.3.1 人员培训要求

① 应有专门或指定的部门或人员负责培训工作。应在组织机构图及职责类文件中明确列出，基于这类培训的范围必须涵盖GMP规范、与产品质量相关的活动及文件，建议将管理培训的部门或人员指定在质量管理部门，而不是简单地由人力资源部来管理。

② 应评估确定哪些人应纳入培训范围。GMP条款（第二十七条）规定"与药品生产、质量有关的所有人员都应当经过培训"，培训的要求与内容应当"与岗位的要求相适应"。

③ 应专门培训。对高风险操作区的工作人员应进行专门培训。

1.2.3.2 如何管理培训

① 要通过质量分析评估来确定培训范围。对每个部门或车间的培训应事先从本部门如何保证产品质量的角度进行风险评估，确定其培训范围，制订每个部门或车间的培训年度计划。培训计划原则上应由生产负责人或质量负责人批准。如对一个合成车间员工的培训，通常包含以下几个方面：a. 安全知识；b. GMP 现行版；c. 专业理论知识；d. 车间通用 SOP；e. 产品 SOP；f. 岗位设备操作。

② 应针对不同岗位细化培训内容，确保该岗位员工能履行规定的职责。

1.2.4 人员卫生管理

人员卫生管理较为复杂，根据 GMP 附录、GMP 指南，简单总结了 GMP 对人员卫生的基本要求，见表 1-2-4，详情参照相关条款。

表 1-2-4　人员卫生要求的相关条款和指南举例

主题	要求内容
培训	所有人员都应当接受卫生要求的培训，企业应当建立人员卫生操作规程，最大限度地降低人员对药品生产造成污染的风险（GMP 第二十九条）
体检	企业应当对人员健康进行管理，并建立健康档案。直接接触药品的生产人员上岗前应当接受健康检查，以后每年至少进行一次健康检查（GMP 第三十一条）
"三不得（避免）"	企业应当采取适当措施，避免体表有伤口、患有传染病或其他可能污染药品疾病的人员从事直接接触药品的生产（GMP 第三十二条）
	进入洁净生产区的人员不得化妆和佩戴饰物（GMP 第三十五条）
	操作人员应当避免裸手直接接触药品、与药品直接接触的包装材料和设备表面（GMP 第三十七条）

1.3　设备管理

1.3.1　概述

GMP（2010 年修订）第五章对设备管理进行了阐述。由于本书对"制药用水"有专门章节阐述，故此节仅对第七十一～九十五条设备概述的通用要求进行叙述，表 1-3-1 为按照主题划分的设备管理涉及的 GMP 条款。

表 1-3-1　设备管理涉及的 GMP 条款

主题	涉及条款	主题	涉及条款
原则性要求（软件/硬件方面）	第七十一～七十三条	使用和清洁要求	第八十二～八十九条
设计和安装方面的要求	第七十四～七十八条	校准要求	第九十～九十五条
维护和维修方面的要求	第七十九～八十一条		

本节的设备仅指用于生产车间的设备，不包含 QC 的设备和仪器。

1.3.2 设备管理的原则性要求

1.3.2.1 对设备硬件方面的要求

在设计选型阶段,应考虑的因素具体见表1-3-2。

表1-3-2 制药设备硬件方面的要求(供参考,但不限于这些)

序号	要求
1	总体要求: 应符合预定用途,降低"四防"(防止污染、交叉污染、混淆和差错)风险;(必要时)可进行消毒和灭菌。 预定用途:设备的设计和选型要与生产规模及批生产量相适应,主要设备的能力应与水、电、气、冷等公用工程系统相配套
2	对材质要求(与药品接触): 凡与药品接触的设备表面均应采用不与其反应、不释放出微粒及不吸附物料的材料。设备及管道表面应耐腐蚀,不与药品发生化学反应、不吸附药品、不释放微粒,避免因设备自身材质的原因影响产品质量
3	结构方面要求: 设备的结构要简单。需要清洗和灭菌的零部件应易于拆装,不便拆装的要设清洗口。 设备表面应光滑、易清洁。与物料直接接触的设备表面应光洁、平整、耐腐蚀、易清洗、易消毒,以减少藏污纳垢的死角。无菌室的设备还要满足灭菌的需要。 设备最好能便于在线清洁(CIP)。采用CIP的方式进行清洗,避免藏污纳垢,使上批生产的药品能够得到彻底清洗,不致残留到下一批次或者另一品种的药品当中,同时避免污染源,从而保证药品安全
4	润滑剂要求: 设备所用的润滑剂、冷却剂等不得对药品或容器造成污染,这些关键设备尽可能不用或者少用润滑剂,可以采用无油润滑方式进行润滑,如磁力搅拌。若确实需要,应采取有效措施避免泄漏、污染药品或者容器,并尽量采用食品级的润滑剂
5	零配件要求: 管道的连接,如工艺用水,尽量采用内外表面都比较光洁的管道进行自动焊接,少用卡箍连接,不得使用螺纹连接,以避免产生死角;尽量选用隔膜阀,不得选用球阀。 对于保温材料、密封材料、过滤材料、垫圈垫片等,要求无毒、无污染,而且不能对药品、环境产生影响,保温层应由不锈钢等材料紧密包裹,不外露
6	确认方面要求: 生产设备的设计必须易于验证,必要时应有专门的验证接口,重要的仪表应易于拆卸校正
7	环境健康安全(EHS)要求: 设备选择需考虑当地政府对安全环境的法规要求

1.3.2.2 对设备软件方面的要求

制药设备软件方面的基本要求详见表1-3-3。

表1-3-3 制药设备软件方面的基本要求(供参考,但不限于这些)

设备阶段	应包含的软件、记录、资料等
采购阶段	用户需求(URS)、设计确认(DQ)、采购合同
安装、试运行阶段	设备资料,安装确认(IQ)、运行确认(OQ)等确认报告
使用	操作SOP
维护和维修	维护和维修SOP(包括预防性维修SOP)
清洁	清洁SOP
报废	报废的流程SOP(或SMP)

1.3.3 制药设备设计和安装要求

表1-3-2列出了相关制药设备设计和安装的硬件方面的要求(如表中1、2、3、4、5

项），在软件方面应有 URS（必要）、安装确认（IQ）、运行确认（OQ）记录或报告。

此外，还有以下两点值得注意：

① 制药设备还"应当配备有合适量程和精度的衡器、量具、仪器和仪表"，强调制药设备用于产品制造的工艺参数要求，这是生产过程控制的主要方面，直接与产品质量相关。在 GMP 现场检查中，往往会出现这方面的缺陷，而这点往往被忽略。如制药设备配备的金属温度表精度不够，工艺要求控制精度在 1℃，而仪表显示最小刻度为 2℃，直接影响产品质量。

② 制药企业如使用模具，如压片冲模、包装成型热封模具，也关系到产品的质量，应当建立系列操作规程（采购、验收、保管、维护、发放、报废），由专人专柜保管，并应有相关操作记录。

1.3.4 制药设备维护和维修要求

每类（个）制药设备应建立相关维护和维修 SOP，其中也包括预防性维修 SOP。维修的种类包括故障性维修（breakdown maintenance，BM）和预防性维修（preventive maintenance，PM）。

1.3.4.1 故障性维修管理

(1) 概念

当设备在运行中出现故障或发现存在故障隐患时所采取的纠正性措施，叫做故障性维修，主要包括维修或备件更换等活动。设备在故障后如何维修也需要有批准的书面流程并按其执行。

(2) 管理流程

从 GMP 角度来说，关键生产设备发生故障会对产品质量造成或大或小的影响。此时应该按照偏差的管理流程上报 QA，由 QA 组织相关部门进行分析，确定对产品造成的影响及对产品的处理。同时要求对设备进行维修并制订相应的纠正预防措施。

1.3.4.2 预防性维修管理

(1) 概念

日常的设备（设施）检查及后续的定期跟踪活动叫做预防性维修。

(2) 管理流程

预防性维修计划应由工程/维修部门制订，并经过质量部门批准。应定期对预防性维修计划进行回顾及评估，任何针对预防性维修内容的调整如增加或删除设备、调整维护的内容、改变维护频率等都需要经过批准。

并不是所有设备都需要制订预防性维修程序，需要根据设备对产品的关键程度及设备本身的特点来确定。

1.3.5 制药设备使用和清洁要求

1.3.5.1 使用方面要求（"四要"）

(1) 要有状态标识

每台设备应有明确的状态标识。与设备相连的主要固定管道应标明内容物和流向，不合格的设备应搬出或有醒目标识。

(2) 要在参数范围内使用

设备验证中确认的参数范围应符合设备说明书规定的范围，涵盖设备运行的参数范围。

(3) 要有操作 SOP

每台设备应有使用 SOP。使用 SOP 通常包括以下内容（但不限于这些）：

① 职责划分（操作由哪个部门执行，维护和维修由哪个部门执行）。
② 设备概况（可附说明书资料）。
③ 详细操作要领。
④ 设备操作记录。
⑤ 应急情况处理流程。

对于系统十分复杂的设备，SOP 可用示意图、表格、流程图来表示，以使操作者更直观地了解、掌握 SOP，掌握操作技能。

(4) 要有使用日志

用于药品生产或检验的设备和仪器，应当有使用日志，记录内容包括清洁、维护和维修情况以及日期、时间、所生产及检验的药品的名称、规格、批号等。

1.3.5.2 设备清洁要求

设备清洁要有清洁 SOP。清洁 SOP 的相关规定应具体和完整。一般清洁 SOP 包括：

① 清洁操作方法描述、清洁用设备或工具、清洁剂的名称和配制方法。
② 去除前一批次标识的方法。
③ 保护已清洁设备在使用前免受污染的方法。
④ 已清洁设备最长的保存时限。
⑤ 使用前检查设备清洁状况的方法。
⑥ 如清洁方法中规定需拆装设备，还应当规定设备拆装的顺序和方法。
⑦ 如清洗后还需对设备进行消毒或灭菌，应当规定消毒或灭菌的具体方法、消毒剂的名称和配制方法。必要时，还应当规定设备生产结束至清洁前所允许的最长间隔时限。
⑧ 清洁状态标识要求。生产设备如没有内容物应当标明清洁状态。要有清洁日记或工作日记。

1.3.6 制药设备校准要求

检定、校准、校验的相关概念详见表 1-3-4。

表 1-3-4 检定、校准、校验的相关概念

术语名称	解释	举例
检定	查明和确认计量器具是否符合法定要求的程序，包括检查、加标记和(或)出具检定证书	压差测量仪、电子天平、砝码、台秤、电子秤、可燃气体报警器等
校准	它指"在规定条件下，为确定测量仪器或测量系统所指示的量值，或实物量具或参考物质所代表的量值，与对应的由标准所复现的量值之间关系的操作"。校准结果既可给出被测量的示值，又可确定示值的修正值。校准结果可以记录在校准证书或校准报告中	电导率仪、pH 计、HPLC、微量水分测定仪、紫外-可见分光光度计、自动旋光仪、容量瓶、微粒检测仪、红外光谱仪等

术语名称	解释	举例
校验	它与检定和校准均有一定联系又有明显区别。它不具有法制性与校准相同,在技术操作内容上与检定有共性,一般可进行校准,也可以对其他有关性能进行规定的检验,并最终给出合格性的结论	—

GMP 规范要求不得使用未经校准、超过校准有效期、失准的衡器、量具、仪表以及用于记录和控制的设备、仪器。

1.4 物料与产品管理

1.4.1 概述

通常说的物料管理是一个广义概念,即物料所包含的对象包括物料和产品。而《药品生产质量管理规范》中将物料与产品的概念进行了细分,其中物料包括原料、辅料、包装材料。就药品制剂而言,原料特指原料药;就原料药而言,原料是指用于原料药生产的除包装材料以外的其他物料。

GMP(2010 年修订)第六章对物料与产品管理进行了规定,共 7 节 36 条,现将物料管理的相关主题总结如表 1-4-1 所示。

表 1-4-1 物料产品管理涉及的 GMP 条款

主题	涉及条款
物料与产品管理运用原则	第一百零二~一百零九条
原辅料管理要求	第一百一十~一百一十七条
包装材料管理要求	第一百二十~一百二十七条
中间产品与待包装产品管理要求	第一百一十八~一百一十九条
产品管理要求	第一百二十八~一百二十九条
不合格品管理要求	第一百三十一~一百三十二条
回收(recovery)产品管理要求	第一百三十三条、GMP 附录 2 原料药
返工(reprocess)产品管理要求	第一百三十四条、第一百三十五条、GMP 附录 2 原料药
重新加工(rework)产品管理要求	
退货(return)产品管理要求	第一百三十六条、第一百三十七条

值得注意的是,一说到物料和产品管理,一般认为只与仓库管理人员有关。通过表 1-4-1 列出的主题可以看出,物料与产品管理至少涉及仓储、供应、QC、QA、生产车间及销售部门,是综合管理的内容。

1.4.2 物料与产品管理通用原则

物料与产品管理通用原则总结如表 1-4-2 所示,其管理要点可以总结为"建标准、定供商、建(系列)规程、重发运"四个方面。

表 1-4-2　物料与产品管理通用原则

通用要求	要求内容
建标准	原料、辅料、包装材料应当建立符合药品预定用途的质量标准
定供商	物料供应商的确定及变更应当进行质量评估，并经质量管理部门批准后方可采购
建（系列）规程	应当建立物料与产品的操作规程，确保物料和产品的正确接收、储存、发放、使用和发运，防止污染、交叉污染、混淆和差错
重发运	物料和产品的运输应当能够满足保证其质量的要求，对运输有特殊要求的，其运输条件应当予以确认

1.4.3　原辅料及包装材料管理要求

各类物料的 GMP 管理要求基于质量风险评估，管理要求的层次是有区别的，原辅料与直接接触药品包材的 GMP 要求是相同的，表 1-4-3 列出了其 GMP 管理要求。

表 1-4-3　原辅料与包装材料的 GMP 管理要求比较

管理要求（职责管理部门）	原辅料		包装材料		
	固体物料，如醋酸钠、7-ACA	桶装液体物料，如三乙胺、盐酸	直接接触产品包材，如药用 PP 袋、药用铝桶	印刷包材，如标签、说明书	非印刷空白包材，如空白纸箱、泡沫板
供应商管理要求（QA）	根据物料重要性分类，起始物料、直接接触药品包材及经评估认为是重要的辅料应作为关键物料，需要定期进行现场质量审计，其他为一般物料，进行书面资质审核				
应建立标准和检验规程。进厂编号；每种物料均建立代号及编号规定（仓库）	√		√		
储存（按规定条件进行仓库储存）	√		√	应专柜储存、专人保管	√
进厂验收要点（仓库）：①品名、数量应与订单一致；②应来自批准的供应商；③应有标签并注明产品名称、批号、数量等信息；④应包装完整	√		√		
取样检测出具报告（原辅料一般由 QC 出具，包装一般由 QA 出具）	一般按统计学取样：<300 件按 $\sqrt{n}+1$ 取样，≥300 件按 $\frac{\sqrt{n}}{2}+1$ 取样		视情况另作规定		
放行批准（QA）	√				

1.4.4　中间产品、待包装产品及成品管理要求

1.4.4.1　概念

中间产品：完成部分加工步骤的产品，尚需进一步加工方可成为待包装产品。

待包装产品：尚未进行包装但已完成所有其他加工工序的产品。

成品：已完成所有生产操作步骤和最终包装的产品。

1.4.4.2　管理要求比较

中间产品、待包装产品及成品管理要求见表 1-4-4。

表 1-4-4　中间产品、待包装产品及成品管理要求

类别	储存要求	标识要求
Ⅰ	应在适当条件下储存：马上用于下步工序的某些中间体、温度敏感产品(如离心后的中间体湿品用于下一步干燥)，可在车间短时间储存，不用转移到仓库中，但其常温存放时限应经过验证	应含以下内容：①产品名称和企业内部的产品代码；②产品批号；③数量或重量(如毛重、净重等)；④生产工序(必要时)；⑤产品质量状态(必要时)
Ⅱ	应按注册备案条件储存	按注册批准的标志、说明书进行标识

1.4.5　不合格品的管理要求

不合格品的管理要求至少包含以下内容：
① 先隔离，并有明显标志，以防止错误发放；
② 再调查，质量部必须参与调查并评估，提出处理措施；
③ 处理措施审批，审批由质量管理负责人批准。

1.4.6　4个"Re"产品的管理要求

为了便于比较和理解，将退货（return）产品、回收（recovery）产品、返工（reprocess）产品、重新加工（rework）产品统一简称为"Re"产品，但其管理要求有差别，详见表1-4-5。

表 1-4-5　"Re"产品的管理要求

类别	管理要点
退货(return)产品	企业应当建立药品退货的操作规程，并有相应的记录，内容至少应当包括：产品名称、批号、规格、数量、退货单位及地址、退货原因及日期、最终处理意见。 同一产品同一批号不同渠道的退货应当分别记录、存放和处理
回收(recovery)产品	产品回收需经预先批准，并对相关的质量风险进行充分评估，根据评估结论决定是否回收。回收应当按照预定的操作规程进行，并有相应记录。回收处理后的产品应当按照回收处理中最早批次产品的生产日期确定有效期
返工(reprocess)产品	不合格的制剂中间产品、待包装产品和成品一般不得进行返工。只有不影响产品质量、符合相应质量标准，且根据预定、经批准的操作规程以及对相关风险充分评估后，才允许返工处理。返工应当有相应记录
重新加工(rework)产品	制剂产品不得进行重新加工。 对返工或重新加工或回收合并后生产的成品，质量管理部门应当考虑需要进行额外相关项目的检验和稳定性考察

1.5　确认与验证

1.5.1　概述

GMP（2010年修订）第七章对确认与验证进行了阐述，另外，GMP附录"确认与验证"（2015年）对确认与验证进一步提出了管理要求。表1-5-1对此进行了简单总结。

表 1-5-1　确认与验证相关 GMP 条款

条款	内容概述
GMP(2010年修订)第七章 第一百三十八～一百四十九条	对确认与验证的总原则进行规定
GMP附录：确认与验证(2015年) 共十章54条	是对上述第七章的条款细化，包含验证总计划、验证文件的管理要求，细化了设备、设施的3Q要求，细化了工艺验证、清洁验证、运输确认的基本要求

为了系统了解"确认与验证"，有必要了解其相关术语，详见表1-5-2。

表 1-5-2　确认与验证基本术语

序号	术语	术语英文名及缩写	解释
与设备确认有关的术语			
1	用户需求	URS(user requirement specification)	指使用方对厂房、设施、设备或其他系统提出的要求及期望
2	设计确认	DQ(design qualification)	为确认设施、系统和设备的设计方案符合期望目标所作的各种查证及文件记录
3	安装确认	IQ(install qualification)	为确认安装或改造后的设施、系统和设备符合已批准的设计及制造商建议所作的各种查证及文件记录
4	运行确认	OQ(operation qualification)	为确认已安装或改造后的设施、系统和设备能在预期的范围内正常运行而作的试车、查证及文件记录
5	性能确认	PQ(performance qualification)	为确认已安装连接的设施、系统和设备能够根据批准的生产方法和产品的技术要求有效稳定(重现性好)运行所作的试车、查证及文件记录
与工艺验证有关的术语			
6	关键质量属性	CQA(critical quality attribute)	指某种物理、化学、生物学或微生物学的性质，应当有适当限度、范围或分布，保证预期的产品质量
7	关键工艺参数	CPP(critical process parameter)	关键工艺参数的变化会影响关键质量属性(CQA)，需要在生产中对其进行监测和控制，以确保产品质量符合要求
8	工艺验证	PV(process validation)	为证明工艺在设定参数范围内能有效稳定地运行并生产出符合预定质量标准和质量特性药品的验证活动
9	同步验证	concurrent validation	在商业化生产过程中进行的验证，验证批次产品的质量符合验证方案中所有规定的要求，但未完成该产品所有工艺和质量的评价即放行上市
10	模拟产品	simulation product	与被验证产品物理性质和化学性质非常相似的物质材料。在很多情况下，安慰剂具备与产品相似的理化特征，可以用来作为模拟产品
与清洁验证有关的术语(清洁验证和最差条件)			
11	清洁验证	CV(cleaning validation)	有文件和记录证明所批准的清洁规程能有效清洁设备，使之符合药品生产的要求
12	最差条件	at worst cases	在标准操作规程范围内(或超出)，由工艺参数的上、下限和相关因素组成的一个或一系列条件。与理想条件相比时，最差条件使产品或者生产工艺失败的概率为最大，这样的条件不一定导致产品或生产工艺的失败
13	运输确认	distribution qualification	对运输有特殊要求的物料和产品，其运输条件应当符合相应的批准文件、质量标准中的规定或企业(或供应商)的要求

1.5.2　验证总计划（VMP）

（1）验证总计划的内容

每个药厂必须制订验证总计划（validation master plan，VMP），确保确认与验证的活动是在有序组织下进行的。

根据 GMP 附录"确认与验证"对验证总计划的内容要求，一个企业的验证总计划可以按表 1-5-3 进行组织。

表 1-5-3　验证总计划的基本内容

主题	具体内容
职责方面	列出确认与验证活动的组织机构及职责
依据	GMP 法规及验证指南,确认与验证的基本原则
	所引用的技术文件及文献
通用管理原则	格式要求:确认或验证方案、报告的基本要求
	偏差管理:在确认与验证中偏差的处理
	变更控制:在确认与验证中变更控制的管理
	验证周期:保持持续验证状态的策略,包括必要的再确认和再验证
计划具体内容	计划范围:待确认或待验证项目的概述
	计划时序:总体计划和日程安排
	子计划的实施:可将总计划按部门划分,细分子验证计划,确定责任人、完成时间,备注具体每个项目的再确认或再验证的周期等

(2) 验证总计划的规划原则

根据 GMP 附录"确认与验证"对验证总计划的要求，验证总计划的规划应体现"范围要全、时序要对、动态管理"原则。

(3) 确认与验证的类别

①设备确认；②安装确认；③运行确认；④性能确认；⑤分析方法验证；⑥清洁验证；⑦工艺验证；⑧包装验证；⑨运输验证。

1.6　文件管理

1.6.1　概述

EU GMP 对文件管理的原则要求做了清晰表述，引用如下：良好的文件和记录是质量保证系统的基本要素。表达清晰的文件能够避免由口头传达所引起的差错，并有助于追溯每批产品的历史情况。必须有内容正确的书面质量标准、生产处方和指令、规程以及记录。文件表述的清晰易懂极为重要。

这与我国 GMP（2010 年修订）第八章"文件管理"的要求基本上是相同的，归纳 GMP（2010 年修订）"文件管理"相关条款，主要内容总结如表 1-6-1 所示。

表 1-6-1　文件管理 GMP 要求

主题	相关条款号	备注
文件管理的原则要求	第一百五十～一百六十条	文件类别、管理、合法性、记录的总体要求
几类文件设计与制订格式的刚性要求	质量标准类文件:第一百六十四～一百六十七条 工艺规程类文件:第一百六十八～一百七十条 批生产记录类文件:第一百七十一～一百七十五条 批包装记录类文件:第一百七十六～一百八十条 操作规程类文件:第一百八十一条	质量控制类文件(如取样操作规程,检验规程与检验记录,试剂、培养基及菌种相关记录,标准品与对照品相关记录)在"质量控制"章节规定

续表

主题	相关条款号	备注
还有哪些活动(除生产、质控外)应建立操作规程及记录	第一百八十三条	环境及卫生方面:人的卫生、更衣、虫害控制,环境监控,设备清洁、消毒; 硬件方面:厂房的维护,设备的维护、装配与校准; 质量保证及其他管理方面:确认与验证、变更控制、偏差处理、投诉、召回、退货

1.6.2 GMP文件管理的原则要求

1.6.2.1 GMP文件的类别

传统上将GMP文件划分为技术标准、管理标准、工作标准、记录与报告四类,其含义和举例见表1-6-2。

表1-6-2 GMP文件传统类别的含义和举例

类别	含义	举例
技术标准	药品生产技术活动中,由国家、地方、行政及企业颁布和制订的技术性规范、准则、规定、办法、规格标准、规程和程序等书面要求	产品的质量标准、工艺规程、检验规程等
管理标准	由国家、地方或行政单位颁发的有关法规、制度或规定等文件及企业为了行使生产计划、指挥、控制等管理职能,使之标准化、规范化而制订的规章制度、规定、标准或办法等书面要求	生产管理制度、物料管理制度、设施、设备的使用、维护、保养和检修等制度等
工作标准	企业内部对每一项独立的生产作业或管理活动所制订的规定、标准程序等书面要求,或以人或人群的工作为对象,对其工作范围、职责权限以及工作内容考核所规定的标准、程序等书面要求	文件管理操作规程、各种岗位操作规程和各种标准操作规程
记录与报告	生产、质量控制及其他管理与操作活动形成的操作记录、试验报告、管理分析总结报告等	岗位操作记录、批生产记录、批检验记录、批档案、产品留样检验记录、各种台账、产品质量回顾报告、验证报告等

但在实际应用中,企业往往将GMP文件归纳为三类:标准管理规程(standard management procedure,SMP)、标准操作规程(standard operational procedure,SOP)、标准测试规程(standard test procedure,STP)。其涵盖类别见表1-6-3。

表1-6-3 GMP文件类别举例

类别	含义	举例
SMP	standard management procedure 标准管理规程	人力资源、QA、QC、生产部、设备部、物料部、销售部等职能部门的GMP管理类文件。 文件命名一般为"♯♯♯标准管理规程",文件的类别一般为"管理规程"
SOP	standard operational procedure 标准操作规程	SOP-部门代号:为通用的操作类规程,包括各生产车间生产、各品种检验、各设备(仪器)使用等操作。 SOP-SC(产品代号):为各产品的生产岗位标准操作法。 文件命名一般为"♯♯♯标准操作规程",文件的类别一般为"操作规程"
STP	standard test procedure 标准测试规程	物料、产品质量标准、检验规程,产品工艺规程、验证(确认)方案。 文件命名一般为"♯♯♯质量标准/检验规程/工艺规程/验证方案",文件的类别一般为"标准类"

1.6.2.2 文件管理的原则要求

文件管理的原则应体现系统性、有效性、合规性，具体见表1-6-4。

表1-6-4 GMP文件管理的原则要求

要求	说明
系统性	应根据企业组织机构图、企业产品特点建立文件架构体系，应涵盖GMP规范各个方面。在进行文件体系构架前，至少应有相关先导性文件、记录编号、厂房、车间、设备、物料编号的管理规程，以确保文件编号的唯一性
有效性	应建立文件设计、制订、审核、批准、分发、复制、替换、撤销等管理规程，确保文件和记录是现行有效的版本。 对上述各类文件的各阶段人员资质应在软件中进行明确规定，质量管理人员至少应参与审核过程
合规性	表现在以下方面(但不限于这些)： ①文件内容应与企业药品生产许可证相符。 ②具体产品工艺规程与批生产记录、SOP、质量标准及检验规程应与批准的药品注册要求一致，质量控制方面除满足注册标准要求外，还应满足现行药典管理要求。 ③文件格式应符合规定要求。 ④除上述之外，还应"与时俱进"，与相关国家法规(如物料管理方面适应于"易制毒化学品管理条例")相符，应进行动态管理
变更控制	影响产品质量的有关文件的修订或增订，应按变更控制管理要求进行，按照质量风险评价要求，还应有相关评价、确认验证过程，在"有效性"管理中应突出此要求

1.7 生产管理

1.7.1 概述

我国GMP（2010年修订）第三条提出了GMP规范是"药品生产管理和质量控制的基本要求，旨在最大限度地降低药品生产过程中污染、交叉污染以及混淆、差错等风险，确保持续稳定地生产出符合预定用途和注册要求的药品。" EU GMP在"生产"章"原则"项更直白地指出，"必须根据GMP，严格按照明确的规程进行生产操作，以确保产品达到必需的质量标准，并符合药品生产许可和药品注册批准的要求。"综观我国GMP（2010年修订）"生产管理"要求，总计33个条款，是围绕上述原则要求进行叙述的，值得注意的是EU GMP"生产"章（2015年版）对生产管理要求描述更细致，条款达71条。表1-7-1对我国GMP生产管理要求条款进行了简要总结。

表1-7-1 我国GMP生产管理要求条款归类

主题	条款号	解释
原则	第一百八十四～一百九十六条（13条）	涉及生产工艺文件、物料平衡、批次划分与批号编辑、"四防"（防止污染、防止交叉污染、防止混淆、防止差错）共四个方面的原则要求
"二防"要求（防污染、防交叉污染）	第一百九十七～一百九十八条（2条）	涉及生产过程防止污染、防止交叉污染通常应采取的措施及定期评价要求
生产操作要求	第一百九十九～二百零一条（3条）	涉及生产准备、中间控制与操作、后清场的基本要求
包装操作要求	第二百零二～二百一十六条（15条）	涉及包装操作的要求，重点是如何在包装各环节进行"四防"

为了较清晰了解 GMP 生产管理方面的要求，根据笔者的理解，拟从以下几个方面进行叙述：

① 生产管理的基本文件要求；
② 生产管理的"四防"要求；
③ 生产操作的管理要求；
④ 包装操作的管理要求。

其中，后三者存在重复交叉的要求，将在叙述中予以简化。

1.7.2 生产管理的基本文件要求

这方面的文件类别主要包括：通用生产管理文件、产品技术文件与记录、生产操作前后清场、生产线清洁 SOP 等。

具备良好的配套生产管理类文件是做好生产管理的先决条件，是培训生产操作人员的必备条件。生产管理的主要基本文件要求见表 1-7-2。

表 1-7-2　生产管理的主要基本文件要求

大类别	包含的文件（小类别）	备注
通用管理类（文件）	产品批次划分原则	应能够确保同一批次产品质量和特性的均一性；具体产品工艺规程应按此要求说明本产品批次是如何划分的
	产品批号编制和生产日期确定原则	每批药品均应当编制唯一的批号。除另有法定要求外，生产日期不得迟于产品成型或灌装（封）前经最后混合的操作开始日期，不得以产品包装日期作为生产日期。具体产品工艺规程应有此内容
	中间产品状态标识要求	生产期间使用的所有物料、中间产品或待包装产品的容器及主要设备、必要的操作室应当贴签标识或以其他方式标明生产中的产品或物料名称、规格和批号，如有必要，还应当标明生产工序
	设备、容器状态标识要求	容器、设备或设施所用标识应当清晰明了，标识的格式应当经企业相关部门批准。除在标识上使用文字说明外，还可采用不同的颜色区分被标识物的状态（如待验、合格、不合格或已清洁等）
	洁净区环境监测要求	应当进行中间控制和必要的环境监测，并予以记录
	具体车间"四防"要求	应纳入车间通用 SOP 中，各产品的各工序 SOP 应据此通用 SOP 制订
	物料平衡要求	每批产品应检查物料与产量平衡是否在设定范围
	前后清洁清场要求	
	生产偏差处理要求	
产品生产技术类（文件）	产品工艺规程	应与注册批件要求一致
	该产品各岗位（工序）操作规程	应基于工艺规程制订
	批生产操作记录及批包装操作记录	应根据相应生产及包装操作 SOP 制订记录，记录是 SOP 的一部分。批生产及操作记录格式应符合相关 GMP 要求。基于质量风险评估，将"四防"要求的具体措施嵌入 SOP 中，可列为记录中生产前准备和检查事项
清场及生产线清洁类（文件）	清场 SOP 与记录	每个岗位应有前清场、后清场 SOP 与记录
	生产线清洁 SOP	一般应有小清洁（同品种批与批之间）、周期性清洁（同品种连续生产一定批次清洁）及大清洁（更换品种前清洁）SOP，对大清洁应按相关规定制订清洁目标物限度标准及其他监测指标

1.7.3 生产管理的"四防"要求

"四防"是指防止污染、防止交叉污染、防止混淆、防止差错,是生产过程管理的重要方面,应涵盖生产中各环节,包括生产计划安排、物料领取、车间暂存及每批称量后归置与标识、生产过程防尘和防污染、生产过程与包装过程各类标识(中间体/中间产品、容器与设备、管路)等。

应基于质量风险评估来制订共性"四防"措施(如备料过程、投料过程、离心时中间产品转运、干燥出料防尘等方面的"四防"要求),可纳入车间通用操作类文件;具体产品各岗位操作规程与记录应体现通用要求。如非无菌原料药离心工序出料是湿品,则需要将其转移到干燥岗位进行干燥,一般在 D 级洁净区进行,转移时如湿品标识不明则可能导致混淆和差错,该产品离心 SOP 必须有以下内容:离心出料时用药用 PP 袋分装、称量,每袋上必须贴签并标注产品名称、产品批号、数量、工序、操作日期、记录人等信息,不允许无标识湿料转移。

综合总结"生产管理"GMP 条款,在"四防"方面有如下原则要求(表 1-7-3)。

表 1-7-3 生产管理"四防"要求

总体要求	采取措施
a. 增强"四防"意识	在生产的每一阶段,应当保护产品和物料免受微生物污染和其他污染
b. 合理安排生产	不得在同一生产操作间同时进行不同品种和规格药品的生产操作,除非没有发生混淆或交叉污染的可能。 采用阶段性生产方式,在分隔的区域内生产不同品种的药品
c. 规范现场管理	标识方面:生产期间使用的所有物料、中间产品或待包装产品的容器及主要设备、必要的操作室应当贴签标识或以其他方式标明生产中的产品或物料名称、规格和批号,如有必要,还应当标明生产工序。容器、设备或设施所用标识应当清晰明了,标识的格式应当经企业相关部门批准。除在标识上使用文字说明外,还可采用不同的颜色区分被标识物的状态(如待验、合格、不合格或已清洁等)。 人员限制:生产厂房应当仅限于经批准的人员出入。 清洁清场:每次生产结束后应当进行清场,确保设备和工作场所没有遗留与本次生产有关的物料、产品和文件。下次生产开始前,应当对前次清场情况进行确认
d. 注意风险环节	人员:在易产生交叉污染的生产区内,操作人员应当穿戴该区域专用的防护服。 气流:设置必要的气锁间和排风;空气洁净度级别不同的区域应当有压差控制;应当降低未处理或未经充分处理的空气再次进入生产区导致污染的风险;干燥设备的进风应当有空气过滤器,排风应当有防止空气倒流装置;生产厂房应当仅限于经批准的人员出入。 工具:采用密闭系统生产;生产和清洁过程中应当避免使用易碎、易脱屑、易发霉器具;使用筛网时,应当有防止因筛网断裂而造成污染的措施。 清洁方法:采用经过验证或已知有效的清洁和去污染操作规程进行设备清洁;必要时,应当对与物料直接接触的设备表面的残留物进行检测
e. 评估及持续改进	应当定期检查防止污染和交叉污染的措施并评估其适用性和有效性

1.7.4 生产操作的管理要求

生产管理操作除遵守本章 1.7.2、1.7.3 的原则要求外,还应遵守以下几个方面的要求:
① 生产前准备工作:清洁、清场符合要求,要使用的设备处于可用、清洁状态,有记录、有确认。

② 生产过程操作：应按规程进行操作，进行必要中控并符合要求，进行环境监测并符合要求，要有记录，关键操作应双人复核。

③ 生产后工作：每一生产段完成后应清场并有记录。

1.7.5　包装操作的管理要求

除遵守本章 1.7.2、1.7.3 的原则要求外，GMP（2010 年修订）对包装操作的管理要求条款共有 15 条，占生产管理总要求条款的 45%。这主要是因为基于风险管理要求，包装是生产环节的最后工序，越接近药品使用者的工序，如出现污染、交叉污染、混淆和差错，危害越大，越应加强管理。总结包装操作的相关要求见表 1-7-4，为了便于掌握要点，可总结为"5231"：包装前做"5 应"，包装中做"2 规"与"3 查"，包装后做"1 清"。

表 1-7-4　包装操作的管理要求

阶段	要求
包装前准备与检查工作（"5 应"）	清洁清场应彻底：包装开始前应当进行检查，无上批遗留的产品、文件或与本批产品包装无关的物料，检查结果应当有记录。 设备完好应可用：包装开始前应当进行检查，确保工作场所、包装生产线及其他设备已处于清洁或待用状态，检查结果应当有记录。 包材正确应相符：包装操作前，还应当检查所领用的包装材料正确无误，核对待包装产品和所用包装材料的名称、规格、数量、质量状态，且与工艺规程相符。 现场标识应清晰：每一包装操作场所或包装生产线，应当有标识标明包装中的产品名称、规格、批号和批量的生产状态。 分装容器应干净：待用分装容器在分装前应当保持清洁，避免容器中有玻璃碎屑、金属颗粒等污染物。
包装中操作（"2 规"）	标签等信息应规范：包装材料上印刷或模压的内容应当清晰，不易褪色和擦除。 标签打印应规范：单独打印或包装过程中在线打印的信息（如产品批号或有效期）均应当进行检查，确保其正确无误，并予以记录。如手工打印，则应当增加检查频次。使用切割式标签或在包装线以外单独打印标签，应当采取专门措施，防止混淆。
包装中检查（"3 查"）	中控检查（6 项目）（应当至少包括下述内容）：①包装总体外观是否整洁；②包装是否完整；③产品和包装材料是否正确；④打印信息是否正确；⑤在线监控装置的功能是否正常；⑥样品从包装生产线取走后不应当再返还。 "平衡"检查：物料平衡检查中，发现待包装产品、印刷包装材料以及成品数量有显著差异时，应当进行调查，未得出结论前，成品不得放行。 "专门"检查：因包装过程产生异常情况而需要重新包装产品的，必须经专门检查、调查并由指定人员批准。重新包装应当有详细记录。
包装后清场（"1 清"）	包装后清场：包装结束时，已打印批号的剩余包装材料应当由专人负责全部计数销毁，并有记录。如有未打印批号的印刷包装材料，应当按照操作规程执行退库。

思考题

1. GMP 经过了怎样的发展历程？
2. GMP（2010 年修订）包含多少章？多少节？几个附录？

第 2 章
药品生产质量控制与质量保障

2.1 质量控制实验室管理

2.1.1 概述

质量控制（QC）实验室管理适用于药品研发后期、产品/技术转移、产品规模化正式生产、产品发运与贮存、产品上市考察乃至退市等主要环节。对正式批准的样品，在安排规模化生产及上市的整个过程中，建立、实施并维护一个有效的实验室管理体系是企业质量管理体系的一个十分重要的方面，该实验室管理体系的作用主要体现在三个方面：

① 物料放行方面。及时检测用于药品制造的生产物料，为生产出合格的药品提供必备的前提条件。

② 中控及成品质量检测方面。有效的药品生产过程中间控制保证了各个阶段生产产品的正确性和质量符合性，准确的终产品的检验数据为产品最终放行提供了重要的质量依据。

③ 持续稳定性考察方面。有效的稳定性数据和趋势分析指导企业确定药品正确的有效期、包装材料、运输/贮存条件等，并确保在市产品处于有效的质量保证状态。

如何建立质量控制实验室管理体系，我国 GMP（2010 年修订）第十章第一节提出了最基本的要求，为了便于理解总结，拟从"人""机""料""法"加以归纳，如表 2-1-1 所示。

表 2-1-1 与质量控制实验室管理相关 GMP 条款

主题	相关 GMP 条款
对"人"的要求	第二百一十七~二百一十九条
对"机"(含布局、环境)的要求	第六十三~六十七条(布局、环境)、第二百一十七条、第九十~九十四条；第一百三十九条、第一百四十四条(对机器、设备要求)
对"料"的要求	第二百二十六条、第二百二十七条
对"法"的要求	第二百二十~二百二十五条

2.1.2 质量控制实验室人员要求

质量控制实验室人员方面的基本要求，总结如表 2-1-2 所示。

表 2-1-2　质量控制实验室人员要求

要求	说明
对人员数量要求	人员数量应与产品性质和生产规模相适应
对 QC 主管要求	应具有足够的管理实验室的资质和经验。虽然 GMP 对 QC 主管的资质未作硬性规定，但在公司文件中应具体规定
对检验员工要求	至少应当具有相关专业中专或高中以上学历，并经过与所从事的检验操作相关的实践培训且通过考核

2.1.3　质量控制实验室硬件要求（布局、环境、仪器设备）

质量控制实验室硬件方面的要求，在 GMP"质量控制"部分未进行表述，散分于"厂房与设施"章节和"设备"章节，总结如表 2-1-3 所示。

表 2-1-3　质量控制实验室硬件要求

要求	说明
布局（环境）方面要求	"2 分"：质量控制实验室通常应与生产区分开；生物检定、微生物、放射性同位素的实验室应分开。 "2 防"：防混淆、防交叉污染，药品处置、留样、稳定性考察、保存应布局合理、空间充足。 "3 专"：必要时设专门仪器室以防干扰；生物样品处理室、动物房按专门国家法规要求设计、建造
仪器设备方面要求	数量要够：数量应与产品性能、生产规模相适应，满足检验要求。 合格后方能用：经校准、检查合格后，并经过必要确认或再确认合格后才能用于检验

2.1.4　质量控制实验室"料"的要求

我国 GMP（2010 年修订）对质量控制实验室的试剂与试液、培养基与检定菌、标准品与对照品提出了明确要求，涵盖采购、接收、配制、使用等环节，其中仪器的主要易耗件（如色谱柱）应按"料"进行管理，具体可以参考 GMP（2010 年修订）的物料管理章节相关要求，细化采购、接收、配制、使用相关管理规程。

2.1.5　质量控制实验室"法"的要求

质量控制实验室的"法"是指质量控制实验室应按哪些要求（"法"）建立相关管理程序性文件和操作类文件，当然这些要求也包含在本章 2.1.2~2.1.4 的要求中。为了简化，这里的"法"主要包含以下几个方面：应配备哪些工具资料、应建立哪几大类文件、质量控制实验室数据完整性。

2.1.5.1　应配备哪些工具资料

我国 GMP（2010 年修订）第 220 条要求："质量控制实验室应当配备药典、标准图谱等必要的工具书，以及标准品或对照品等相关的标准物质"，按此要求，质量控制实验室应配备的工具书见表 2-1-4（供参考）。

表 2-1-4　质量控制实验室应配备的工具书

序号	工具书（技术资料名称）	要求
1	中国药典	现行版
2	标准图谱	现行版

续表

序号	工具书(技术资料名称)	要求
3	中国药典(增补本)	现行版
4	中国药品检验标准操作规范(中国药品生物制品检定所编写)	现行版(用于制订检验规程和操作SOP)
5	相关物料国家标准、行业标准	现行版(用于制订物料等的检验规程和标准)
6	国外药典(如必要)	现行版(如USP、EP、BP)
7	其他(如新的相关技术指南)	—

2.1.5.2 应建立哪几大类文件

质量控制实验室文件架构体系见表2-1-5。

表2-1-5 质量控制实验室文件架构体系

序号	类别	涵盖范围
1	QC管理类文件	应涵盖质量控制各方面(人员培训、取样、检验、留样、试剂与试液管理、培养基与检定菌管理、标准品管理、超标管理、仪器确认、分析方法转移与验证、数据可靠性、持续稳定性考察等)
2	QC仪器SOP类	每类仪器应有操作、维护SOP与使用、保养记录
3	QC通用SOP类	检验通用SOP类,如人员进出质量控制实验室标准操作规程、玻璃仪器的洗涤标准操作规程
4	物料质量标准与检验规程	
5	产品质量标准与检验规程	产品质量控制主文件与记录
6	中间控制标准与检验规程	
7	确认与验证方案	包含硬件(仪器、设备)及软件(分析方法等)的确认与验证

2.1.5.3 质量控制实验室数据完整性

数据完整性(data integrity,DI)是近年来引入GMP管理的一个新概念,GMP规范中未涉及。英国药品监管机构(MRHA)对"数据完整性"的定义是:数据完整性的范畴包括所有数据在整个数据生命周期中的全面性、一致性和准确性的程度。数据完整性的设置必须在整个数据生命周期中,保持数据的准确、完全、内容和含义。

值得注意的数据不仅指QC实验室的检验分析数据,还包括生产过程的数据;不仅指计算机化系统产生的数据,还包括人工观测后进行的纸质记录及来自简单仪器、设备自动记录的数据等。

基于"质量控制实验室数据完整性"的课题复杂,无法用小篇幅来展开讲述,建议阅读以下相关指南对DI做较深入了解:

① MHRA GMP Data Integrity Definitions and Guidances for Industry March 2015 (MHRA GMP数据完整性定义和行业指导原则2015年3月)。

② 药品数据管理规范(征求意见稿),国家药品监督管理局食品药品审核查验中心。

2.2 质量保证

2.2.1 概述

2.2.1.1 概念关系

我国GMP(2010年修订)对GMP、QA(质量保证)、QC(质量控制)并未给出明确的概念，参考 GMP 指南（质量管理体系分册，2011 年版）及 EU GMP 第一部分（2008 年版），QS、QA 等的概念涵义及关系见表 2-2-1。

表 2-2-1 QS、QA 等的概念涵义及关系

概念	概念涵义
QS	质量管理体系，指建立质量方针和质量目标，并为达到质量目标所进行的有组织、有计划的活动
QA	质量保证，是质量管理的一部分，强调的是为达到质量要求应提供的保证。质量保证是一个宽泛的概念，它涵盖影响产品质量的所有因素，是为确保药品符合其预定用途并达到规定的质量要求所采取的所有措施的总和
QC	质量控制，是质量管理的一部分，强调的是质量要求。具体是指按照规定的方法和规程对原辅料、包装材料、中间品和成品进行取样、检验和复核，以保证这些物料和产品的成分、含量、纯度和其他形状符合已经确定的质量标准
QRM	质量风险管理，是质量管理方针、程序及规范在评估、控制、沟通和回顾风险时的系统应用
相互关系图	（图：质量控制(QC)、GMP、质量保证(QA)、质量管理体系(QS) 的嵌套关系图）

值得注意的是，EU GMP 第一部分（2013）的第一章对上述概念进行了修订，EU GMP 根据 ICH Q10（制药质量系统，2009 年版），将 QS、QA 合并为 PQS（药品质量管理体系），而不单独列出 QA，PQS 不同于原 QA，相应概念也作了修订。本章节基于现行的我国 GMP 及指南对 QA 的各个方面展开叙述。

2.2.1.2 关于质量保证 GMP 法规系统

我国 GMP 规范关于 QA 的法规条款总结如表 2-2-2 所示。

表 2-2-2 关于 QA 的 GMP 条款

主题	条款
QA 涵盖范围与要求（总体要求）	第八～十条
供应商的评估和批准	第二百五十五～二百六十五条
物料和产品放行	第二百二十八～二百三十条
持续稳定性考察	第二百三十一～二百三十九条
变更控制	第二百四十一～二百四十六条
偏差处理	第二百四十七～二百五十一条
纠正措施和预防措施	第二百五十二～二百五十四条
质量回顾分析	第二百六十六～二百六十八条
投诉与召回	第二百六十九～二百七十七条，第二百九十八～三百零五条
自检	第三百零六～三百零九条

2.2.1.3 QA 涵盖范围与要求

QA 是 QS（质量管理体系）的一部分，企业应以完整的文件形式明确 QA 的管理地位、组成和运行，应按照药品法规和 GMP 的要求，涵盖验证、物料、生产、检验、放行和发运

等所有环节,并定期评估质量保证系统的有效性和适用性。

一个药厂的质量保证系统应涵盖药品生命周期,确保各个方面符合 GMP 要求。质量保证系统的要求见表 2-2-3。

表 2-2-3　质量保证系统的要求

涵盖方面	确保目标
设计、研发方面的原则	设计和研发符规(GMP 要求)
商业化生产方面的原则	总体要求:生产管理和质量控制符规(GMP 要求)。 "人":管理职责明确。 "料":对物料供应、入库、取样、检测监督审核合格后才能放行。 "法":①过程控制:确认验证应按计划实施(VMP);生产中控有效(IPC);按规程控制进行生产、检查、检验和复核。 ②产品放行:应经质量受权人(QP)批准。 ③产品发运:应有保证药品质量的适当措施。 ④自检与评估:应定期自检,评估 QA 系统的有效性和适用性

表 2-2-3 提出了质量保证系统的基本要求,按此要求,具体到药品生产质量管理方面,应达到表 2-2-4 中的基本要求,其目的是确保能持续稳定地生产出符合预定用途和注册要求的药品。

表 2-2-4　药品生产质量管理基本要求

主题	解释说明	备注
严格管理生产工艺	工艺制订:制订生产工艺,系统地回顾并证明其可持续稳定地生产出符合要求的产品。 变更控制:生产工艺及其重大变更均经过验证	—
配备合适资源	至少包含以下 6 个方面: ①具有适当资质且培训合格的人员; ②足够的厂房和空间; ③适用的设备和维修保障; ④正确的原辅料、包装材料和标签; ⑤经批准的工艺规程和操作规程; ⑥适当的贮运条件	—
规范生产过程各环节管理	文件方面:操作规程应通俗易懂。 人员方面:必须经过培训,能正确按照操作规程操作。 记录方面:记录(批生产记录、批检验记录、批发记录)全面、有追溯性,应妥善保存	共性要求:各环节如发生偏差,应经过调查并记录,采用质量风险评估原则,评估其对产品质量的影响。应调查导致药品投诉和质量缺陷的原因,采取纠正措施和预防措施(CAPA),防止类似偏差或缺陷再次发生
规范产品上市各环节管理	应建立发运 SOP,降低药品发运过程中的质量风险。 应建立投诉系统和召回系统,确保能召回任何一批已发运的产品	

2.2.2　物料供应商的评估和批准

物料供应商管理是物料管理的源头,从质量风险管理角度看,物料采购不当引入了产品的质量风险因素,需要建立合适的供应商管理体系来降低这方面的风险。如何建立合适的供应商管理体系,综合分析 GMP(2010 年修订)相关条款(第二百五十五~二百六十五条),其主要要求见表 2-2-5。

表 2-2-5　物料供应商的评估和批准 GMP 要求

主题	要求
职责与资质	对物料供应商的评估和批准是质量管理部门应履行的职责,相关人员及其他部门不得干扰,应指定履行此职责的管理人员,被指定的人员应具有相关法规和专业知识。 具有足够的质量评估和现场审计的实践经验。 负责合格供应商名单的审核与分发,负责变更控制、定期回顾与档案管理
管理文件	应建立供应商管理文件,涵盖供应商分类(基于 QRM)、评估方式与审计、批准、撤销、变更控制、档案管理流程
审计方式	根据物料对产品质量的影响,审计方式可以分级管理。审计方式可包含现场审计、委托审计等
变更控制	应按变更控制管理程序来执行,变更控制程序文件应将此内容纳入。对关键物料变更供应商的,应进行充分质量风险评估,根据变更可能对药品安全性、有效性和质量可控性的影响,进行相应的技术研究和必要的稳定性考察后,并经质量部门审核、批准后,方能实施变更
定期回顾与档案管理	质量管理部门回顾分析物料质量检验结果、质量投诉和不合格处理记录。企业应当对每家物料供应商建立质量档案,档案内容应当包括供应商的资质证明文件、质量协议、质量标准、样品检验数据和报告、供应商的检验报告、现场质量审计报告、产品稳定性考察报告、定期的质量回顾分析报告等

物料可分为主要物料和一般物料,主要物料的供应商确定应当综合考虑企业所生产的药品质量风险、物料用量以及物料对药品质量的影响程度等因素。原料药生产用的物料供应商分类可参考表 2-2-6。

表 2-2-6　原料药生产用的物料供应商分类

主要物料(关键物料)		一般物料(非关键物料)	
分类号	说明	分类号	说明
K1	原料药或药品	C1	非起始物料,如助剂、试剂
K2	起始物料(包括外购中间体)	C2	非起始物料,如溶媒(如划为 K2、K4,则按 K2、K4 管理)
K3	原料药最后加工阶段的主要物料	C3	标签及纸箱(外包材)
K4	直接接触药品的包装材料	C4	垫板(外包材)
K5	其他:认为影响产品质量且现行工艺不能去除其影响的物料	C5	其他:经评估认为对产品质量不产生影响或影响可能性很小的物料

说明:
主要物料(关键物料):key materials,以"K"符号表示。
一般物料(非关键物料):common materials,以"C"符号表示。
K1 中虽为药用辅料,但在工艺中是作为助剂使用的,可划为 C1 类;供应商审查可增加委托调查形式

根据物料评估分类,其审计层次一般分为:初步评估、进一步评估、现场质量审计、委托调查质量审计、临时现场质量审计、定期评估等,这几种审计方式及适用对象可参考表 2-2-7。

表 2-2-7　物料供应商分类与审计方式

序号	评估层次	解释	适用对象
1	初步评估	对物料供应商进行初步确认(主要资质、质量标准)	如确认为一般物料,且符合初步评估要求,即可作为供应商的批准依据。 为主要物料供应商评估初步内容
2	进一步评估	主要物料一般要进行 1~3 批小批量试生产,有必要的话要进行稳定性考察	适用于主要物料或认为有必要的一般物料
3	现场质量审计	对主要物料的生产商一般要进行现场质量审计,由 QA 指定专人组织执行。如质量稳定、无影响物料质量的工艺变更,再次审核周期一般为 3 年一次。如必要在此期间可按下述 4 进行委托调查质量审计,由 QA 根据情况决定	适用于主要物料

续表

序号	评估层次	解释	适用对象
4	委托调查质量审计	对优质供应商(一般为GMP认证的药厂或药厂背景下生产医药中间体的厂家)或路途远不便前行的供应商,此调查可替代3的调查;或先进行此委托调查,一般由物料生产厂家提供详细资料,经QA审查后决定是否要进行现场质量审计。此审计要求原则同3。 接触药品包装材料的辅助材料,如药用铝听的丁基胶圈,对此类物料供应商一般采取委托调查质量审计	适用于主要物料及认为有必要的一般物料
5	临时现场质量审计	审计要求原则上同3,同时针对发生原因对相关内容进行重点审计。 一般在下列情况下要安排此审计:如物料出现质量问题或生产条件、工艺、质量标准和检验方法等可能影响质量的关键因素发生重大改变时。 发生上述情况时,可按2的要求进行进一步评估及调查(包括对供应商进行委托调查),会同结果经QA评估,由QA决定是否有必要进行现场质量审计	适用于主要物料和一般物料
6	定期评估(厂内)	一般每年对该物料的供应商提供的物料质量及使用情况进行评估。对一般供应商可将此结果判断作为是否继续作为合格商的判断批准依据。对于未到现场质量审计或委托质量审计的主要物料供应商,应进行定期评估	适用于一般物料及主要物料

2.2.3 物料和产品放行

GMP相关条款(第二百二十八~二百三十条)对物料和产品放行管理进行了明确规定,将其主要要求总结如表2-2-8(物料放行管理要求)和表2-2-9(产品放行管理要求)所示。

对于中间产品的放行,考虑此类产品用于企业内进一步加工生产,是下一步产品的物料,在批记录(包含批生产记录、批检验记录及相关辅助记录)审查要求方面,应参照产品放行要求(表2-2-9)进行,但在放行人员职责方面,可参照物料放行要求进行,审核、批准人员由物料放行人员承担。

表2-2-8 物料放行管理要求

项目	审查要求
职责与资质	应由质量管理部门指定本部门人员(专人)审查、指定专人批准。这些人员应经物料放行等规程培训,并有QA主管或质量负责人(受权人)签发的授权备案书
审查主要内容	被审核的物料的采购、接收、贮存过程正确; 包装完整,密闭无泄漏; 有供应商的COA(报告单); QC按规定进行取样、检测,并出具了检测报告(合格)或按相关规定进行了检查(如印刷标示材料一般由QA进行检查)
放行单	放行单内容至少有物料名称、进厂编号、原批号、数量、放行结论、审核人、批准人及放行日期

表2-2-9 产品放行管理要求

项目	审查要求
职责与资质	产品放行审核人员应由质量管理部门指定人员担任,应经放行程序等知识培训,有质量负责人(或受权人)签发的授权书。放行审核人员可设2名以上,以确保产品能正常审核放行。 产品放行最终批准人为质量受权人

续表

项目	审查要求
审查主要内容	1. 产品放行先决条件： ①相关设备或系统处于确认状态(在有效期内)； ②产品分析方法经过验证； ③产品工艺经过验证并在有效期内。 2. 批生产记录审查： 完成了生产，有批生产记录、批包装记录及相关生产过程检查记录并经相关主管人员签名。 3. 批检验记录审查： ①该批使用的物料已经过必要检验、检查并经 QA 放行； ②该批产品已按规定的检验规程进行检验，有检验记录和报告，并经相关主管人员签名。 4. 偏差处理(如有)：如发生偏差，按相关规定进行调查，并有必要的取样、检查、审核、偏差调查报告，由相关主管人员签名。 5. 变更的处理(如有)：如发生变更，按变更控制要求完成必要的确认或验证、检查、审核工作，应有变更控制记录及相关报告和记录，由相关主管人员签名。如涉及重大变更，应按规定报药监部门批准。 6. 如有 4 或 5 情形发生，应对相关的批次进行质量风险评估，相关批次产品放行与否应结合评估情况进行审核
放行单	应至少有产品名称、产品批号、数量、结论(放行或不予放行)内容、QA 审核人员(可设 2 人，分别为审核 1、审核 2)、审核日期、放行人(质量受权人)及放行日期

2.2.4 持续稳定性考察

药品的稳定性是指原料药及其制剂保持物理、化学、生物学和微生物学性质的能力。稳定性试验研究是药品质量控制研究的主要内容之一，与药品质量研究和药品质量标准的建立紧密相关，具有阶段性特点，贯穿原料药、制剂产品及中间产物的研究与开发的全过程，一般始于药品的临床前研究，在药品临床研究期间和上市后还应继续进行稳定性监测和研究。

2.2.5 变更控制

2.2.5.1 概述

关于变更控制的管理，药品 GMP 指南（质量管理体系分册，2011 年版）根据 ICH Q10（制药质量体系，2009 年版）要求，将之作为"质量保证元素"来对待（图 2-2-1），可见其重要性。

综合相关 GMP 条款，对变更控制管理要求总结如表 2-2-10 所示。

表 2-2-10 变更控制管理 GMP 要求

主题	说明
变更定义	EU GMP 指出变更控制是由适当学科的合格代表对可能影响厂房、系统、设备或工艺的验证状态的变更提议或实际的变更进行审核的一个正式系统,其目的是使系统维持在验证状态而确定需要采取的行动并对其进行记录
变更适用范围	我国 GMP(第二百四十一条):应当建立操作规程,规定原辅料、包装材料、质量标准、检验方法、操作规程、厂房、设施、设备、仪器、生产工艺和计算机软件变更的申请、评估、审核、批准和实施。质量管理部门应当指定专人负责变更控制。 ICH Q10:变更管理应贯穿整个产品生命周期(药品研发、技术转移、商业生产、产品终止),在产品生命周期的不同阶段,变更管理应用的程度不同,商业生产阶段应建立正式的变更管理系统

续表

主题	说明
变更的分类	我国 GMP(第二百四十二条)：变更都应当评估其对产品质量的潜在影响。企业可以根据变更的性质、范围、对产品质量潜在影响的程度将变更分类(如主要、次要变更)。判断变更所需的验证、额外的检验以及稳定性考察应当有科学依据
变更申请、评估、批准与实施	我国 GMP(第二百四十三条、第二百四十条、第二百四十五条)： 与产品质量有关的变更由申请部门提出后，应当经评估、制订实施计划并明确实施职责，最终由质量管理部门审核批准。变更实施应当有相应的完整记录。 企业应当建立变更控制系统，对所有影响产品质量的变更进行评估和管理。需要经药品监督管理部门批准的变更应当在得到批准后方可实施。 变更实施时，应当确保与变更相关的文件均已修订。 ICH Q10 对变更评估的要求： ①基于风险的评估；②基于知识的评估；③由不同领域的专家评估；④应评估对注册的影响
变更实施后的评估	我国 GMP(第二百四十四条)： 改变原辅料、与药品直接接触的包装材料、生产工艺、主要生产设备以及其他影响药品质量的主要因素时，还应当对变更实施后最初至少三个批次的药品质量进行评估。如果变更可能影响药品的有效期，则质量评估还应当包括对变更实施后生产的药品进行稳定性考察。 ICH Q10： 变更执行后，应评估是否达到预期的目的、是否对产品质量产生不良影响
文件和记录	我国 GMP(第二百四十三条、第二百四十六条)： 变更实施应当有相应的完整记录；质量管理部门应当保存所有变更的文件和记录
人员	我国 GMP(第二百四十一条、第二百四十三条) 质量管理部门应当指定专人负责变更控制。 与产品质量有关的变更由申请部门提出后，应当经评估、制订实施计划并明确实施职责，最终由质量管理部门审核批准

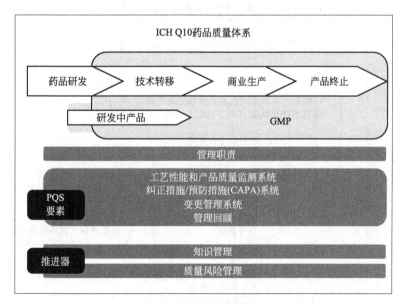

图 2-2-1　药品质量体系模型图（来自 ICH Q10）

2.2.5.2　变更控制的管理通用流程

典型的变更管理流程见图 2-2-2。

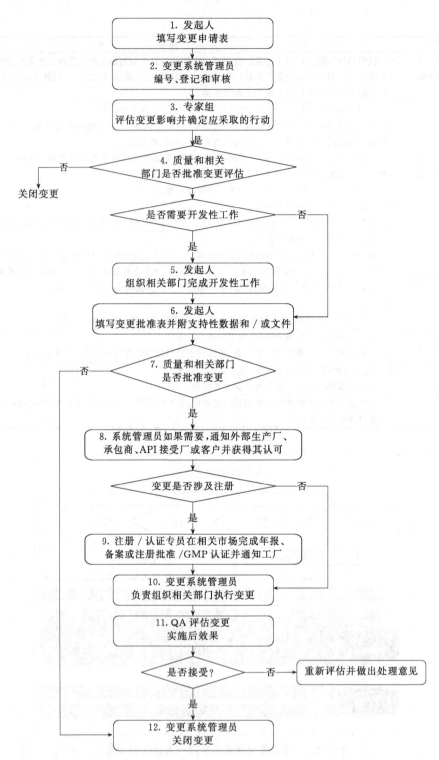

图 2-2-2 典型的变更管理流程（来自 GMP 指南：质量管理体系分册，2011 年版）

2.2.5.3 变更的分类

(1) 按变更内容分类

非无菌原料药的变更分类见表 2-2-11。

表 2-2-11 非无菌原料药的变更分类（供参考，但不限于这些）

序号	变更类别		举例（发生变更对象）
1	物料供应商变更		起始反应物料、有机溶媒、工艺助剂、直接接触包材
2	工艺变更	原辅料替代性变更	有机溶媒同级变更，采用低毒有机溶媒、高毒有机溶媒、起始物料代替（如 NaAc 代替异辛酸钠）
		原辅包材完全变更	起始物料、溶媒、直接接触产品包材材质
		工艺参数变更	反应温度范围、反应 pH 值、时间（干燥）、时间（结晶）、温度（干燥）、转速（搅拌）
3	质量标准及检验方法变更		起始物料、有机溶媒、反应中间体、中间体（粗品）、原料药
4	设施、设备变更		纯化水系统、注射用水系统、组合式空调、直接接触药品洁净气体系统、投料罐、结晶罐、离心机、干燥机

（2）按变更大小分类

根据药品管理相关法规的要求以及对产品质量或产品的验证状态的影响程度，变更一般可分为Ⅰ类（微小变更）、Ⅱ类（中型变更）、Ⅲ类（主要变更）。表 2-2-12 给出了变更大小的级别划分原则。

表 2-2-12 变更大小的级别划分原则

类别	大小	说明
Ⅰ	微小变更	Ⅰ类：微小变更，对产品安全性、有效性和质量可控性基本不产生影响或影响不大。这类变更由企业自己控制，不需要经过药品监督管理部门备案或批准。如文件的变更、中间产品检验标准或方法的变更、关键控制点的变更、实验室样品常规处理方法的互换、色谱柱允许使用范围内的互换、试剂或培养基生产商的改变、生产设备非关键零部件的改变（不包括直接接触药品的部件材质）、生产用容器规格的改变以及不影响药品质量的包装材料，如打包带的供应商改变等
Ⅱ	中型变更	Ⅱ类：中型变更，需要通过相应的研究工作证明变更对产品的安全性、有效性和质量可控性不产生影响。这类变更企业要根据《药品注册管理办法》和其他相关要求，报药品监督管理部门备案，如关键生产条件的变更、印刷类包装材料样式的变更等
Ⅲ	主要变更	Ⅲ类：主要变更，需要通过系列的研究工作证明对产品的安全性、有效性和质量可控性没有产生负面影响。这类变更必须按照相关法规要求报药品监督管理部门批准。如原料药或制剂的生产工艺发生重大变更，制剂处方、质量标准、药品有效期变更，直接接触药品的包装材料、许可范围内的变更（如生产场地的变更），新增药品规格变更等

（3）变更管理在产品生命周期中的应用

上述相关的变更管理要求主要是针对药品商业化生产阶段而言的，变更管理作为质量保证的重要元素，应贯彻到药品生命周期的各个阶段（表 2-2-13）。

表 2-2-13 变更管理在产品生命周期中的应用

药品研发	技术转移	商业生产	产品终止
变更是研发过程的固有部分，应有文件记录。变更管理程序的形式应与药品研发的阶段一致	变更管理系统应提供技术转移活动中工艺调整的管理文件	在商业生产时，应有正式的变更管理系统，质量部门的监督应适当的为基于科学和风险的评估提供保证	产品终止后的任何变更都应经过相应的变更管理系统

2.2.6 偏差处理

2.2.6.1 概述

我国 GMP（2010 年修订）第二百四十七～二百五十一条（总计 5 条）对偏差处理原则

进行了规定，概括其要点如下（"6要"）：

① 要以预防为主：各职能部门应各司其职，正确执行程序文件，防止偏差发生。

② 要有处理流程：应涵盖报告、记录、调查、处理及CAPA。

③ 要识别并评估：对偏差应识别分类并评估其对产品的直接及潜在质量影响。

④ 要彻底调查：一般应由质量管理部门会同相关部门进行调查，以找出偏差发生的根本原因（root cause）。

⑤ 要有CAPA措施：对任何偏差进行调查后，应针对发生的根本原因或可能原因提出CAPA措施，并跟踪检查、评估效果。

⑥ 要有报告、记录：按照处理流程，每个偏差应有唯一编号，各处理步骤应有相关记录和报告。

2.2.6.2 偏差概念及分类

(1) 偏差及其关联术语的概念

偏差（deviation）：指对批准的指令（生产工艺规程、岗位操作规程和标准操作规程等）或规定的标准的偏离。

偏差管理（deviation management）：指对生产或检验过程中出现的或怀疑存在的可能会影响产品质量的偏差的处理程序。

偏差与CAPA关系：CAPA是纠正措施（corrective action）和预防措施（preventive action）的总称，是"工具"，是企业持续改进的有效"工具"，是偏差处理流程中的一个重要环节。除偏差处理外，还有OOS（超标）、投诉、召回、内审或外审检查的缺陷项、质量回顾分析、趋势分析等都需要使用CAPA"工具"。

(2) 偏差分类

根据偏差管理范围可将偏差分为质量控制实验室偏差和生产偏差。根据偏差对药品质量影响程度的大小，可将偏差分为三类：微小偏差（minor deviation）、中等偏差（medium deviation）和重大偏差（major deviation），但这种表述在不同企业或指南中有差异，如将偏差按大小依次称为次要偏差（Ⅰ类）、主要偏差（Ⅱ类）、关键偏差（Ⅲ类）。表2-2-14对这三类偏差识别划分原则作了说明并举例。

表 2-2-14　偏差大小分类识别划分原则

类别	识别划分原则	举例
次要偏差（Ⅰ类）	属细小的对法规或程序的偏离，不足以影响产品质量，无须进行深入的调查，但必须立刻采取纠正措施，并立即记录在批生产记录或其他GMP受控文件中	生产车间不够清洁和整齐。 产品状态标识中不会对产品质量造成影响的内容的缺失
主要偏差（Ⅱ类）	属较中度的偏差，该类偏差可能对产品的质量产生实际或潜在的影响。必须进行深入的调查，查明原因，采取纠正措施进行整改	收率超过设定的范围。 在批记录中关键的质量数据丢失导致在工艺统计中无法记录，例如，过程控制检验数据或包装重量记录的丢失。 在批记录中关键或重要的记录细节丢失导致在工艺统计中无法记录，例如，原料批号、原料量、关键事件检查等记录的丢失。 样品送样登记中记录不正确的信息。 多个重复出现的同类次要偏差可以合并升级为一个主要偏差

类别	识别划分原则	举例
关键偏差（Ⅲ类）	该类偏差可能对产品的质量、安全性或有效性产生严重的后果，或可能导致产品的报废。必须按规定的程序进行深入的调查，查明原因。除必须建立纠正措施外，还必须建立长期的预防性措施	投放错误的物料。 使用的原料没有经质量部门的放行。 已完成包装的产品上的标识错误。 在正常的中控生产过程中由于 QC 提供不正确结果导致生产状态的改变，从而导致最终产品的不合格。 在产品中含有异物。 在水系统中发生影响产水质量的错误行为。 在生产使用后发现仓库送来的原料已过复验期或存在潜在的质量风险。 在生产过程中出现的可能导致产品被污染的事件。 多个重复出现的同类主要偏差可以合并升级为一个关键偏差

2.2.6.3 偏差处理通用流程

偏差处理通用流程见图 2-2-3。

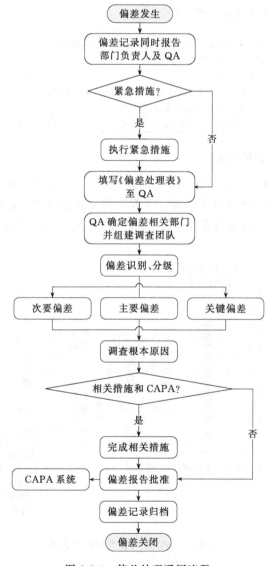

图 2-2-3 偏差处理通用流程

2.2.7 纠正措施与预防措施（CAPA）

2.2.7.1 概述

我国GMP（2010年修订）第二百五十二～二百五十四条（总计3条）对纠正措施与预防措施（CAPA）提出了三方面原则管理要求，其要点总结见表2-2-15。

表 2-2-15 CAPA 管理基本 GMP 要求

总体要求	详细说明
基本概念	纠正措施（corrective action，CA）：为了消除导致已经发现的不符合或其他不良状况的原因所采取的行动。 预防措施（preventive action，PA）：为了消除可能导致潜在的不符合或其他不良状况的诱因所采取的行动
应建系统	应建立CAPA系统；此系统应涵盖内部管理方面（偏差、自检、质量回顾分析、工艺性能、质量监控趋势）和外部检测沟通（投诉、召回、外部审计等），此系统调查应使用质量风险评估工具评估风险级别。可以建立SMP(标准管理程序)对上述各类不符合或其他不良状况进行编号
应建操作规程	应建立CAPA操作规程，至少应做到以下"6要"： ①要对相关"缺陷"等进行科学分析； ②要调查原因； ③要提出CA(纠正措施)和PA(预防措施)，旨在预防问题再次发生； ④要评估效果(合理性、有效性和充分性)； ⑤要进行必要变更控制； ⑥要下达上报，下达指相关信息传递到预防问题再次发生的直接负责人；上报指相关信息传递到质量受权人，相关信息及CAPA已通过高层人员评审
应归档	由质量管理部门归档；归档应包含"应建操作规程"流程所有信息、记录

2.2.7.2 CAPA 处理流程

正如"2.2.6"中"偏差与CAPA关系"所述，CAPA是企业持续改进的有效"工具"，不能单独存在，与企业内部管理及外部沟通、反馈所发生缺陷或偏差是结合在一起的。通常将CAPA与内外部缺陷结合起来进行管理，建立处理流程。CAPA与各类缺陷的关系见图2-2-4。

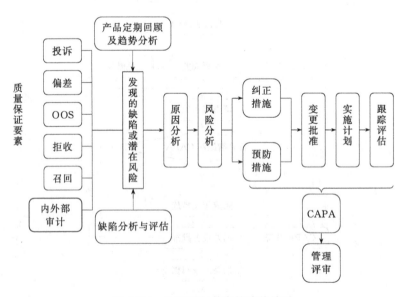

图 2-2-4 CAPA 与各类缺陷的关系

2.2.8 质量回顾分析

2.2.8.1 概述

产品质量回顾分析（product quality review，PQR）是指每年对所有生产的药品按品种进行产品质量回顾分析以确认工艺稳定可靠，以及原辅料、成品现行质量标准的适用性，及时发现不良趋势，确定产品及工艺改进的方向。

我国 GMP（2010 年修订）第二百六十六～二百六十八条对 PQR 提出了管理要求，以下对这些要求进行展开叙述。

2.2.8.2 产品质量回顾分析工作流程

(1) 职责

基于产品质量回顾分析涉及与产品相关的物料、生产、质量控制、设备及公用工程等方面，还涉及 OOS、偏差、产品质量投诉、药品注册、委托生产与检验等诸多内容，一般应由 QA 组织上述相关部门收集有关信息，起草产品质量回顾分析报告，组织相关部门讨论和审核，并提出 CAPA，负责跟踪检查 CAPA 执行情况。

(2) 范围与频次

一般应对每种常年生产的产品进行年度质量回顾分析。非常年生产的产品视情况，参照常年生产的产品的要求有选择性地进行回顾分析。

(3) 产品质量回顾分析的基本内容

产品质量回顾分析的基本内容见表 2-2-16。

表 2-2-16　产品质量回顾分析的基本内容（不限于这些）

序号	内容要求
1	产品所用原辅料的所有变更，尤其是来自新供应商的原辅料
2	关键中间控制点及成品的检验结果
3	所有不符合质量标准的批次及其调查
4	所有重大偏差及相关的调查、所采取的整改措施和预防措施的有效性
5	生产工艺或检验方法等的所有变更
6	已批准或备案的药品注册所有变更
7	稳定性考察的结果及任何不良趋势
8	所有因质量原因造成的退货、投诉、召回及调查
9	与产品工艺或设备相关的纠正措施的执行情况和效果
10	新获批准和有变更的药品，按照注册要求上市后应当完成的工作情况
11	相关设备和设施，如空调净化系统、水系统、压缩空气等的确认状态
12	委托生产或检验的技术合同履行情况

思考题

1. 质量控制与质量保证相同吗？它们的区别是什么？
2. 质量控制与质量保证的主要职责是什么？
3. 什么是质量风险管理？
4. 质量管理常用工具有哪些？各有哪些特点？

第 3 章
公共设施管理

3.1 概述

3.1.1 制药厂房设计概述

药品生产车间设施主要包括：厂区建筑实体（含门、窗）、道路、绿化草坪、外围；生产厂房附属公用设施，如洁净空调和除尘装置、照明、消防喷淋、上、下水管网，洁净公用工程（如纯化水、注射用水、洁净气体的产生及管路等）。对以上设施的合理设计将直接关系到药品质量。

洁净厂房设施的设计除了要严格遵守 GMP 的相关规定之外，还必须符合国家的相关政策，如消防、环保等要求。同时制药车间也需要从实用、安全、经济等方面综合加以考虑。

3.1.1.1 厂房设计基本分区

通常来说，厂房分为以下 4 个区域。

① 室外区：厂房内部或外部无生产活动和更衣要求的区域。通常指生产区域外部的办公区、机加工区、动力设施区域、餐厅、卫生间等。

② 一般区（非控制区）：厂房内部产品外包装区域和其他不将产品或物料明显暴露操作的区域，如 QC 实验室、原辅料和成品储存区等。

③ 洁净区：厂房内部非无菌产品生产的区域和无菌药品灭（除）菌及无菌操作以外的生产区域。非无菌产品的原辅料、中间品以及与工艺有关的设备、内包材等在此区域允许暴露。

④ 无菌区：用于无菌生产工艺进行药品生产，并且环境参数受到严格控制的无菌药品生产区域。

3.1.1.2 相关法规要求

我国《药品生产质量管理规范》（2010 年修订）对药品生产厂房、药品生产区、生产过程等做了基本要求，其主要目的是指导降低药品生产过程中的污染、交叉污染、混淆和差错。例如，通过设计（利用单独的空调系统、人流物流合理走向、压差控制等手段）降低生产过程中产品之间交叉污染对产品质量带来的风险，同时设计要充分满足日常生产、工艺要求以及人员操作舒适、方便的目的。

3.1.2 厂房各区域主要原则

3.1.2.1 洁净区内人流、物流规划

(1) 物流规划

需结合生产工艺路线加以设计。首先将洁净区内的生产过程分解成单个步骤,并将相应的设备与生产步骤一一对应,然后将设备分配到相应的洁净室内,这样就产生了物料在洁净区内的流动路线。无论采用什么方式,必须保证该方式不会对药品生产造成不利影响,尤其是交叉污染。物流规划的关键措施包括:

① 综合考虑物流路线的合理性,使之更顺畅,最小化交叉污染。
② 减少物料处理工艺步骤、缩短物料运输距离。
③ 采取合适的保护措施,减少粉尘暴露及交叉污染。
④ 生产过程中产生的废弃物的出口应与物料的出入通道分开。
⑤ 分别设置人员和物料进出洁净区的通道。
⑥ 进入有空气洁净度要求区域的原辅料、内包装材料等应有清洁措施,如设置缓冲区用于这些物料的清洁和处理(用75%酒精擦拭包装外表面,必要时脱除外包装等),处理后的物料需放置在洁净区专用的托盘或容器中。
⑦ 生产操作区域内应只设置必要的工艺设备和设施。用于生产、物料贮存的区域不得用作非本区域工作人员的通道。

(2) 人流规划

人流规划主要关注进出洁净区的所有人员对产品、产品对人员及生产环境的风险。人流规划的关键措施包括:

① 尽量减少进出洁净区的人员数量,必要时采取权限控制措施,如使用门禁系统。
② 应设置人员进入洁净区前的相关准备区域,如更外衣及鞋区域(通常称为一次更衣区)、更鞋区(更换工艺鞋)、盥洗区、手部清洁和消毒区、更洁净工艺服区域(通常称为二次更衣区)、工艺服清洗区等。
③ 应建立有效的手段(如气流控制、压差控制)来确保人员在进出不同洁净级别区域的过程中不会对空气洁净度造成不利影响。
④ 人流与物流不要求一定是完全分开的,但应尽量减少人流与物流的交叉。
⑤ 人员进入洁净区操作间之前可以通过设置互锁装置避免洁净区内走廊与操作间直接连通。

3.1.2.2 仓储区

我国《药品生产质量管理规范》(2010年修订)对仓储区的基本要求进行了规定,其目的主要是通过硬件设施的合理设计、规划,确保仓储区能满足所储存物料的存储条件,确保物料在收发及使用过程中安全、受控,降低出现物料混淆、误用的风险。仓储区基本设计原则包括:

① 结合生产规模、物料和产品储存温湿度要求、特殊药品的法规要求,确保仓储区域储存空间、设施能力满足业务要求。如是否需要设置冷库、阴凉库、低温库;精神类药品、麻醉类药品、易制毒药品、放射性药品的生产企业还应根据法规要求设置专门的物料和成品

储存区域，并安装防盗门，配备双人双锁、红外摄像头等安防装置。

② 配备合适的空调通风设施，确保仓库区域内的温湿度符合物料储存的要求。

③ 仓储区应尽量靠近生产车间，便于物料的转运。

④ 不同状态的物料（如待验、合格、不合格）的包装容器上应有明显的状态标识，不合格品及退货应有专门的储存区域。

3.1.2.3 质量控制区（QC 实验室）

我国《药品生产质量管理规范》（2010 年修订）对质量控制区的基本要求进行了规定，其目的主要是确保实验区域的设计能满足检验功能的要求，通过合理的分区布局，避免不同功能实验区之间的干扰、交叉污染等问题。质量控制区主要设计原则包括：

① 质量控制实验室通常应当与生产区分开。生物检定、微生物和放射性同位素的实验室还应当彼此分开，特殊物品的实验室应当符合国家的有关要求。

② 实验室的设计应当确保其适用于预定的用途，并能够避免混淆和交叉污染，应当有足够的区域用于样品处置、留样和稳定性考察样品的存放以及记录的保存。

③ 应当设置专门的仪器室，使灵敏度高的仪器免受静电、震动、潮湿或其他外界因素的干扰。

④ 实验动物房应当与其他区域严格分开，其设计、建造应当符合国家有关规定，并设有独立的空气处理设施以及动物的专用通道。

3.1.2.4 辅助区域

我国《药品生产质量管理规范》（2010 年修订）对辅助区的基本要求进行了规定，其目的主要是将人员、工器具进出洁净区所引入的污染进行有效的控制。辅助区主要设计原则包括：

① 更衣设施需结合更衣顺序、洗手（消毒）程序、洁净空气等级、气流组织及合理的压差和监控装置来满足净化更衣的目的。

② 更衣间的大小需与同时更衣的人员数量相匹配。

③ 更衣间不能用于区域之间产品、物料、设备的运送。

④ 对于无菌更衣间的设计，我国 GMP 的无菌附录中有以下要求：更衣室应按照气锁方式设计使更衣的不同阶段分开，以尽可能避免工作服被微生物和微粒污染。更衣室应有足够的换气次数。更衣室后段的静态级别应与其相应洁净区的级别相同。气锁间两侧的门不应同时开启，可采用互锁装置。

3.1.3 厂房设计考虑要点

3.1.3.1 生产能力（后续的扩产能力）

① 生产产品目前市场需求。

② 生产产品的销售预计。

③ 同类竞争产品的情况。

④ 产品的批量设计。

⑤ 产品生产的设备利用率（换批、连批、清洗、维修等）。

⑥ 不同产品的共线情况。

⑦ 设备的利用率以及班次的安排。

3.1.3.2 生产要求

① 是否有高活性或者高致敏性药品（如抗生素、性激素类药品）的生产。
② 预计共线的产品之间是否互相拮抗。
③ 设备能力能否满足共线产品的产量需求。
④ 是否有特殊的要求（防爆等）。

3.1.3.3 生产工艺流程

① 生产产品的工艺流程。
② 每个工序的工艺时间。
③ 所需要的生产设备。
④ 所需要的公用设施。
⑤ 纯化水、压缩空气、氮气、自来水、电力、蒸汽。
⑥ 对温湿度是否有特殊要求（低温、低湿）。
⑦ 是否使用有机溶剂。

3.1.3.4 仓储要求

① 存储条件。
② 物料摆放规则。
③ 避免交叉污染的措施。
④ 仓储位置。

3.1.3.5 当地自然和人文条件

① 当地的气象历史数据（极端的高温、低温、高湿和低湿）。
② 当地的降水、风向情况。
③ 供电情况、供水情况（供水压力是否满足工艺要求以及纯化水的预处理配备）。
④ 周边生产企业的情况（高污染）。
⑤ 企业废水排放。

3.1.3.6 虫害的控制

① 附近是否有大型垃圾处理站、排污河等。
② 附近是否有养殖场、养蜂场、大型农场等。
③ 附近是否是虫害高发区。
④ 常见的昆虫有哪些。
⑤ 昆虫控制措施。

3.2 虫害管理

对于有卫生或者洁净级别要求的行业来讲，虫害管理是达成卫生环境和洁净等级要求的一个外围保障措施。这里讲的虫害管理是指防止、控制各种类别的虫类、鼠类等带有入侵性的动物进入工作区域，以避免由此带来的污染或其他危害。虫害管理广泛适用于食品加工业、制药业。对于制药业来讲，虫害管理还需要符合 GMP 管理的要求。

3.2.1 GMP 对虫害管理的要求

我国《药品生产质量管理规范》（2010 年修订）对厂房与设施的基本要求进行了如下规定"厂房、设施的设计和安装应当能够有效防止昆虫或其它动物进入。应当采取必要的措施，避免所使用的灭鼠药、杀虫剂、烟熏剂等对设备、物料、产品造成污染。"

从法规上讲，虫害管理要靠厂房与设施的有效防控和合理有效的虫害管理措施共同作用，以起到虫害控制的目的。

3.2.2 厂房、设施与虫害管理

按照"质量源于设计"（QbD）的理念，应当在厂房、设施的设计与安装阶段考虑对虫害的有效阻止，最大程度地阻断虫害的入侵路线。

3.2.2.1 建筑外围

制药工厂出于虫害控制和其他因素的考虑，建议采用独立院落或物理围墙将厂区与其他企业或其他行业企业隔离。物理围墙可以采用水泥墙、不锈钢围挡等装置，主要是防止鼠类等较大型动物侵入。较大型动物的侵入，可能会导致次生虫害的发生。

厂房的建筑散水要确保按照建筑规范设计、施工，并且要注意对建筑的定期维护，确保建筑外延墙壁的完整性。建筑的散水和外延墙壁的完整能够有效地防止鼠类等穴居类动物通过建筑下方的疏松土质层侵入建筑内部。

3.2.2.2 建筑门窗

为了防止爬行昆虫进入，与建筑外围直接相连的门窗以及彩钢板等墙板，要做必要的密封处理，特别要注意经常开启的位置和有拼接的位置的密封性。例如，门窗的开启部位、彩钢板之间的连接处以及彩钢板与门窗的连接处。这些位置可以考虑采用密封条或者密封胶的方式处理。

经常开启的窗户要考虑加装纱窗，经常开启的门要考虑加装门帘，防止飞虫类侵入。在仓库区域，通往进出货栈台的门要考虑增加防鼠挡，防止鼠类直接进入。

3.2.3 虫害控制措施

虫害管理不单单是利用各类虫害控制工具对虫害加以防控，还应当系统化地建立虫害管理体系，对虫害的控制手段进行评估、监测与回顾，并有规程指导和文件记录。

3.2.3.1 风险评估

对于一个未经过虫害控制的新环境，初次评估时需要考虑外围、周围绿植（如草坪、树木）、雨水井、污水井、周围建筑等，对于外部有一定了解之后，再进入建筑内部评估下水道、盆栽或者与外界相通的门、窗等连接处。

虫害控制的评估一般采取从外至内、由下向上的方式，先确定外围的风险然后进行虫害控制工具的选择及药物的控制。

3.2.3.2 控制工具

(1) 物理控制

粘捕式昆虫诱捕灯、蟑螂监测站、配备粘板的鼠饵站、风淋卷帘门（仓库）。

(2) 化学控制

使用试剂需要考虑具体生产品种的性质。

3.3 备件系统管理

3.3.1 备件的定义

备件是一个通用词，所有与设备有关的零件都可以称为备件。备件按词面来说就是备用的零件，可分为：

(1) 通用零件

通用零件是以一种国家标准或者国际标准为基准而生产的零件，如垫片、螺母等。

(2) 专用零件

专用零件是以自身机器标准而生产的一种零件，在国家标准和国际标准中均无对应产品，如某厂为一台设备而专门生产的一些零件。

(3) 战略零件

战略零件是指经适当的风险评估之后，由公司储备的一些备件。通常其价值较高、交货期长，而且被用于中药产品的生产，一旦出现故障将导致公司业务上的重大损失。

3.3.2 备件管理的意义

良好的备件管理是保证发生故障时的快速响应，可以减少因设备故障停机带来的工时损失；备件管理可以在保证设备正常运行的前提下，确定安全库存，降低库存压力；良好的备件管理，才能够和预防性维护与维修紧密结合，合理建立库存，既保证了设备故障后维修的及时性又能减少公司资金的占压，减少了日常管理大量备件所需的人工成本。

3.3.3 备件库的管理

3.3.3.1 备件库的建立需求

① 房间需要有温湿度控制。
② 房间需要有放置备件的柜子，柜子顶部有一定坡度，以便清洁。
③ 房间顶部不建议有水管、消防管、下水管经过，避免漏水污染部件。
④ 需要办公桌，以便单据填写。
⑤ 房间需要上锁，做到专人管理。

3.3.3.2 备件库位编号和存储原则

① 备件柜或货架要顺序编号、逐层编号，以便备件查找（图3-3-1）。

② 同种设备的备件集中放置在一列货架上。

③ 体积较小的备件需放置在零件盒内，并放置在中间层，零件盒要有明确标识（包括备件名称、备件编号及库位）。

④ 体积和质量较大的备件放置在货架最下层。

⑤ 质量较小、体积较大的备件放在最上层。

图 3-3-1 货架

3.3.3.3 备件的储存

① 备件的储存应符合备件说明书的储存要求，如温度、湿度要求及包装要求。与产品有直接接触的备件的储存应符合 GMP 要求。对有使用有效期要求的备件必须在使用期内使用。

② 备件的安全库存数量是指为了保证生产运行和维护保养的需要，防止由于备件的缺少对生产造成影响而设定的，备件库内必须库存的备件的数量。备件的安全库存数量可参考设备/设施供应商的建议，并结合生产和备件实际消耗情况、运行和维护保养的需要以及采购周期等因素确定，安全库存数量会随着设备的磨损而变化，随着设备老化安全库存数量增加。

③ 每年需要盘点备件库，确认备件的存储状态、标识等，并确认账物相匹配。

④ 对于随着时间的增长质量会有变化的部件（橡胶制品、电池、润滑油等）需要合理安排安全库存。或者在考虑采购周期的前提下，按照预防性维护（PM）的现场检测情况，合理安排采购上述部件的时间点。

⑤ 备件库要做好防火、防潮、防尘、防盗的工作，库容库貌要整洁。

3.3.3.4 备件管理系统的回顾

备件管理系统应进行系统回顾。回顾包括本段时间备件的购买数量、种类、消耗情况，并充分考虑本段时间维修发生的频率。对后续进行预判，提前做好备件储备。

3.4 预防性维护系统管理

预防性维护（preventive maintenance，PM）是周期性地对仪器设备进行一系列科学的维护工作，以确保仪器设备安全地处于最佳工作状态。

3.4.1 预防性维护系统管理的相关法规要求

我国《药品生产质量管理规范（2010年修订）》对预防性维护的基本要求进行了规定，其主要目的是通过合理的预防性维护管理，降低药品在维护过程中由于维护本身带来的污染及交叉污染的风险，同时如果在发生批次偏差时，能更好地追踪到生产过程中所发生的所有相关工作，便于分析根本原因。

3.4.2 GMP 中预防性维护的实施指导

GMP 要求设备的维护和维修不得影响产品质量。应当制订设备的预防性维护计划和操作规程，设备的维护和维修应当有相应的记录。经改造或重大维修的设备应当进行再确认，符合要求后方可用于生产。

3.4.2.1 预防性维护主要内容

首先需要制订书面的预防性维护的管理程序及标准操作程序，并根据设备的关键程度和设备本身特点制订具体的预防性维护计划和维护项目，新设备引进或在设备发生变更时都应进行适当的评估，根据评估结果制订或修改预防性维护计划，设备的预防性维护计划应该包含：设备名称、设备编号、设备部门或人员、具体的维护内容、每项维护项目的时间及期限。预防性维护的频率应根据用途、经验、供应商建议制订。

3.4.2.2 记录管理

对所有的维护和维修活动都必须进行适当的记录，记录按照 GMP 文件要求进行管理和存档。记录包括设备的使用日志及专门详细记录维修维护活动内容的维护记录。

3.4.3 预防性维护的意义

设备在长期的使用过程中，机械的部件磨损、间隙增大、配合改变，直接影响设备原有的平衡，设备的稳定性、可靠性、使用效益均会有相当程度的降低，甚至会导致机械设备丧失其固有的基本性能，无法正常运行。因此，设备就要进行大修或更换新设备，这样无疑增加了成本，影响了资源的合理配置。科学合理地制订设备的维护、保养计划，进行 PM 的管理是为了降低设备发生故障的概率，为设备可以持续生产出高质量产品提供保证。

3.5 图纸系统管理

图纸管理是 GMP 文件管理系统的一个小的分支，其管理要求在公司文件管理系统的大前提下进行，但图纸管理还有一些特殊性，在本章节进行阐述。

3.5.1 药厂图纸的分类

图纸可分为工程图纸、设备图纸及 GMP 相关图纸。

工程图纸：包括厂房、建筑、公用设施、工艺、消防、通信等各系统的各种图纸。

设备图纸：包括设备模具图纸和设备 PID 图纸。设备图纸是指厂区内用于生产或非生产的各类设备图纸。如制造设备、包装设备 PID 图纸及电气图纸。设备模具图纸是指由供应商提供用于生产成品的模具图纸。

工程项目结束后，项目中产生的施工图纸、竣工图纸等往往不能很好地满足各种质量活动中专用图纸的需要，这类图纸一般涉及质量活动中的主要和关键图纸，与日常的质量活动有紧密关系。我们将这类图纸叫做 GMP 体系常用图纸，对其进行单独图签栏设计、单独编码、单独管理。

GMP 相关图纸，不管是设计院的设计图纸，还是施工单位的竣工图纸，每一张图本身都包含了巨大的信息量，这些图纸都属于专业人员使用的专业图纸，必须按照档案管理规程进行存档。

GMP 平面图包括厂区平面图、车间工艺平面图、洁净区划分平面图、工艺设备平面布置图、空调系统原理图、空调分区图、人流物流图、压差平面图、压缩空气平面图、排水图、送风图、回排风图、纯水 PID 图等。

3.5.2 图纸管理的相关法规要求

药品 GMP 认证申请时，需要提供相应的厂区总平面布局图、生产区域的平面布局图和流向图、水系统的工作原理和运行情况的示意图。图纸中应标明比例、房间的洁净级别、相邻房间的压差，并且能指示房间所进行的生产活动，将房间的功能名称、房间编号标注清楚。

思考题

1. GMP 对制药厂房与设施要求的原则有哪些？
2. 无特殊要求时，洁净区的温湿度应控制在什么范围？
3. 制药车间墙壁、地面常用材料有哪些？

第4章 制药用水系统

4.1 制药用水概述

水极易滋生微生物并助其生长，微生物指标是水最重要的质量指标，在制药用水系统设计、安装、验证、运行和维护中需采用各种措施抑制其生长。制药生产中，其他原辅料、包装材料是按批检验和放行的，而作为散装原料的制药用水通常是通过管道连续流出的，可随时取用，其微生物属性等质量指标通常无法连续地实时检测到（注：工业化市场已经实现了微生物指标的在线监控，目前部分企业已用于制药用水的质量管理手段，但暂时没有纳入质量控制范畴）。通常是先使用到产品中，若干天后才能知道其微生物指标是否合格。保证制药用水在任何时候均符合质量标准，是各国药品监管部门和制药企业共同关注的重大问题。

水在制药工业中是应用最广泛的工艺原料，可以用作药品的溶剂、稀释剂、组成成分等。作为制药原料，各国药典对不同质量标准和使用用途的工艺用水进行了明确的定义，并对检测标准和限度进行了规定。不同地域的水质不同，季节的变化也会导致水质的变化。所以对于制药行业来说，需要将原水（市政自来水）依次处理成饮用水、纯化水和注射用水以满足不同工艺需求。

4.2 制药用水的分类

对制药用水的定义和用途，以质量标准为准，比较科学的制药用水分类方法为：①饮用水，它属于国家层面的强制质量标准。②非药典水，它属于企业或集体层面的质量标准，如工业园区。③药典水，它属于药典层面的质量标准。《中华人民共和国药典》（2015年版）所收载的药典水，按其质量标准和使用用途的不同而分为纯化水和注射用水，典型的非药典水为饮用水、软化水或其他形式的制药用水。

4.2.1 饮用水

我国GMP（2010修订）第九十六条规定：制药用水至少应当采用饮用水。饮用水为天然水经净化处理所得的水，其质量必须符合现行版中华人民共和国国家标准《生活饮用水卫生标准》。饮用水可作为药材净制时的漂洗、制药用具的预冲洗用水。除另有规定外，饮用水也可作为饮片的提取溶剂。

4.2.2 非药典水

非药典水是指没有被药典收录但满足制药生产工艺且质量可控的制药用水，如软化水、蒸馏水和反渗透水等，饮用水也可以看作是一种特殊的非药典水。

非药典水至少要符合饮用水的要求，通常还需要进行其他加工以符合工艺要求，非药典水中可能会包含一些用于微生物负荷控制的物质，因而它无须符合所有的药典要求。非药典水可采用其最终操作单元或关键纯化工艺来命名，如反渗透水；在其他情况下，非药典水还可以用水的特殊质量属性来命名，如低内毒素水。常见的非药典水包括：

① 软化水。它是指饮用水经过去硬度处理所得的水。人体长期饮用的水必须是软化水，将软化处理作为最终操作单元或最重要操作单元，以降低通常由钙离子和镁离子等离子污染物造成的硬度。

② 反渗透水。它是指将反渗透作为最终操作单元或最重要操作单元的水。反渗透水通常质量相对较高，可以广泛应用于制药工艺各个岗位。

③ 超滤水。它是指将超滤作为最终操作单元或最重要操作单元的水。超滤水的内毒素和微生物控制水平相对较高。

④ 去离子水。它是指将离子去除或离子交换过程作为最终操作单元或最重要操作单元的水。当去离子过程是特定的电去离子（EDI）时，则称为电去离子水。

⑤ 蒸馏水。它是指将蒸馏作为最终操作单元或最重要操作单元的水。这一类水在实验室环节应用非常广泛。

4.2.3 纯化水

纯化水为饮用水经蒸馏法、离子交换法、反渗透法或其他适宜的方法制备的制药用水。纯化水不含任何附加剂，属于一种用于药品生产的原料水。纯化水可作为配制普通药物制剂用的溶剂或试验用水，中药注射剂、滴眼剂等灭菌制剂所用饮片的提取溶剂，口服、外用制剂配制用溶剂或稀释剂，非灭菌制剂所用器具的精洗用水，非灭菌制剂所用饮片的提取溶剂。纯化水不得用于注射剂的配制与稀释。

从表4-2-1可以看出，药典在纯化水的制备工艺、存放形式、存放温度等细节上并没有给予任何强制要求，例如，可以考虑热压式蒸馏水机制备常温纯化水、多效蒸馏水机制备高温纯化水。所有类型的制药用水都需要区分为散装水与包装水两大类。《中国药典》（2020年版）规定，纯化水为符合官方标准的饮用水经蒸馏法、离子交换法、反渗透法或其他适宜的方法制备的制药用水。纯化水是一种药典水，作为制药企业最为重要的原料及清洗剂，广泛应用于制药行业的药品配制工艺及清洗工艺，这些描述都没有拒绝包装纯化水的存在，只不过到目前为止，《中国药典》暂时还没有明文收录任何形式的包装纯化水。

表 4-2-1 纯化水的不同药典制备方法对比

散装纯化水	《中国药典》2020 年版	《欧洲药典》9.8 版	《美国药典》42 版
制备方法	纯化水为符合官方标准的饮用水经蒸馏法、离子交换法、反渗透法或其他适宜的方法制备的制药用水	纯化水由符合法定标准的饮用水经蒸馏、离子交换或其他适宜的方法制得	纯化水的原水必须为饮用水，无任何外源性添加物，采用适当的工艺制备

4.2.4 注射用水

注射用水为纯化水经蒸馏所得的水，它属于散装药典注射用水的范畴，与纯化水的要求不同，注射用水应符合细菌内毒素试验等具体要求。注射用水必须在防止细菌内毒素产生的设计条件下生产、贮藏及分装。其质量应符合注射用水项下的规定。注射用水可作为配制注射剂、滴眼剂等的溶剂或稀释剂及容器的精洗用水。

《中国药典》2020 年版规定"注射用水为纯化水经蒸馏所得的水"，导致绝大多数企业都采用了"纯化水+注射用水"的耗能设计模式，实际上，我国 GMP 根本没有规定无菌与生物制品车间必须有纯化水系统；而欧美药典规定，制备注射用水的原水为饮用水，因此，更多的无菌与生物制品企业采用的是"饮用水+注射用水或者非药典水+注射用水"的节能设计模式，这个巨大的设计差异需要从我国药典顶层设计变革与完善入手才能得以解决。

注射用水并非只能通过多效蒸馏水机进行制备（表 4-2-2），热压式蒸馏水机也采用蒸馏法，同时，热压式蒸馏水机还可以实现常温出水或高温出水，这为后续储存与分配系统的节能化设计提供了便利。除了允许蒸馏法制备注射用水外，《美国药典》于 1996 年批准了"非蒸馏法制备注射用水"，而《欧洲药典》于 2017 年批准了"非蒸馏法制备注射用水"。目前，《中国药典》暂不允许采用纯化法制备注射用水，而欧美均允许采用非蒸馏法制备注射用水，实践证明一个设计良好的反渗透（RO）与连续电除盐/超滤（EDI/UF）组合的系统能制备出质量长期稳定的注射用水，常见的系统包括 RO/RO/EDI、RO/EDI/UF 等，甚至有些企业的预处理水质非常好，采用 RO/EDI 就能制备长期稳定且符合药典规定的注射用水。

表 4-2-2 散装注射用水的不同药典制备方法对比

项目	《中国药典》2020 年版	《美国药典》42 版
制备方法	注射用水为纯化水经蒸馏所得的水	注射用水的原水必须为饮用水，无任何外源性添加物，采用适当的工艺制备（如蒸馏法或纯化法），制备方法需得到验证

4.3 制药用水的质量标准

药典是一个国家记载药品标准、规格的法典，一般由国家药品监督管理局主持编纂、颁布实施,国际性药典则由公认的国际组织或有关国家协商编订,典型的药典包括《中国药典》《欧洲药典》《日本药典》与《美国药典》等。

纯化水和注射用水是制药生产过程中的重要原料,其质量的优劣将直接决定最终生产的药品质量,因此,各国或组织对其均有明确的规定。表 4-3-1 和表 4-3-2 列出了《中国药典》《欧洲药典》与《美国药典》关于原料纯化水和原料注射用水的不同质量标准。

表 4-3-1 散装纯化水的药典质量标准对照

项目	《中国药典》2020 年版	《欧洲药典》9.8 版	《美国药典》42 版
性状	无色澄明液体、无臭	—	—
pH 值/酸碱度	酸碱度符合要求	—	—
氨	≤0.3μg/mL	—	—
不挥发物	≤1mg/100mL	—	—
硝酸盐	≤0.06μg/mL	—	—
亚硝酸盐	≤0.02μg/mL	—	—
重金属	≤0.1μg/mL	—	—
铝盐	—	不高于 10μg/L,用于生产渗析液时需控制此项目	—
易氧化物	符合规定①	符合规定①	—
总有机碳	≤0.5mg/L①	≤0.5mg/L①	≤0.5mg/L
电导率	符合规定(一步法测定)	符合规定(三步法测定)	符合规定(三步法测定)
细菌内毒素	—	<0.25EU/mL;用于生产渗析液时需控制此项目	—
微生物限度	需氧菌总数≤100cfu/mL	需氧菌总数≤100cfu/mL	菌落总数≤100cfu/mL

① 纯化水总有机碳检测和易氧化物检测两项可选做一项。

表 4-3-2 包装注射用水的药典质量标准对照

项目	《中国药典》2020 年版	《欧洲药典》9.8 版	《美国药典》42 版
性状	无色澄明液体、无臭	无色澄明液体	—
pH 值/酸碱度	5.0~7.0	—	—
氨	≤0.2μg/mL	—	—
不挥发物	≤1mg/100mL	—	—
硝酸盐	≤0.06μg/mL	—	—
亚硝酸盐	≤0.02μg/mL	—	—
重金属	≤0.1μg/mL	—	—
铝盐	—	不高于 10μg/L,用于生产渗析液时需控制此项目	—
易氧化物	—	—	—
总有机碳	≤0.5mg/L	≤0.5mg/L	≤0.5mg/L
电导率	符合规定(三步法测定)	符合规定(三步法测定)	符合规定(三步法测定)
细菌内毒素	<0.25EU/mL	<0.25EU/mL	<0.25EU/mL①
微生物限度	需氧菌总数≤10cfu/100mL	需氧菌总数≤10cfu/100mL	菌落总数≤10cfu/100mL

① 商业用途的散装注射用水。

以《美国药典》(United States Pharmacopoeia, USP)为例,《美国药典》是指导生产美国国内消费药品的生产指南。《美国药典》收录了很多关于制药用水的质量、纯度、包装和贴签的详细标准,其中包括散装水(纯化水、血液透析用水和注射用水)和包装水(抑菌注射用水、灭菌吸入用水、灭菌注射用水、灭菌冲洗用水和灭菌纯化水)两大类,图 4-3-1 为 USP 制药用水的使用原则。

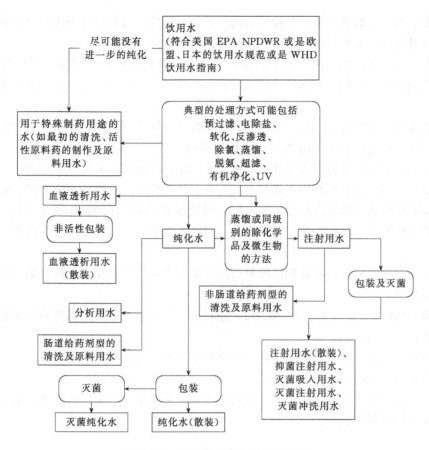

图 4-3-1 USP 制药用水的使用原则

近年来国外药典对制药用水的修订呈现趋同于《美国药典》的趋势。高纯水是欧盟与世界卫生组织于 2002 年 1 月 1 日认可的原料类型，收录在《欧洲药典》4.0 版中，核心是强调质量的过程控制优于终端检测，高纯水用于非注射剂类的无菌药品（包括冻干粉针、无菌粉针、非眼球注射的无菌眼用制剂）的生产，无菌 API 的生产，耳鼻喉科等无菌药品的生产。《欧洲药典》经历多年关于"纯化法制备高纯水"的大量调研与科学实施后，于 2017 年 4 月开始，《欧洲药典》遵循现行《美国药典》的质量控制方法，允许采用"纯化法制备注射用水"，并于 2019 年 4 月 1 日将高纯水从《欧洲药典》中删除。

4.4 制药用水的 GMP 标准

4.4.1 我国制药用水的 GMP 标准

我国 GMP（2010 年修订）在"第五章 设备"的"第六节 制药用水"中对制药用水有明确的规定，具体如下：

第九十六条 制药用水应当适合其用途，并符合《中华人民共和国药典》的质量标准及相关要求。制药用水至少应当采用饮用水。

第九十七条　水处理设备及其输送系统的设计、安装、运行和维护应当确保制药用水达到设定的质量标准。水处理设备的运行不得超出其设计能力。

第九十八条　纯化水、注射用水储罐和输送管道所用材料应当无毒、耐腐蚀；储罐的通气口应当安装不脱落纤维的疏水性除菌过滤器；管道的设计和安装应当避免死角、盲管。

第九十九条　纯化水、注射用水的制备、贮存和分配应当能够防止微生物的滋生。纯化水可采用循环，注射用水可采用70℃以上保温循环。

第一百条　应当对制药用水及原水的水质进行定期监测，并有相应的记录。

第一百零一条　应当按照操作规程对纯化水、注射用水管道进行清洗消毒，并有相关记录。发现制药用水微生物污染达到警戒限度、纠偏限度时应当按照操作规程处理。

在我国GMP（2010年修订）"附录1　无菌药品"中，对制药用水细菌内毒素的监测要求如下：

第五十条　必要时，应当定期监测制药用水的细菌内毒素，保存监测结果及所采取纠偏措施的相关记录。

在我国GMP（2010年修订）"附录2　原料药"中，对非无菌原料药精制工艺用水的质量要求如下：

第十一条　非无菌原料药精制工艺用水至少应当符合纯化水的质量标准。

在我国GMP（2010年修订）"附录5　中药制剂"中，要求如下：

第三十一条　中药材洗涤、浸润、提取用水的质量标准不得低于饮用水标准，无菌制剂的提取用水应当采用纯化水。

4.4.2　制药用水的欧盟GMP标准

欧盟GMP规定，水处理设施及其分配系统的设计、安装和维护应能确保供水达到适当的质量标准；水系统的运行不应超越其设计能力；注射用水的生产、储存和分配方式应能防止微生物生长，例如，在70℃以上保温循环。

4.4.3　制药用水的WHO GMP标准

WHO GMP对制药用水有明确要求，其主要内容包含制药用水的一般要求、制药用水的质量标准、制药用水在工艺和剂型中的应用、制药用水的纯化方法、制药用水的储存与分配系统、制药用水系统运行中的考虑因素、制药用水系统的其他指导和要求等。具体内容如下：

① 制药用水的一般要求。WHO GMP主要关注系统能否稳定、持续地生产符合预期质量的制药用水；水系统的使用（如预防性维护计划）需要QA部门的批准；水系统的水源和制备得到的纯化水和注射用水中的电导率、总有机碳（TOC）、微生物、内毒素和一定的物理属性（如温度）需定期得到检测并将结果进行记录；使用化学消毒剂的地方，需要证明已被完全去除。

② 制药用水的质量标准。WHO GMP主要对饮用水、纯化水、高纯水、注射用水和其他级别的制药用水（如分析用水）的质量标准进行了明确的描述。

③ 制药用水在工艺和剂型中的应用。WHO GMP 明确药品药监机构将确立各自工艺和剂型中制药用水的使用标准和原则，对制药用水的质量要求应考虑中间品或最终产品的特性，对高纯水有明确说明，同时，纯蒸汽的冷凝水水质指标与注射用水质量标准一致。

④ 制药用水的纯化方法、储存与分配系统。在 WHO GMP 中明确介绍了饮用水、纯化水、高纯水和注射用水的纯化方法。储存与分配系统为制药用水系统中的重要组成部分，因储存与分配系统无任何纯化处理功能，避免储存与分配系统中制药用水的水质发生二次污染尤为关键。储存与分配系统所用的材质需适用于任何质量的制药用水并保证不对水质产生负面影响。储存与分配系统需要设计良好的消毒或杀菌方式，以便有效控制生物负荷。水温最好控制在 70～80℃为宜。对于纯化水和注射用水储罐，需要安装呼吸器、压力监控和爆破片，并具备缓冲能力以满足连续运行和间歇生产的需求。保持管网系统的湍流状态、避免系统出现死角（$L<3D$）、热消毒（温度大于 70℃）和化学试剂消毒（臭氧消毒，于使用前去除）均是控制微生物指标的良好方法。

⑤ 制药用水系统运行中的考虑因素。需要有有效的工厂测试报告和现场测试报告，需要有验证计划并遵循设计确认（DQ）、安装确认（IQ）和运行确认（OQ）原则，性能确认（PQ）采用三阶段法进行。

⑥ 制药用水系统的指导要求。通过在线或离线方法进行水质质量的监测，在给定的周期内按照既定程序进行系统维护，定期对系统各个部分进行检查。

4.4.4　制药用水的 FDA cGMP 标准

FDA cGMP 对于制药用水的直接强制要求相对较少，FDA cGMP 鼓励在符合药典项下质量标准的情况下，制药企业和工程公司可以大胆尝试各种新的实践思路。FDA cGMP 要求"接触药品成分、工艺原料或药物产品的表面不应与物料发生反应、附着或吸附而改变药物的安全性、均一性、强度、质量或纯度"。以下几点可以看作是 FDA cGMP 对于制药用水系统的一些通俗要求：排放口需满足空气阻断的要求；制药用水用换热器需采用防止交叉污染的双管板式换热器；储罐需安装呼吸器；需要有日常维护计划；需要有清洗和消毒的书面规程并保有记录；需要有制药用水系统标准操作规程。

4.5　制药用水系统的组成

制药用水系统主要由制备单元和储存与分配系统两部分组成（图 4-5-1）。制备单元主要包括软化水机、纯化水机和注射用水机等，其主要功能为连续、稳定地将原水"净化"成符合企业内控指标或药典要求的制药用水。典型的储存与分配系统主要包括储存单元、分配单元和使用点单元，其主要功能为以一定缓冲能力将制药用水输送到所需的工艺岗位，满足相应的流量、压力和温度等需求，并维持制药用水的质量始终符合药典要求。

4.5.1　制药用水系统的设计理念

目前制药行业无法通过验证的方法将不合格的制药用水系统验证成"合格"系统，一个

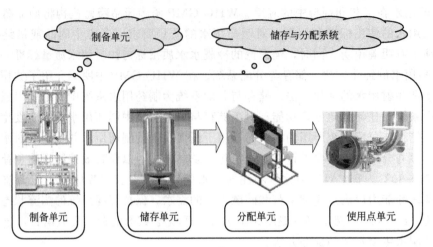

图 4-5-1 散装制药用水系统的典型组成结构

符合"动态过程控制"理念的散装制药用水系统需保证产水水质必须始终高于药典质量要求。因此，维持制药用水系统质量的本质是通过"质量源于设计理念"，控制制药生产过程中的微生物负荷与颗粒物负荷。

4.5.1.1 质量源于设计

制药用水是重要的生产原料和清洗溶剂，其质量的可靠性是保证产品质量的基石。目前，制药用水系统由制备、储存、分配等多个独立的单元步骤有机组成，依据质量管理中的"木桶理论"，制药用水系统最终的质量水平由整个系统中质量"最差"的单元决定。

质量源于设计（quality by design，QbD）强调产品和服务最终质量高低关键取决于设计的准确性，而不是生产制造和服务过程，高质量的产品源于设计实施，设计过程是质量控制的源头。如果前期的设计方面存在明显缺陷，即使后续安装、调试与验证等工作再努力，也难以制造出高质量的制药用水系统。

4.5.1.2 防止微生物污染

从药品生产的卫生学而言，微生物对药品的原料、生产环境和成品的污染是造成生产失败、成品不合格的重要因素。

由于微生物的繁殖会随着时间推移而快速增长，制药用水中发生微生物污染的风险也会随之增加，以皮氏罗尔斯顿氏菌（$Ralstonia\ pickettii$）为例，24h 之内细菌数量会出现成倍的增长（图 4-5-2）。当然，由于繁殖时间、繁殖环境、营养物质状况及微生物自身的生理特性等因素的影响，微生物不可能始终以快速分裂进行繁殖，但整个系统的微生物负荷水平将显著增加。

4.5.1.3 防止颗粒物污染

注射剂中若存在异物与微粒会造成很大的危害。较大的微粒可造成局部循环障碍，引起血管栓塞；微粒过多可造成局部堵塞和供血不足，组织缺氧而产生水肿和静脉炎；异物侵入组织后会引起巨噬细胞的包围和增殖，从而引起肉芽肿，此外，微粒还可引起过敏反应和热原反应。

在制药用水系统实际运行过程中，因锻造奥氏体不锈钢建造材料的广泛使用、长时间高温运行的水环境及焊接、钝化等其他因素的影响，红锈引起的颗粒物污染事件在所难免，图

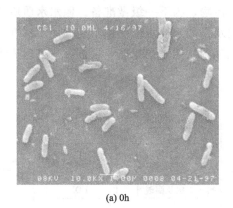 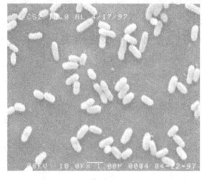

(a) 0h　　　　　　　　　　　(b) 24h

图 4-5-2　微生物的快速繁殖对比

4-5-3 是某注射用水离心泵运行 1 年左右出现的 Ⅱ 类红锈现象。红锈已成为制药用水系统中最主要的颗粒污染物，如何避免应用于高温注射用水系统中的不锈钢产生红锈污染已成为广大制药企业的关注重点。

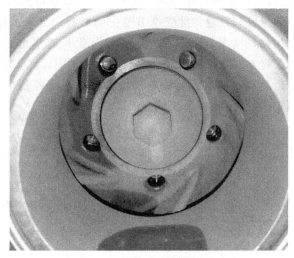

图 4-5-3　离心泵腔的 Ⅱ 类红锈

为了降低制药用水系统发生红锈现象的风险，推进采用"预防大于治理"与"质量源于设计"的实施理念，合理设计、严格把控焊接与钝化质量，从源头上规避红锈快速发生的风险。例如，适当降低注射用水系统循环温度，保持在 70~75℃ 之间循环，严格控制系统 3D 死角原则，防止残留物引起的晶体腐蚀；选择质量可靠的固定型或旋转型喷淋球，防止脱落铁屑导致的外源性铁离子引入；选择质量可靠的锻造奥氏体不锈钢材料，保证良好的酸洗钝化效果并有效生成钝化膜；对系统进行周期性维护除锈与再钝化，重新生成钝化膜；选择有质量保证的原材料进行系统安装，对不锈钢管道、管件的材质报告进行系统追溯，保证材质的品质和抛光度；严格按照焊接标准操作规程进行焊接等。

4.5.2　纯化水制备单元

纯化水制备是以饮用水为原料，经逐级提纯水质，使之符合要求的过程。因此，水的纯化是一个多级的过程,每一级都除掉一定量的污物,为下一级做准备。原水水质应达到饮用水标准,方可作为制药用水或纯化水的起始用水。如果原水水质达不到饮用水标准,那么就要将原水(如自来水、井水或地表水)首先处理到饮用水的标准,再进一步处理成为符合药典要求的纯化水(图 4-5-4)。

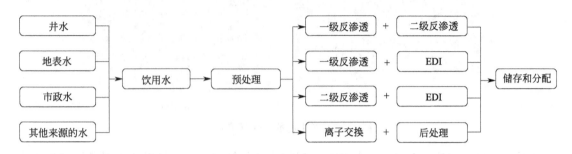

图 4-5-4　纯化水的主流工艺

我国地域辽阔,水资源丰富,水质因地域的不同而差异很大。如果原水是地下水(井水),则有机物负荷不会很大;如果是地表水(湖水、河水或水库水),则可能含有较高水平的有机物,并且有机物的组成和数量可能受季节变化的影响;自来水通常是经过氯处理的,在去除氯之前,其中微生物的含量是比较低的,并且其生长通常是受到抑制的。通常情况下,纯化水制备系统的配置方式根据地域和水源的不同而不同,纯化水制备系统应根据不同的原水水质情况进行分析计算,然后配置相应的组件来依次将各指标处理到允许的范围之内。图 4-5-5 是一个传统的纯化水制备系统的主要配置方式。

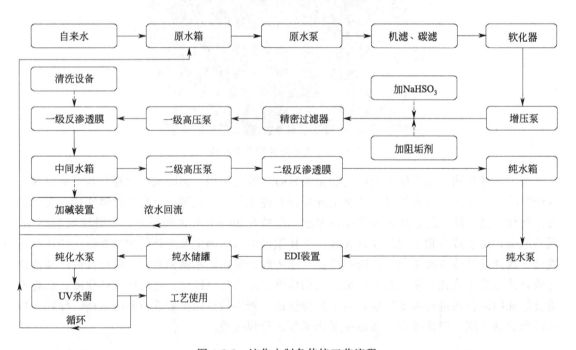

图 4-5-5　纯化水制备传统工艺流程

纯化水制备单元主要组件包括多介质过滤器、活性炭过滤器、软化器、微滤膜/超滤膜/纳滤膜/反渗透系统、离子交换系统、电去离子装置、紫外灯、换热器等,分为制备饮用水的预处理单元与制备纯化水的纯化单元，其交界面以膜过滤核心技术（如 RO 单元操作）为准。

4.5.2.1 多介质过滤器

原水通过滤料层将水中的细小杂质颗粒截留下来，可使水更加澄清、干净，使原水的浊度更低，使水中的细菌、病毒、有机物随着浊度的降低而被大量去除。

多介质过滤器一般称为多机械过滤器或砂滤，过滤介质为不同直径的分层填装的石英砂，较大直径的介质通常位于过滤器顶端，水流自上而下通过逐渐精细的介质层。通常情况下，介质床的孔隙率应允许去除微粒的尺寸最小为 $10\sim40\mu m$，介质床主要用于过滤除去原水中的大颗粒、悬浮物、胶体及泥沙等，以降低原水浊度对膜系统的影响，同时降低 SDI（污染指数）值，出水浊度<1、SDI<5，达到反渗透系统进水要求。根据原水水质的情况，有时要在进水管道投加絮凝剂，采用直流凝聚方式，使水中大部分悬浮物和胶体变成微絮体在多介质滤层中截留而去除。

4.5.2.2 活性炭过滤器

活性炭过滤器主要用于去除水中的游离氯、色素、微生物、有机物以及部分重金属等有害物质，以防止它们对反渗透膜系统造成影响，并保护活性炭处理装置下游的不锈钢设备或管道表面等不与上述物质发生反应。过滤介质通常由颗粒活性炭（如椰壳、褐煤或无烟煤）构成的固定层组成。经过处理后的出水余氯应<0.1mg/L。

4.5.2.3 软化器

软化器通常由盛装树脂的容器、树脂、阀或调节器以及控制系统组成。介质为树脂，目前主要是用钠型阳离子树脂中可交换的 Na^+ 来交换出原水中的 Ca^{2+}、Mg^{2+} 而降低水的硬度，以防止 Ca^{2+}、Mg^{2+} 等离子在 RO 膜表面结垢，使原水变成软化水后出水硬度能达到<1.5mg/L。

上述主要单元操作均是为了制备符合国家标准的饮用水，如果原水水质非常差，还可以采用反渗透技术进行饮用水的制备。

4.5.2.4 膜技术

微孔过滤器一般应用于纯化水系统中一些组件后的微生物的截留，那里可能存在微生物的增长，微孔过滤器在这个区域内的效果非常明显，但是必须要采取适当的操作步骤来保证在安装和更换膜的过程中过滤器的完整性，从而确保其固有的性能。

超滤系统可作为反渗透的前处理，用于去除水中的有机物、细菌以及病毒和热原等，确保反渗透进水品质。

纳滤是一种介于反渗透和超滤之间的压力驱动膜分离方法，纳滤膜的理论孔径是 1nm（$10^{-9}m$）。纳米膜有时被称为"软化膜"，能去除阴离子和阳离子，较大阴离子（如硫酸根离子）要比较小阴离子（如氯离子）更易于去除。

反渗透系统承担了主要的脱盐任务。典型的反渗透系统包括反渗透给水泵、阻垢剂加药装置、还原剂加药装置、$5\mu m$ 精密过滤器、一级高压泵、一级反渗透装置、CO_2 脱气装置或 NaOH 加药装置、二级高压泵、二级反渗透装置以及反渗透清洗装置等。

4.5.2.5 离子交换系统

离子交换系统包括阳离子树脂和阴离子树脂及相关的容器、阀门、连接管道、仪表及再生装置等，主要作用是去除盐类。

4.5.2.6 电去离子装置（EDI）

EDI 系统的主要功能是进一步除盐。EDI 系统中的设备主要包括反渗透产水箱、EDI 给水泵、EDI 装置及相关的阀门、连接管道、仪表及控制系统等。EDI 利用电的活性介质和电压来达到离子的运送目的，从水中去除电离的或可以离子化的物质。

4.5.2.7 紫外灯

紫外灯是一种非常普遍的用来抑制微生物生长的装置，通常配有强度指示器或时间记录器。水以控制的流速暴露在紫外灯下，紫外灯发出的紫外线可以消灭微生物（细菌、病毒、酵母、真菌或藻类）并穿透它们的外膜修改 DNA 并阻止其复制，使细菌减少。进入紫外灯的给水必须去除悬浮固体，因为它们可以"遮避"细菌，阻止细菌与紫外线的充分接触。在纯化水制备装置中，紫外灯并非必需，但它对水质指标的长期稳定非常有效，企业可结合实际情况合理选择。

4.5.2.8 换热器

换热器可以是板式的或列管式的，主要用于预处理部分、反渗透装置及 EDI 装置的消毒。目前，RO 膜以后的部分通常都采用双管板式换热器。

4.5.3 注射用水制备单元

注射用水作为制药工业重要的原辅料，各国根据本国的实际情况，对注射用水的生产方法作了十分明确的规定。蒸馏是通过气液相变法和分离法来对原料水进行化学和微生物纯化的工艺过程，在这个工艺中水被蒸发，产生的蒸汽从水中脱离出来，而流到后面去的未蒸发的水溶解了固体、不挥发物质和高分子杂质。注射用水是生产注射剂最关键、最基础的一种原料，热原控制尤为关键。在蒸馏过程中，低分子杂质可能被夹带在水蒸发后的蒸汽中以水雾或水滴的形式被携带，所以需要通过一个分离装置来去除细小的水雾和夹带杂质，这其中包括内毒素。纯化了的蒸汽经冷凝后成为注射用水。通过蒸馏的方法至少能减少 99.99%～99.999% 的内毒素含量。

《中国药典》《日本药典》《欧洲药典》与《美国药典》均规定注射用水的内毒素指标不得高于 0.25EU/mL，制备注射用水的方法主要有蒸馏法与非蒸馏法，其中，蒸馏法是世界各国公认的制备注射用水的首选方法，注射用水通常通过热压式蒸馏与多效蒸馏两种蒸馏方式获得。非蒸馏法目前是制备注射用水的有利补充。

4.5.3.1 热压式蒸馏水机

热压式蒸馏水机由自动进水器、蒸馏水换热器、不凝性气体换热器、蒸发室、冷凝器、蒸汽压缩机、泵等组成（图 4-5-6）。

4.5.3.2 多效蒸馏水机

多效蒸馏设备通常由两个或多个蒸发器、预热器、分离装置、两个冷凝器、阀门、仪表和控制部分组成（图 4-5-7）。一般的蒸馏系统有 3～8 效，每效包括一个蒸发器、一个分离装置和一个预热器。

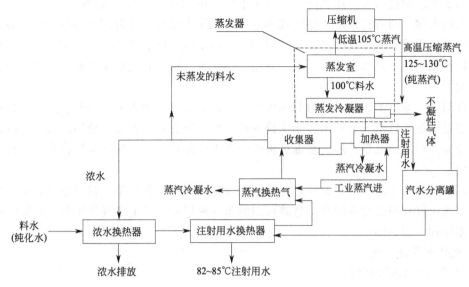

图 4-5-6 热压式蒸馏工艺原理流程示意图

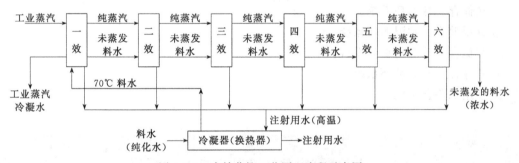

图 4-5-7 多效蒸馏工艺原理流程示意图

《中国药典》（2020年版）中规定，注射用水是使用纯化水作为原料水，通过蒸馏的方法来获得的。《欧洲药典》《日本药典》和《美国药典》均是采用饮用水作为制备注射用水的原水，欧美研发多效蒸馏水机时的出发点是如何有效降低饮用水内毒素含量指标变为注射用水的内毒素含量水平（有效去除至1/1000～1/10000，甚至更高），而我国采用纯化水作为制备注射用水的原水，去除内毒素非常容易，准入门槛偏低。当这类设备开始接触并进入欧美市场后，发现采用饮用水作为原水时根本无法制备符合药典的注射用水，反而销售策略变成了"产量大""体积庞大""钢材使用多""价格便宜"等。同时，部分企业还花了大量时间讨论如何让多效蒸馏水机与纯蒸汽发生器的缓冲罐进行所谓的"巴氏消毒"，因为按药典要求，这个缓冲罐必须是纯化水储罐，要确保其中的水必须是纯化水，殊不知，该质量评价标准已经失去了它本应有的力量，一个工作温度达到150℃以上且开机后会自动排放的蒸馏设备，其微生物污染风险完全可以忽略不计。因此，未来随着我国饮用水工程逐渐好转，《中国药典》将"注射用水是使用纯化水作为原料水"改为"注射用水是使用饮用水作为原料水"也是势在必行。

4.5.4 制药用水储存与分配系统

我国GMP（2010年修订）规定：纯化水、注射用水的制备、储存和分配应当能够防止微生物的滋生。纯化水可采用循环，注射用水可采用70℃以上保温循环。

制药用水储存与分配系统主要组成部分有：纯化水储罐、注射用水储罐、输送泵、换热器、输送循环管路、取样点和使用点、阀门、监控系统和仪器仪表等。在制药用水系统的安装及使用过程中，为使流速符合要求、避免死角产生，很多相关组织都制订了相应的技术标准和参数。

储存与分配系统的正确设计对制药用水系统成功与否至关重要。任何制药用水储存与分配系统都必须达到以下三个目的：①保持制药用水水质在药典要求的范围之内。②将制药用水以符合生产要求的流量、压力和温度输送到各工艺使用点。③保证初期投资和运行费用的合理匹配。

为保证制药用水的质量，避免其在储存和分配过程中受到污染，目前已经有很多种储存和分配方式。储存与分配系统设计思路可归纳为8种形式，目前常规使用的设计原则均可从以下基本原理中得到印证。

① 批处理循环系统。
② 多分支/单通道系统。
③ 单罐、平行循环系统。
④ 热储存、热循环系统。
⑤ 常温储存、常温循环系统。
⑥ 热储存、冷却再加热系统。
⑦ 热储存、独立循环系统。
⑧ 使用点降温系统。

4.6 制药用水系统关键工艺控制因素

制药用水系统验证的重点将由生产工艺的关键质量属性（Critical quality attributes，CQA）和关键工艺参数（Critical process parameter，CPP）决定。生产工艺验证需要保证能够对生产工艺中所有的关键质量属性（CQA）和关键工艺参数（CPP）进行充分的控制。

4.6.1 关键质量属性

关键质量属性（critical quality attributes，CQA）指物质（药品或活性成分）具备的直接或间接影响物质安全、鉴别、强度、纯度的物理、化学、微生物方面特性。关键质量属性确定的标准是基于药品在不符合该质量属性时对患者所造成危害（安全性和有效性）的严重程度。

对于制药用水系统而言，《欧洲药典》和《美国药典》规定的质量属性相对较少，这主要是基于欧美对过程分析技术（PAT）的成熟应用，《中国药典》规定指标相对较多。实际上，在提倡过程分析技术的时代，无论饮用水、非药典水还是药典水，并非指标越多质量越稳定，因为离线取样的某些方法（哪怕是收录到药典的方法），也很可能因为取样频率低、检测试剂不纯、人员污染等各种原因而出现大量的假阳性问题，这与PAT相比是处于明显不利地位的。关于原料纯化水检测项目，《中国药典》为10项，《欧洲药典》为3项（电导率、总有机碳与微生物限度)，《美国药典》为 2 项（电导率与总有机碳为强制项）；关于原料注射用水检测项目，《中国药典》为 11 项，《欧洲药典》为 4 项（电导率、总有机碳、内毒素与微生物限度)，《美国药典》为 3 项（电导率、总有机碳与内毒素为强制项)。以《美国药典》为例，只要有了 PAT 或快速分析技术，包括在线/离线实时电导率检测、在线/离线实时 TOC 检测、在线/离线实时微生物检测、离线快速内毒素检测，就会毫不犹豫地取消那些无法实时监控且无法准确定量的离线常规分析法，因为这种常规方法对质量控制的经济价值与质量价值明显不如过程分析技术。过程分析技术的优势越早被我国制药行业充分认识，就能越早实现从药典标准层面的革命性变革，从而实现真正的节能减排国家战略与行业大计。

4.6.1.1 总有机碳

总有机碳（total organic carbon，TOC）是水中可溶性有机物所含碳的总量，能完全反映有机物对水体的污染程度。总有机碳检查也被用于制水系统的流程控制，如监控净化和输水等单元操作的效能。制药用水中的有机物质一般来自水源、供水系统（包括净化、储存和输送系统）以及水系统中菌膜的生长。

总有机碳是所有国家或地区的药典水都强制约束的一个制药用水关键质量属性，虽然还有少数国家或地区允许采用易氧化物检测法检测有机物对水体的污染程度，但这种方法无法实现及时准确的定量，未来将逐步退出制药用水水质检测的舞台。

通常采用蔗糖作为易氧化的有机物、对苯醌作为难氧化的有机物，按规定制备各自的标准溶液，在总有机碳测定仪上分别测定相应的响应值，以考察所采用技术的氧化能力和仪器的系统适用性。

4.6.1.2 电导率

电导率（conductivity）是用来描述物质中电荷流动难易程度的参数。纯水中的水分子也会发生某种程度的电离而产生氢离子与氢氧根离子，所以纯水的导电能力尽管很弱，但也具有可测定的电导率。水的电导率与水的纯度密切相关，一般而言，纯度越高，电导率越小，反之亦然。当空气中的二氧化碳等气体溶于水并与水相互作用后，便可形成相应的离子，从而使水的电导率增加。水中含有其他杂质离子时，也会使水的电导率增加。另外，水的电导率还与水的 pH 值和温度有关。

与总有机碳一样，电导率已成为所有国家或地区的药典水都强制约束的一个制药用水关键质量属性，虽然还有少数国家或地区（如中国）允许采用离子浓度分析检测法检测可溶性无机物对水体的污染程度，但这种方法无法实现及时准确的定量，未来将逐步退出制药用水水质检测的舞台。

4.6.1.3 细菌内毒素

细菌内毒素为外源性致热原，它可激活中性粒细胞等，使之释放出一种内源性热原质，作用于体温调节中枢而引起发热。细菌内毒素可以均一地溶解在制药用水系统中，因此能较好地代表水体微生物污染水平。细菌内毒素检查包括两种方法，即凝胶法和光度测定法，后者包括浊度法和显色基质法。检测供试品时，可使用其中任何一种方法进行试验。当测定结果有争议时，除另有规定外，以凝胶限度试验结果为准。

4.6.1.4 微生物限度

水体中微生物状况通常通过活的微生物数量和可溶性内毒素类指标进行判定，活的微生物并不是均匀溶解在水体中的，因为生物膜具有黏附性。

由于制药用水的质量直接影响药品的质量，因此必须严格控制制药用水的微生物限度，防止污染。

4.6.1.5　酸碱度/pH值

酸碱度/pH值是水溶液（如饮用水）最重要的理化参数之一。凡涉及水溶液的自然现象、化学变化以及生产过程都与pH值有关，因此，在工业、农业、医学、环保和科研领域都需要测量pH值。

酸碱度的检测对饮用水等其他类型的水体的确有用，但对于纯化水与注射用水，是否有必要检测酸碱度，需要充分讨论，因为药典已经明确规定了纯化水与注射用水的初始水源是饮用水，饮用水已经明确测定过酸碱度或pH值。未来，随着我国饮用水水体质量逐渐好转，散装药典纯化水或注射用水的检测项下完全可以参考欧美取消酸碱度的测定。

4.6.1.6　硝酸盐与亚硝酸盐

含有大量硝酸盐与亚硝酸盐的饮用水、蔬菜、粮食、鱼、肉制品、渍酸菜、隔夜炒菜等经人食用后，大量亚硝酸盐可使人直接中毒，而且硝酸盐在人体内也可被还原为亚硝酸盐。亚硝酸盐与人体血液作用，形成高铁血红蛋白，从而使血液失去携氧功能，使人缺氧中毒，轻者头昏、心悸、呕吐、口唇青紫，重者神志不清、抽搐、呼吸急促，抢救不及时可危及生命。因此对于制药用水，必须严格控制其中的硝酸盐和亚硝酸盐含量，具体测定方法需符合药典标准。

同样的道理，因为我国无法直接得到饮用水，导致药典中增加了硝酸盐与亚硝酸盐指标，其限度比原欧盟指标要求还要严格，部分企业因为测试试剂纯度与预处理运行稳定性的问题，出现过硝酸盐超标的状况。欧盟已于2018年4月删除了硝酸盐检测项，美国于1996年就取消了水溶性离子浓度检测法。随着我国饮用水水体质量逐渐好转，未来有望直接取消。

4.6.1.7　不挥发物

不挥发物是指在特定的情况下，物质中的液体或固体不能蒸发或升华变为气体排出的部分，其检验方法与干燥失重检验类似，结果以百分数表示。

目前，主要国家药典中只有《中国药典》包含不挥发物测定要求，实际操作过程中，很少听到客户反馈该指标有超标现象。随着我国饮用水水体质量逐渐好转，未来也有望直接取消。

4.6.1.8　重金属

药典中涉及的重金属系指在规定试验条件下能与硫代乙酰胺或硫化钠作用而显色的金属杂质。重金属非常难以被生物降解，在人体内能和蛋白质及酶等发生强烈的相互作用，使它们失去活性，也可能在人体的某些器官中累积，造成慢性中毒。对重金属的检验参照药典重金属检查法。

《欧洲药典》在2018年4月取消了重金属检测要求。目前，主要国家药典中只有《中国药典》包含重金属测定要求，实际操作过程中，很少听到客户反馈该指标有超标现象。随着我国饮用水水体质量逐渐好转，未来也有望直接取消。

4.6.2 关键工艺参数

工艺步骤或单元操作的输入运行参数（速度、流速）或工艺状态变量（温度、压力）称为工艺参数。当工艺参数的实际变化能显著影响产出物料的属性时，该工艺参数就是关键工艺参数（critical process parameter，CPP）。对于制药用水系统，关键工艺参数主要包括以下几种。

4.6.2.1 工作温度

温度对水的电导率、酸碱性等关键质量属性有影响，也是微生物繁殖的一个重要影响因素，对温度的控制也应该与整个厂区的能耗相结合。高温对于微生物有明显的致死作用，不同的微生物对高温的抵抗力不同，当环境温度超过微生物生长的最高温度范围时，微生物很容易死亡，超过的温度越多或在高温条件下灭菌时间越长，微生物死亡越快。GMP建议"注射用水可采用70℃以上保温循环"，其原理是70℃以上时，注射用水处于巴氏消毒状态。需要注意的是，对于很多生物制品企业，常温或低温循环的注射用水设计与实践也符合GMP要求，该设计在欧美企业非常普遍。

需要注意的是，温度与电导率、TOC不同，它仅仅是制药用水的关键工艺参数，而非药典水的核心质量属性，企业需要将温度与工艺应用需求相结合，并不是纯化水就必须是常温设计，注射用水就必须是高温设计，企业完全可以设计高温纯化水、低温注射用水或常温注射用水。实际上，低温注射用水系统在血制品工艺中大有用途，常温注射用水系统在生物制品项目中大有用武之地，而高温纯化水在日化企业中也是广泛应用的。虽然日化行业并不需要强制按药典纯化水执行，但企业往往都会参考药典纯化水标准。

4.6.2.2 消毒处理：时间/频率/温度

在我国，纯化水常采用巴氏消毒，注射用水常采用过热水或纯蒸汽消毒，但这些热消毒模式对不锈钢制药用水系统的抗腐蚀性伤害很大，实际上，在国外最安全、最节能的消毒方式是常温臭氧消毒（无论纯化水还是注射用水），这种方式也是有效避免不锈钢系统快速滋生红锈的有效途径。

需要使用已经被验证过的温度来实施消毒工艺，确保真正达到了消毒的目的。在制药用水系统中，主要的消毒方法有：

(1) 化学消毒（5%过氧化氢、1%过氧乙酸）

在商业上可以用多品种化学品的不同混合液或其他化学品达到消毒的目的。值得注意的是，采用化学消毒时，验证消毒剂已除去十分关键。

(2) 臭氧消毒

用臭氧进行消毒可以定期实施也可以连续操作；储存罐一般是用连续的臭氧消毒处理，然后在分配回路或个别使用点前用紫外照射进行去除。分配系统可以定期消毒，如果有必要可以关闭紫外灯并增加臭氧浓度，使臭氧流经分配回路进行循环。

采用臭氧消毒时，不要通过喷淋球加入臭氧，以防臭氧过快分解。

(3) 热消毒（纯化水80℃消毒、注射用水120℃灭菌、纯蒸汽灭菌）

将水处理系统加热来进行定期消毒非常安全有效，消毒的频率取决于系统设计、分配系统的大小、水的周转量、循环水温度等诸多因素。

4.6.2.3 压力

除了容器安装呼吸器（通风过滤器）以外，制药用水系统在运行的任何时间相对于外界环境均为正压，回水压力通过喷淋球本身的憋压需求和回水管网正压实现。同时，也应当考虑防止水系统逆流或者其他物质泄漏对制药用水系统产生的污染。

4.6.2.4 流量

在常温系统或者低温系统中，水流量（或者流速高于湍流的雷诺数）有助于减少水中微生物的生长。分配系统中循环部分的湍流流量，被认为是最低设计要求。同时，在正常系统操作时，流量需被监控。在巴氏消毒的高温注射用水或纯化水系统中，流速给微生物控制带来的价值相对较小，但对保证正压有帮助。

4.6.2.5 液位

可以通过保持储罐内的液位来控制供水量和下游泵的气穴现象（亦称空穴现象、气蚀）保护。一般情况下，液位对水质来说不被视为关键性因素，但在纯化水机组的操作中可能是一个关键性因素。

思考题

1. 制药用水系统的罐体、管路应选择什么样的材质？
2. 制药用水管道设计和安装应注意哪些问题？
3. 纯化水循环、注射用水高温循环的目的是什么？
4. 不同类型的制药用水可以用于哪些工序的哪些操作？请举例说明。

知识拓展

洁净车间验证与监测

一、制药工业洁净室微生物监测现状

《中国药典》（2005年版）就已经对微生物检验方法提出了验证的要求，《中国药典》（2020年版）将其更名为微生物方法适用性试验，即选用一个微生物检验方法时首先应该确认药品本身是否含有抑菌或杀菌成分，从而影响药品中可能的微生物检出，适用性试验就是要确认在消除了药品的杀菌性或抑菌性之后再进行药品的微生物学检查。但时至今日，在药品生产环境微生物监测中，国内外法规仍然没有要求先确定制药环境中可能存在的抑菌或杀菌成分，进而再制订出有效合理的去除抑菌或杀菌成分的方法后再进行环境监测。这样的话，环境微生物监测结果就很有可能产生一个"假阴性"的结果，从而误导药品生产环境的控制结果。

在药品微生物监测或环境微生物监测中，"假阴性"的结果远比"假阳性"可怕。虽然法规没有明确的规定，但考虑到药品生产的过程控制，必须要提供一个真实的洁净室受控环境，即必须在一个受控的洁净环境下才能够生产出符合质量标准的产品，这也能为药品生产提供一个能够追溯的准确数据。洁净环境中的微生物监测，必须在消除了洁净环境中存在的抑菌或杀菌物质后，才可以监测出洁净环境中微生物的真实水平，避免出现"假阴性"

结果。

附表 1 《中国药典》(2020 年版) 四部 9203 指导原则中各洁净级别环境微生物监测的动态标准[①]

洁净度级别	浮游菌 /(cfu/m³)	沉降菌(φ90mm) /(cfu/4 小时)[②]	表面微生物	
			接触(φ55mm)/(cfu/碟)	5 指手套/(cfu/手套)
A 级	<1	<1	<1	<1
B 级	10	5	5	5
C 级	100	50	25	—
D 级	200	100	50	—

①表中各数值均为各取样点的测定值。
②单个沉降碟的暴露时间可以少于 4 小时,同一位置可使用多个沉降碟连续进行监测并累积计数;如果试验时间少于 4 小时,则仍应使用表中的限度。

附表 2 EU GMP 中附录 1 无菌产品的生产中确认阶段微生物污染的限度

Crade 级别	Air sample cfu/m³ 浮游菌/(cfu/m³)	Settle plates(diameter 90mm) cfu/4hours[(a)] 沉降菌(φ90mm)/(cfu/4 小时)[(a)]	Contact plates(diameter 55mm) cfu/plate 表面微生物(φ55mm)/(cfu/皿)
A[(b)]	不得生长[(b)]		
B	10	5	5
C	100	50	25
D	200	100	50

(a) Settle plates should be exposed for the duration of operations and changed as required after 4 hours. Exposure time should be based on recovery studies and should not allow desiccation of the media used.
平皿应在关键操作过程中暴露,并在 4 小时后按要求更换。暴露时间应该基于回收率研究并且不应使所用的培养基干燥。

(b) It should be noted that for Grade A, the expected result should be no growth.
注意,对于 A 级,期望的结果不得生长。

上述两个表,对 A 级区表述不尽一致。

在标准或要求方面,我国 GMP 出现了一个需要不停解释但又不得不反复说明的"<1"这个标准。微生物动态标准<1,就有人会问 0.1 和 0.5 都是<1,合格么?<1 到底允许生长微生物么?在这里,有一个问题是无法回避的,如果 A 级区有某一监测点发现 1 个污染菌,是否可以通过数学计算平均值的方法,如果计算的结果<1 就认为该生产环境合格,从而放行这批次产品。

简单通过数学计算得出合格的结果,是给了洁净室一个"被合格"的结果,然而产生这一错误的根本原因在于没有理解法规标准的根本含义。A 级区环境监测微生物限度标准的<1,是指不得有微生物被发现。由于在自然界的环境中不存在绝对的无菌环境,因此,法规标准上的 A 级洁净区,就是在严格控制条件下实现一个动态的相对无菌环境。

倘若明白了 A 级洁净区的实际含义,我们就可以回答"一种产品无菌检查符合质量标准,但是在生产期间,在线微生物环境监测结果不合格,是否可以放行该批次产品?"这样的问题了。

环境微生物监测数据并不代表该批产品的微生物状态。监测数据只提供了生产环境是否受控的信息。微生物监测结果的部分偏离可能表示与正常生产工艺有偏差,但并不一定就表示该批产品就同样受到微生物污染。在对环境监测发现的阳性不合格结果进行如污染类型、污染水平、监控地点、其他监控数据、趋势分析等风险评估后,还是有可能可以放行该批次产品的。

二、药品生产环境微生物生长特点

(1) 药品生产环境中的微生物是能繁殖的活细胞生物

迄今为止，微生物检查法仍然是培养法，即预先设定的培养基在设定的温度范围内培养，一段时间后可以生长菌落，并对菌落进行检测的方法。培养法决定了要检出的微生物必定是在设定的培养条件下，具有生长能力的活的微生物。

(2) 数量少而分布不均匀

制药洁净环境从建造开始，到投入生产活动，有多种措施和手段在维护洁净室的洁净度，使其一直处于良好的受控状态下，也就是说，这间洁净室是一个设计好的受控环境，达到了预定的洁净度等级。在这种情况试图发现并检出微生物是一种"小概率事件"，且微生物的生长特性决定了洁净室这种受控环境中存在的微生物是数量少且分布不均匀的。

(3) 多数处于受损伤状态

洁净室环境的维护是不可能不使用消毒剂的，而且还可能用到不止一种消毒剂，对于高级别洁净区还会用到杀孢子剂、消毒剂等，加上药品原料药（API）自身所具有的生物活性，特别是抗生素药品的生产环境，对环境中潜在的微生物来说，是一种难以生存的不良生长环境。因此，潜在的洁净环境中的污染微生物多半是处于"半致死"的状态。

(4) 生存环境的多样性及复杂性

药品具有各自的化学特性，在药品的各种各样的环境中生存的微生物，不同的环境因素直接影响环境微生物的生存和检出。

三、洁净室微生物监测风险分析

制药洁净环境中因为药物 API 的特殊性及洁净室清洁消毒时用到的各种消毒剂，对洁净环境中潜在的微生物有抑制或杀死作用，对环境微生物监测结果会带来"假阴性"的风险，因此必须了解洁净环境中潜在的抑菌或杀菌物质及存在的单位数量，进而采取正确的培养基来监测环境中潜在的微生物，得出洁净环境中微生物的实际水平。

因此，对抗生素企业和部分制剂厂家来说，仅仅利用胰酪大豆胨琼脂培养基（TSA）和沙氏葡萄糖琼脂培养基（SDA）来监测洁净室的微生物是不全面的。对于抗生素生产企业，动态监测时其洁净室内不可避免地混杂着一定量的抗生素粉尘，如果没有采取能够消除抗生素粉尘对微生物生存和生长影响的措施，就采用国标的方法测试该环境中的微生物，所得到的监测结果不可避免地将是一个"假阴性"的结果；同样，部分药物的 API 对个别微生物也有不同程度的抑制或杀灭作用，要是不消除这类影响微生物生存和生长的环境因素，同样会得到"假阴性"的结果。

制药企业洁净环境中的抑菌成分主要有两大类：API 残留和消毒剂残留。

1. 制药洁净室环境微生物监测风险一：API 残留

API 主要分为两部分：抗生素和部分具有抑制部分微生物生长作用的 API。若消除抗生素粉尘的残留，可通过添加一定量的酶降解取样时落在培养基平板上的抗生素来实现。对于 β-内酰胺类抗生素，可在监测平板的培养基内添加一定量的 β-内酰胺酶（即青霉素酶）；对于头孢类抗生素，则添加头孢菌素酶。

若消除 API，则主要依据《中国药典》（2020 年版）四部 附录 1105 "常见干扰物的中和剂或灭活方法"中所对应的中和或灭活方法，还可以借鉴相关产品微生物检验方法验证中所采取的中和或灭活方法来消除 API 的影响。在抗生素生产企业的生产环境中含有一定量的抗生素粉尘，这些抗生素的存在有着抑制或杀死微生物的作用。对抗生素生产环境的微生物监测，目的就是要着力消除抗生素对微生物的影响，从而还原出洁净室内微生物的实际状况。

确认每块平板中加哪种酶，加多少活性单位的酶，必须验证才可以得出数据。具体步骤如下：

(1) 按照环境监测 SOP 规定的取样方法采集取样点的抗生素粉尘量。

(2) 在获取了监测点的抗生素含量后，确定加酶的种类和加酶量。

2. 制药洁净室环境微生物监测风险二：消毒剂残留

制药企业洁净环境每天都在使用消毒剂，怎样确定残留的消毒剂没有影响微生物的生长？选择什么样的培养基可以最大限度地衡量洁净室表面的微生物水平？理论知识告诉我们，卵磷脂、吐温-80 组合后能够消除季铵类化合物（苯扎溴铵、苯扎氯铵等）消毒剂的影响；卵磷脂、吐温-80 和 L-组氨酸组合后能够消除醛类（甲醛、戊二醛等）和酚类（苯酚、间苯二酚等）消毒剂的影响；硫代硫酸钠能够消除卤素类消毒剂（碘伏、碘酒等）的影响等。

现在，国外制药企业在进行环境微生物监测时，用于洁净室表面取样的培养基大多为大豆酪蛋白＋卵磷脂＋吐温-80 琼脂培养基（即 TSAWLP）。这样的培养基可以有效地降解可能残留在洁净室表面的消毒剂（主要是季铵类化合物消毒剂）的残留。然而，国内有些企业在没有充分掌握洁净室消毒剂的种类和残留量时就纷纷采用大豆酪蛋白＋卵磷脂＋吐温-80 琼脂培养基用来监测洁净室表面微生物水平。要知道，大豆酪蛋白＋卵磷脂＋吐温-80 琼脂培养基中所含有的卵磷脂＋吐温-80 是定量的，这就意味着，这种可以消除消毒剂残留的培养基所能够降解的残留消毒剂必定是在一个规定限度以内的。所以，在没有确认所使用的季铵盐类消毒剂的残留限度，就盲目采用此培养基，同样会产生"假阴性"结果。甚至有些制药企业在清洁消毒时根本就没有用到季铵盐类消毒剂，就盲目采用大豆酪蛋白＋卵磷脂＋吐温-80 琼脂培养基监测洁净室表面的微生物。

因此，洁净室表面微生物监测使用大豆酪蛋白＋卵磷脂＋吐温-80 琼脂培养基（即 TSAWLP）的前提必然是：第一，洁净室曾用到季铵盐类消毒剂；第二，按照洁净室清洁消毒标准操作规程进行洁净室清洁消毒之后，洁净室表面可能存在的消毒剂残留，一定是在所使用的培养基所包含中和剂的降解范围之内，也就是说，使用大豆酪蛋白＋卵磷脂＋吐温-80 琼脂培养基（即 TSAWLP）做表面微生物监测，一定要有验证数据的支持。

如何避免洁净室清洁消毒后表面存留有消毒剂？GMP 在清洁消毒流程上已经规定了洁净室清洁消毒的标准操作规程。这个标准操作规程包括如下三个步骤：第一是清洁，第二是消毒，第三是残留去除。然而，在企业实际的清洁消毒过程中，经常会忽略掉第三步残留去除这一关键步骤，忽视这一步的代价就是清洁消毒后的洁净室表面可能残存有消毒剂，从而给表面微生物监测结果带来风险较大的"假阴性"结果。

因此，要避免清洁消毒后的洁净室残留有消毒剂，首先应严格遵循洁净室清洁消毒的三步标准操作规程，其次对企业洁净室标准操作规程 SOP 规定的方法、对所用到的消毒剂逐一做清洁消毒后的消毒剂残留确认。最理想的确认结果是经过清洁消毒后洁净室表面没有消毒剂残留或仅有微量的消毒剂残留，没有影响到洁净室表面污染微生物的检出。

四、重新认识培养基

预制培养基是工业化生产的培养基，国外也称为 Ready-to-use Culture Media Plate，即符合药典（USP、EP、JP 等）标准的、可以直接用于微生物检查使用的培养基。预制培养基涵盖了药品微生物检验过程中的所有种类,包括无菌检查的TSB、FTM及各种稀释剂,限度检查的TSA、SDA及各种分离、鉴定培养基,洁净室环境监测的TSA、TSAWLP、SDA等各种无菌的平板培养基。

由培养基的发展历程可以看出,培养基的发展经历了实验室自行配制到工业化生产的过程。我国药品微生物实验室小而分散,数以千计的企业和基层药检所难以保证检验用培养基的验证、评价工作;在药企日常工作中,难以有效评估企业微生物实验室配制的培养基的质量均一性。

而预制培养基是按培养基的标准处方制备的、质量优良的培养基,可工业化批量生产,具有最优的质量控制、最好的均一性、最小化的偏差、最长的有效期等明显优势,完全可以达到药品微生物检验所需培养基的质量。目前在欧美国家,预制培养基几乎覆盖了制药企业实验室,可以预见在不远的将来,国内药企微生物检验所需的各种规格、各个品种的培养基都将会采用预制培养基。

洁净室微生物监测方案最重要的内容是环境监测培养基的选择及培养条件的确定。用于环境微生物监测的培养基首先必须具备的就是要有良好的广谱性,即对环境微生物的选择性很低,能满足大多数需氧微生物的生长。胰酪大豆胨琼脂培养基(TSA)和沙氏葡萄糖琼脂培养基(SDA)作为微生物培养全能型培养基的典范,已经成为《中国药典》、USP、EP中微生物[细菌、真菌(包括霉菌、酵母菌)]限度检查的首选,也成为制药洁净环境微生物监测中浮游菌或沉降菌监测培养基的不二选择。

对于微生物限度检查培养基的确定,国外药典(包括USP、EP和JP)是依据微生物自身营养条件确定的。随着《中国药典》微生物检查中培养基与国外药典(包括USP、EP和JP)的接轨,《中国药典》也收载了胰酪大豆胨琼脂培养基(TSA)和沙氏葡萄糖琼脂培养基(SDA)作为微生物限度检查培养基的主要种类,以及TSA和SDA为主要培养基来设计洁净环境监测方案。

五、环境微生物监测方法

任何一个环境监测方案都必须包括对空气、表面和人员的监测。

1. 空气监测

浮游菌或沉降菌作为空气微生物监测的主要方法,理想的培养基应该是胰酪大豆胨琼脂培养基(TSA)和沙氏葡萄糖琼脂培养基(SDA)。

(1)需氧微生物总数(TAMC)

培养后在TSA培养基上发现有真菌生长,应当按需氧菌来计数。培养条件的确定:如果是要计数需氧微生物总数,培养条件可以采用分别在30~35℃培养2天,再转到20~25℃培养3天。如果是仅计数细菌总数,培养条件可以采用30~35℃培养5天。

(2)真菌总数(TYMC)

如果某产品本身对真菌(包括霉菌和酵母菌)有严格要求,或环境中真菌的生物负荷比较大,这时环境微生物监测方案中就不能仅有TSA培养基一种了,还必须使用沙氏葡萄糖琼脂培养基(SDA)来监测真菌。具体培养条件是20~25℃培养7天。同样,如果培养后,在SDA培养基上发现有细菌生长,应当按真菌来计数。在这里,应该注意的一点是,如果因为细菌的生长使总真菌数或酵母菌总数超过了规定的限度,则应该在沙氏葡萄糖琼脂培养基(SDA)中加入少量的抗生素抑制细菌的生长,通常是在配制沙氏葡萄糖琼脂培养基(SDA)时加入1%的氯霉素。

2. 表面监测

表面作为洁净室的主要污染源之一，也是环境监测的主要内容。

表面微生物监测主要的取样方法有接触平皿法、擦拭法和表面冲洗法。这三种方法各有优劣，分别适用于不同的表面取样，测试数据都能够用来评估洁净环境表面微生物的污染水平。

接触平皿法，又称 Rodac（replicate organism detection and counting）Plate 法，作为快速取样测试且可以定量监测表面微生物的方法，越来越被广泛采用。表面微生物监测培养基的选择、洁净环境中消毒剂残留对微生物的影响，是设计表面监测方法不得不直面的问题。国外越来越多的制药公司在进行表面微生物培养时，选择大豆酪蛋白＋吐温-80＋卵磷脂琼脂培养基（即 TSAWLP），其中吐温-80＋卵磷脂中和剂可以降解表面可能残留的季铵盐类消毒剂（新洁尔灭等），因而添加有吐温-80＋卵磷脂的 TSA 培养基可以方便地应用在使用了季铵盐类消毒剂的表面。采用大豆酪蛋白＋吐温-80＋卵磷脂琼脂培养基的培养条件可以等同采用需氧微生物总数的培养条件。

沉降菌监测必须是 4 小时吗？普通的环境监测培养基平板可以耐受 4 小时的取样吗？影响环境监测培养基平板监测时间的因素有哪些？如何来确定用于沉降菌监测的培养基平板的监测时间？……要搞明白这些问题，首先要了解影响沉降菌监测的因素。不妨以 TSA 培养基为例详细了解一下，TSA 培养基的标准配制方法：称量 40g TSA 干粉培养基，加 1L 纯化水，摇匀后，灭菌。然后分装，浇平板。不难看出，TSA 培养基可以理解为 4% 的培养基浓度，也就是说刚刚配制成的新鲜 TSA 培养基含水率为 96%。随着储存时间和监测时间的延长，培养基会脱水，含水率在减少，培养基支持微生物生长的性能即回收率也在发生变化，那么，培养基做沉降菌监测时，培养基的含水率会发生怎样的变化呢？

沉降菌在监测过程中，培养基含水量主要有三个影响因素：洁净室的温度、洁净室的湿度、洁净室的风速（主要是 A 级区）。众所周知，微生物的表面积特别大，绝大多数微生物都是单细胞生物个体，一个细胞就是一个生物体，这个生物体接触外界的面积就是整个细胞的表面积。因此，微生物对其生长的外界环境特别敏感，在培养基过度失水的情况下，培养基上的微生物面临的首要问题不是如何生长繁殖，而是如何确保防止细胞内部的水分过度丢失，即如何不过度脱水而致死或如何延缓生长，尤其对革兰氏阴性菌，因为其细胞壁的结构特点，对其生长环境的细微改变，都格外敏感。

以上所述就是药企环境微生物监测中沉降菌监测 4 小时的原因。那么，环境微生物监测中，沉降菌动态监测一定是 4 小时吗？

要回答这个问题，首先应该弄明白 GMP 规定的 4 小时沉降菌监测的最基本的目的。GMP 规定沉降菌动态监测≤4 小时，然而药品生产工艺千差万别，进行 4 小时沉降菌监测，要满足所有药品的生产过程中对环境微生物的监测，显然是不可能的。

根据药品对微生物的控制和要求，药品可以分成为口服非无菌制剂和无菌制剂两种；其中无菌制剂又分成终端灭菌制剂和非终端灭菌制剂两种；非终端灭菌制剂包括除菌过滤产品和无菌分装产品两种。生产上述不同类型的制剂产品，沉降菌的动态监测都是≤4 小时吗？

GMP 规定沉降菌动态监测≤4 小时是对口服非无菌制剂和终端灭菌无菌制剂的规定。而且，这个 4 小时还意味着必须这两类制剂的生产工艺时间大于等于 4 小时的情况下，沉降菌才可以实现动态监测达到 4 小时。如果生产工艺时间不足 4 小时呢？这种生产情况下，生产时间就是监测时间，这时候沉降菌的动态监测就如实监测整个生产过程了。

沉降菌动态监测中最难监测的对象是非终端灭菌制剂,即除菌过滤产品和无菌分装产品这两种产品的生产过程。GMP要求对药品质量要有追溯,追溯就包含了药品生产过程的控制参数,即药品生产是不是在受控状态下进行的?这就要求对于非终端灭菌的制剂沉降菌动态监测要求是连续监测。也就是说,非终端灭菌制剂在整个生产过程中,如果做沉降菌动态监测,则需要全程监测。对于非终端灭菌的无菌产品从生产开始直到生产结束的时间里,都必须动态监测沉降菌,这时候已经没有动态监测4小时的概念了,生产多长时间沉降菌就动态监测多长时间。如果这时候沉降菌还是动态监测4小时,就说明生产时间恰好是4小时。

综上所述,确定沉降菌动态监测时间,首先是看监测对象是什么产品类型,对于口服非无菌制剂和终端灭菌的无菌产品,动态监测最长4小时;其次,看生产工艺时间,如果生产工艺时间大于等于4小时,只动态监测4小时就可以了,而对非终端灭菌的无菌制剂,沉降菌要全程动态监测,则没有动态监测4小时的概念了。

3. 人员监测

人是洁净环境中的最大污染源,生产操作人员卫生的控制和监测直接影响着洁净室的环境等级。强调生产操作人员对洁净环境的影响,首先是要严格规范洁净区,尤其在A级、B级区操作人员的各种行为,因为洁净区操作人员的行为是维持洁净区平衡不可或缺的。

操作人员卫生检查基本与表面微生物监测类似,培养基的选择上可以忽略消毒剂等的影响,不必选用添加有中和剂的培养基,可以直接使用胰酪大豆胨琼脂培养基(TSA)和沙氏葡萄糖琼脂培养基(SDA),但不可忽略抗菌素和API的影响。除此之外,完全可以等同采用空气监测的培养条件。

案例:员工手部监测取样究竟哪种方法好?应该选择哪种方法?

  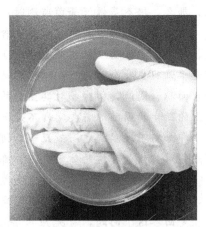

(a) 55mm接触板　　　　(b) 90mm接触板　　　　(c) 150mm接触板

附图:员工手部三种取样方法

必须说明的是,图中所示三种方法,至少从监测方法上来看,都适用。没有哪种方法适用,哪种方法不适用。只要取样方法正确,监测结果都可以用来评价员工的个人卫生状况及洁净室卫生状况。需要特别说明的是,对于洁净室操作员工的表面微生物监测,应该遵循两个原则:①采用同一种方法;②采用方法无误。

4. 洁净室墙面、地面监测

国内很多药企,特别是无菌产品的生产企业,在A级、B级区这些高洁净度等级环境做表面微生物监测时,表面微生物的标准基本都是0,包括地面、墙面这些监测点。在检查企业的环境监测记录时,A级、B级区地面、墙面的微生物监测记录,与A级、B级区的其他监测,包括浮游菌、沉降菌、设备内表面等的结果几乎一模一样,整个记录通篇只有一个数字0。

实际结果是这样的吗?答案不言而喻。

先看看法规的相关要求:

(1) GMP(2010年修订)附录一中无菌药品生产表面微生物监测要求

洁净度级别	浮游菌/(cfu/m³)	沉降菌(φ90mm)/(cfu/4小时)	表面微生物 接触(φ55mm)/(cfu/碟)	5指手套/(cfu/手套)
A级	<1	<1	<1	<1
B级	10	5	5	5
C级	100	50	25	—
D级	200	100	50	—

(2) USP〈1116〉表4 在控制环境中的表面洁净度指示的设备和设施

Class 级别		cfu per Contact Plate* 每个接触皿的(cfu)
SI	U. S. Customary	
M3.5	100	3(including floor)
M5.5	10,000	5
		10(floor)

* Contact Plate areas vary from 24 to 30 cm². When swabbing is used in sampling, the area covered should be greater than or equal to 24 cm² but no larger than 30 cm².

接触皿区域面积应有24~30cm²,当涂布用于样品中时,覆盖的区域应大于或等于24cm²,但不能超过30cm²。

由上可以看出,USP中对A级洁净区表面微生物监测,尤其是地面监测标准,不是无菌的,而是给微生物限定了范围:3cfu/25cm²。这是我国GMP的标准比USP还要严格吗?

其实只是监测理念不同罢了。USP〈1116〉是这样描述的:It is customary to sample walls and floors, and indeed sampling at these locations can provide information about the effectiveness of the sanitization program. Sampling at these locations can take place relatively infrequently, because contamination there is unlikely to affect product. 墙与地面取样是个惯例,其能够提供清洁有效性方面的信息。这些点的取样频率相对较低,因为污染不太可能影响产品。

六、环境微生物监测状态:"动态"与"静态"

制药洁净环节的控制与监测分为静态和动态两种监测模式,即静态测试和动态监测。静态测试是指新建造的洁净室验收测试或洁净室运行一段时间后的年度验证测试;动态监测指的是在药品生产过程中对动态生产环节的监测,以此来评价各级别洁净室是否在受控状态下生产。

静态测试是洁净室在空调系统正常运行时,评价洁净室是否达到设计要求、是否满足相关药品生产时洁净室的基本要求。国内外不同法规对静态测试要求的项目和内容基本一致。

静态测试方法、取样点的数目、取样点的位置等ISO和中国GB的要求基本相同。

GB/T 16292—2010《医药工业洁净室(区)悬浮粒子的测试方法》规定了取样点的数目、取样点的位置。

ISO 14644-2《洁净室及其控制环境国际标准》规定的洁净级别再确认:

- A级和B级区，每6个月一次再确认。
- C级和D级区，每12个月一次再确认。

2020年版欧盟GMP附录一无菌产品生产中规定：
- 对于A级和B级地区，再确认的最长时间间隔为6个月。
- 对于C级和D级地区，再确认的最长时间间隔为12个月。

洁净室确认（包括分类）应与日常环境监控区分开。动态监测指的是在洁净车间静态测试合格后，开始药品生产活动，即有人员、设备、物料三者参与的生产工艺活动时，对生产过程的监测。

静态测试与动态监测对洁净室来说是完全不同的两种测试活动，二者既有区别又有关联。从二者的法规层面来说，静态测试依据ISO或GB等对洁净室的标准或国标。附表3为静态测试与动态监测的对比，分别从依据、取样点数目等几个方面对二者做了对比。

附表3 静态测试与动态监测的对比

项目	静态测试	动态监测
依据	GB/T 16293—2010 GB/T 16294—2010	GMP（2010年修订）
取样点数目	$N_L=\sqrt{A}$	风险评估决定
取样点位置	离地面0.8~1.5米（略高于工作面）	风险评估决定（风险点）
取样时间	30分钟	≤4小时
限度规格	企业自行制订	GB/T 16293—2010 GB/T 16294—2010 GMP（2010年修订）

针对附表3，需要特别说明的是：

（1）对于取样点的数目，静态测试的目的是评估洁净室的状态，测试依据必然是甲乙双方都可接受的测试标准，不是ISO就是GB。而对于动态监测，衡量的是一个药企生产的特定产品，对于取样点的选择和确定，首选要考虑的是要结合具体产品、特定生产工艺和设备，对其进行分析评估、风险分析。

（2）对于取样点的位置，静态测试需取样一个洁净室若干个监测点，这是因为静态测试评估的是洁净室HEPA的运行状态，取样点的位置必须在一个平面上，各取样点之间不能有不同，不能有变量，所以各法规要求测试的位置是0.8~1.5米。不同的是，动态监测评价的是药品生产过程中的微生物实际控制状态，所选择确定的微生物监测点一定不是同样的一个高度。理解这点很简单，因为动态环境中微生物生存是不可能都在一个水平面上的。因此，必须结合实际生产环境确定动态监测点。

洁净室的微生物浓度应为洁净室确认的一部分。取样点的数量和位置应基于文件化的风险评估后确定。

日常监测选择位置时要考虑的因素有：

① 微生物污染极有可能对产品质量造成不良影响的位置。
② 最有可能表现出实际生产过程中微生物扩散最严重的位置。
③ 选址是否涉及统计设计（例如，美国联邦标准209E的计算），或选址是否根据网格计算分析？常规监测的位置是否应轮换？
④ 哪些位置最难接近、清洁、杀菌或消毒？
⑤ 该区域的哪些活动有助于污染蔓延？

⑥ 在指定位置取样是否会干扰环境,导致收集的数据错误或污染产品?取样是否只能在轮班结束时进行?

附表 4 为 PDA 技术报告 13 中环境监测点的选取举例。

附表 4　PDA 技术报告 13 环境监测
Fundamentals of an Environmental Monitoring Program Technical Report No. 13 Revised

System 系统	Site 位置
• Environmental air (filling line) 环境空气(灌装线)	• Near open and/or filled containers 靠近打开和/灌装的容器
• Room air 房间空气	• Proximal to work area 接近工作区
• Water 水	• Point of use 使用点
• Surface (facility) 表面(设施)	• Floor, door handles, walls, curtains 地面,门把手,墙,窗帘
• Surface (equipment) 表面(设备)	• Filling line, control panels, stopper bowl 灌装线,控制面板,瓶塞料斗
• Compressed air 压缩空气	• Site farthest from compressor 离压缩机最远的位置
• Sterility test manifold 曲菌测试支管	• Port closest to vacuum source 最接近真空源的口
• Operator on filling line 灌装线操作员	• Finger impressions, at a minimum 至少是手指印痕
• Laminar air flow (e.g., hood) 空气层流(如层流罩)	• Near high activity areas 靠近高活动区

第 5 章
洁净空调系统

5.1 洁净空调系统概述

5.1.1 洁净空调系统的概念

洁净空调系统是指除满足空调房间的温湿度常规要求外，通过工程技术方面的各种设施和严格管理，使室内微粒子含量、气流、压力等也控制在一定范围内的系统。该系统在世界上已经历了半个多世纪的发展，在我国是 20 世纪 60 年代中期开始发展的。随着工业生产、医疗事业、高科技的发展，其应用范围愈加广泛，而且技术要求也更为复杂。目前它广泛应用于微电子工业、医药卫生、食品工业等诸多领域。

制药厂的生产环境对药品的产品质量、人体健康有着极大影响，我国《药品生产质量管理规范》对生产环境提出了相应于工艺过程的不同洁净级别要求。对于原料药制备以及粉剂、针剂、片剂、大输液的生产、灌装等工艺，均已制订了洁净区和控制区的洁净标准。除了限定空气中尘埃粒子的含量外，对生物粒子（细菌数）也有明确的限制。同时还需控制不同等级、区域间的压差，以保证内部洁净空气不被污染。

5.1.2 洁净空调系统的运行原理及构成

洁净空调系统是将空气经过初、中、高效三级过滤后送至各洁净房间（空调系统新风通常需经过初、中效二级过滤）。空气的初、中效过滤和焓、湿处理均由组合式空调机组负责完成，空气的高效过滤由洁净区房间的高效过滤送风口完成；送入洁净区的空气经洁净房间内的回风口和回风管回至组合式空调机组的回风段，或经处理后直接排至室外。净化空调系统的回风及排风风量与送风量相适，保证洁净室与外部大气的静压差≥10Pa。洁净空调系统的运行原理见图 5-1-1，整套空调系统由冷热源系统、空调水系统、空气处理设备、通风管道系统、水泵、风机等组成。

洁净空调系统的空气处理设备通常采用组合式空调机组，组合式空调机组以冷水、热水或蒸汽为媒介，通过各种组合功能段实现空气的混合、冷却、加热、加湿、除湿、过滤以及热回收、消声等处理过程。

通风管道系统是将组合式空调机组处理后的洁净空气按设计参数输送至各个洁净室连接系统，其由风管、风阀、高效过滤器、压差传感器等组成。位于输送末端的高效过滤器对提高空气的洁净度起到了重要的作用。

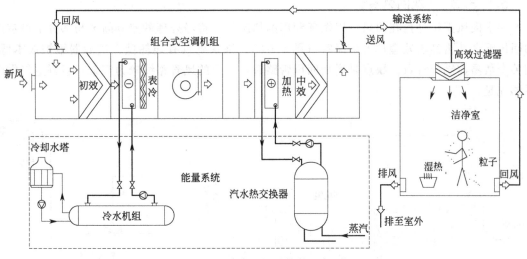

图 5-1-1　洁净空调系统的运行原理

5.1.3　典型洁净空调系统的应用

用于药品生产的洁净空调系统按照空气流的利用方式，可划分为全新风系统、一次回风系统、二次回风系统和嵌套独立空气处理单元的空调系统。

5.1.3.1　全新风系统

全新风系统指将室外新风经过处理，达到能满足洁净要求的空气送入室内，然后不回风直接将这些空气全部排出（图5-1-2）。该系统适用于回风不可以循环利用的情况：

①产生易燃易爆气体或粉尘的区域；②产生有剧毒、有严重危害的物质的区域；③有毒菌操作的区域；④有交叉污染风险的区域；⑤其他经局部排风仍不能控制污染的区域。

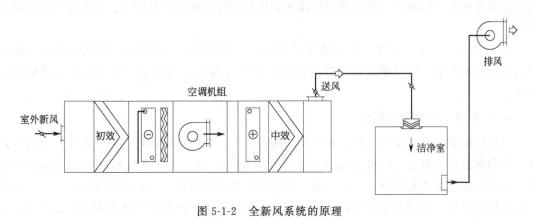

图 5-1-2　全新风系统的原理

全新风系统的优点在于可以对控制区域内的污染环境进行最大程度的置换或稀释、大大降低交叉污染的风险、通风管路更加简单，而缺点同样明显，那就是能源的巨大损耗、相关参数（温度、湿度）较难控制、过滤器更换频率高且对排气的预处理设备（是否需要洗涤器、灰尘收集器、过滤器等）有潜在的需求。

5.1.3.2 一次回风系统

一次回风系统是指在回风可以循环利用的情况下，将经处理的室外新风与部分洁净室内的回风混合，再经过处理送入洁净室（图 5-1-3）。该系统具有能耗低、过滤器维护成本低、相关参数易控制等特点。缺点是增加回风管路后，夹层的风管路线较为复杂；新鲜空气供应不够充足。

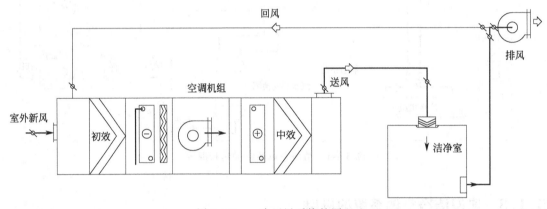

图 5-1-3　一次回风系统的原理

系统回风再次引入洁净空调系统中的接入点取决于系统回风空气的质量参数。

① 如系统回风空气的质量已完全符合洁净环境的要求，可将系统回风直接接入送风风机段前端，和经过过滤处理及温度调节后的新风混合，经过终端过滤后再次进入洁净室（区）内。

② 如系统回风空气虽然已被轻微污染或有温度偏差，但和经处理过的新风混合，并再次经终端过滤后可达到洁净环境的要求，也可将系统回风接入送风风机段前段。

③ 如系统回风空气中含较大的粉尘颗粒，不经二次预过滤处理而直接利用可能会对终端过滤器造成负面影响，应将系统回风接入新风过滤段之前和新风混合，再次预过滤后循环利用。

④ 如系统回风空气温度已偏离洁净环境中的控制标准，和处理过的新风混合仍不能达到洁净环境的需求，应将系统回风接入温度处理段之前和新风混合，再次温度处理后循环利用。

5.1.3.3 二次回风系统

二次回风系统是指在回风可以循环利用的情况下，先将部分回风与新风混合，经过处理后再与剩余的回风混合，经处理后送入洁净室（图 5-1-4）。这种系统形式常用于高洁净等级、工艺发热量较小的洁净室。特点是：部分接入新风过滤段，对新风温度进行中和，从而有效降低新风处理所需的能源消耗，二次回风的利用节省了部分加热热量和部分制冷量，有效降低运行成本。缺点同一次回风系统。

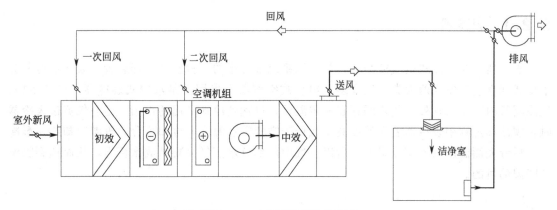

图 5-1-4　二次回风系统的原理

5.1.3.4　嵌套独立空气处理单元的空调系统

由于生产工艺需求或实际生产中产生的负面影响,使得同一空调系统中各房间内实际生产环境的控制结果并不相同,为了改善这一状况,同时也为了满足生产工艺需求,应在适宜的部位设置独立功能的空气处理装置。常见的独立功能的空气处理装置有以下几种。

① 局部洁净等级控制设备,如存在局部 A 级环境。

② 局部温度控制装置,如冰箱间因产热较大,需独立设置循环降温单元。

③ 局部湿度控制装置,如粉针分装房间需控制低湿度,需独立设置除湿机。

图 5-1-5 为嵌套局部加热单元的空调系统的原理示意。

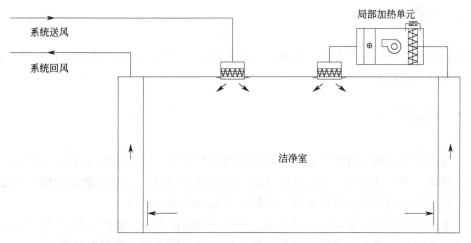

图 5-1-5　嵌套局部加热单元的空调系统的原理

5.2　单元设备工艺原理

为保证洁净室的空气满足温度、湿度、尘埃粒子数、微生物浓度、换气次数等要求,洁净空调系统必须由多个空气处理单元合理组合而成,如表冷器、加热系统、过滤系统、风机、风管、风阀以及合理的气流组织。

5.2.1 表冷器

表冷器也叫表面式空气冷却器，是空调系统最常用的一种空气冷却装置。表冷器可分为水冷式和直接蒸发式两大类。绝大多数组合式空调器中采用的是水冷式表冷器（图 5-2-1）。表冷器管内冷水与管外空气之间存在一定温差，可达到冷却降温的作用。当空气流过表冷器时，视冷却过程中表冷器表面温度高于或低于空气露点温度，冷却可分为等湿冷却或减湿冷却。后者表面温度低于露点温度，所以空气中的部分水蒸气会凝结成水析出，从而达到除湿和降温的目的。

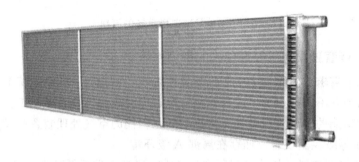

图 5-2-1　水冷式表冷器

5.2.2 加热系统

空气的加热过程，即热介质（热水、蒸汽或电）通过表面式空气加热器的换热表面传热给空气，使空气的温度升高。

5.2.3 过滤系统

空气过滤器是指用于清除气流中悬浮颗粒物和某些气相污染物的过滤器。普通过滤器分为初效过滤器、中效过滤器、高中效过滤器、亚高效过滤器、高效过滤器和超高效过滤器。在制药行业中常用到的是初效过滤器、中效过滤器和高效过滤器。

在洁净空调系统中，常以初效过滤器、中效过滤器作为预过滤器，保护其后的各种部件的功能和保护高效过滤器，因此初效过滤器、中效过滤器也被称为预过滤器。

高效过滤器的功能和作用是保证生产工艺对环境所要求的洁净度等级，要将其设置在系统的末端，因此也将高效过滤器称为末端过滤器。

ISO 29463-1：2017 规定亚高效过滤器、高效过滤器和超高效过滤器采用计数法测量，并按最容易穿透粒径（MPPS）效率对过滤器进行分级，见表 5-2-1。过滤器分组与分级中，ISO 符号中的第一个阿拉伯数字代表 n 个 9，第二个数字代表 5 或 0。例如，ISO 45 H 代表计数法 MPPS 效率不小于 99.995%。国际标准中未提及初中效过滤器的分级。

表 5-2-1 过滤器的分组与分级

过滤器分组与分级	总体值		局部值	
	效率/%	穿透率/%	效率/%	穿透率/%
ISO 15 E	≥95	≤5	—	—
ISO 20 E	≥99	≤1	—	—
ISO 25 E	≥99.5	≤0.5	—	—
ISO 30 E	≥99.9	≤0.1	—	—
ISO 35 H	≥99.95	≤0.05	≥99.75	0.25
ISO 40 H	≥99.99	≤0.01	≥99.95	0.05
ISO 45 H	≥99.995	≤0.005	≥99.975	0.025
ISO 50 U	≥99.999	≤0.001	≥99.995	0.005
ISO 55 U	≥99.9995	≤0.0005	≥99.9975	0.0025
ISO 60 U	≥99.9999	≤0.0001	≥99.9995	0.0005
ISO 65 U	≥99.99995	≤0.00005	≥99.99975	0.00025
ISO 70 U	≥99.99999	≤0.00001	≥99.99999	0.0001
ISO 75 U	≥99.999995	≤0.000005	≥99.99999	0.0001

注：1. 局部值是扫描试验中出现的最差值。
2. 供货方与顾客的协议中，穿透率的局部值可能会低于表列数值。
3. E组过滤器无法进行扫描检漏，也没必要为了分级而去进行扫描检漏。
4. H组过滤器局部穿透率由标准 MPPS 扫描法获得。当采用光度计法和气溶胶检漏时，可能规定的是其他限值

GB/T 13554—2020 对高效空气过滤器的分类见表 5-2-2。

表 5-2-2　GB/T 13554—2020 高效空气过滤器分类

高效空气过滤器性能			
类别	额定风量下的钠焰法效率/%	20%额定风量下的钠焰法效率/%	额定风量下的初阻力/Pa
A	99.99>E≥99.9	无要求	≤190
B	99.999>E≥99.99	99.99	≤220
C	E≥99.999	99.999	≤250
超高效空气过滤器性能			
类别	额定风量下的计数法效率/%	额定风量下的初阻力/Pa	备注
D	99.999%（计数法）	≤250	扫描检漏
E	99.9999%（计数法）	≤250	扫描检漏
F	99.99999%（计数法）	≤250	扫描检漏

GB/T 14295—2019《空气过滤器》将通风过滤器分为初效、中效、高中效和亚高效，具体分类见表 5-2-3。

表 5-2-3　GB/T 14295—2019 一般通风过滤器分类

类别	代号	迎面风速/(m/s)	额定风量下的效率(E)/%		额定风量下的初阻力/Pa	额定风量下的终阻力/Pa
亚高效	YC	1.0		99.9>E≥95	≤120	
高中效	GZ	1.5	计重效率	95>E≥70	≤100	
中效1	Z1		（粒径≥0.5μm）	40>E≥20		300
中效2	Z2	2.0		60>E≥40	≤80	
中效3	Z3			70>E≥60		
初效1	C1		标准试验尘计重效率	50>E≥20		
初效2	C2	2.5		E≥50	≤50	200
初效3	C3		计重效率	50>E≥10		
初效4	C4		（粒径≥2.0μm）	E≥50		

BS EN 1822-1：2009 对高效空气过滤器的分级见表 5-2-4。

表 5-2-4　欧洲 EPA、HEPA、ULPA 对高效空气过滤器的分级

过滤器分组与分级	总体值		局部值	
	效率/%	穿透率/%	效率/%	穿透率/%
E10	85	≤15	—	—
E11	95	≤5	—	—
E12	99.5	≤0.5	—	—
H13	99.95	≤0.05	≥99.75	≤0.25
H14	99.995	≤0.005	≥99.975	≤0.025
U15	99.999 5	≤0.000 5	≥99.9975	≤0.002 5
U16	99.999 95	≤0.000 05	≥99.99975	≤0.000 25
U17	99.999 995	≤0.000 005	≥99.9999	≤0.000 1

注：1. 局部值是扫描试验中出现的最差值。

2. 供货方与顾客的协议中，穿透率的局部值可能会低于表列数值。

3. E组过滤器（E10、E11、E12）无法进行扫描检漏，也没必要为了分级而去进行扫描检漏。

初效过滤器适用于空调系统的初级过滤，主要用于过滤 5μm 以上的尘埃粒子。其滤材一般采用易于清洗更换的初、中孔泡沫塑料或者涤纶无纺布等化纤材料。近年来，无纺布以无味道、容量大、阻力小、滤材均匀、便于清洗、不易老化的优点，逐步替代泡沫塑料。初效过滤器的结构形式有板式、叠式、袋式三种（图 5-2-2）。

(a) 板式初效过滤器　　　　　(b) 叠式初效过滤器　　　　　(c) 袋式初效过滤器

图 5-2-2　初效过滤器

中效过滤器能有效过滤大于 1μm 的粒子，大多数情况下用于高效过滤器的前级保护，延长高效过滤器的使用寿命。通常安装于空调机组的末端。中效过滤器通常采用袋式，类似于袋式初效过滤器。

高效过滤器一般是指对粒径大于等于 0.3μm 的粒子的捕集效率在 99.97% 以上的过滤器，通常安装在通风系统的末端即室内送风口上，滤材采用超细玻璃纤维纸或超细石棉纤维纸，其特点是效率高、阻力大、不能再生。它对细菌（1μm）的透过率为 0.0001%，所以高效过滤器对细菌的过滤效率基本上是 100%，即通过高效过滤器的空气可视为无菌。按照密封方式不同，高效过滤器可分为压条密封过滤器和液槽密封过滤器（图 5-2-3）。液槽密封过滤器密封性能高，通过 PAO 检漏测试成功率高。

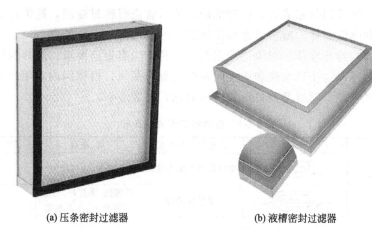

(a) 压条密封过滤器　　　　　　(b) 液槽密封过滤器

图 5-2-3　高效过滤器

5.2.4　风机

风机是洁净空调系统最主要的动力设备。洁净空调系统中常用的是风量大、风压也大的离心风机，而风量大、风压小的轴流风机则很少被采用。

风机主要的性能参数有如下几项：

① 风量（L）：表明风机在标准状态（大气压力为 101325Pa，温度为 20℃）下工作时，单位时间内输送的空气量（m^3/h），它提供给系统所需风量。

② 全压（H）：表明在标准状态下工作时，每立方米空气通过风机所获得的能量，包括动压与静压。

③ 功率（N）：风机输送空气的动力是由电动机提供的。电动机加在风机轴上的功率称为风机的轴功率（N），而空气通过风机后实际得到的功率称为有效功率（N_a），即

$$N_a = \frac{LH}{1020 \times 3600} kW$$

式中　L——风机的风量，m^3/h；

H——风机的全压，Pa；

1020——功率单位换算常数，1020Nm/s＝1kW。

④ 效率（η）：风机的有效功率与轴功率的比值，即

$$\eta = \frac{N_a}{N} \times 100\%$$

⑤ 转数（n）：叶轮每分钟的旋转数（r/min）。

5.2.5　风管

风管是洁净空调系统的重要组成部分，它迫使空气按照所规定的路线流动。风管通常采用镀锌钢板制作而成，特殊需防腐的场合会采用不锈钢或非金属材质制作，风管的制作安装需满足现行《通风与空调工程施工质量验收规范》与《洁净室施工及验收规范》等相关标准要求。风管制作和清洗应在相对较封闭、无尘和清洁的环境中进行，同时应对镀锌钢板进行

脱脂和清洁处理。风管制作完成后,应对清洁后的风管进行密封处理,避免污染。为保证合适的送风温湿度和降低能耗,需要对送回排风管的外表面进行保温处理。

洁净空调系统的特殊性使其对风道严密性和不易产尘有更高要求。用薄钢板制作的风道的漏风问题,主要是风道咬口漏风和法兰间及法兰翻边漏风。根据国内多年的实践经验,对洁净空调系统的风管咬口部位及咬口形式进行对比,见表5-2-5。

表5-2-5 各种咬口形式的比较

序号	咬口形式	图示	主要用于何部位	优、缺点	洁净系统是否推荐
1	单咬口（平咬口）		拼板及风道闭合咬口	严密性、强度较好	推荐
2	双咬口		短平板拼接	严密性、强度好,但加工强度大,不易成型	不推荐
3	单翻线单咬口		风道侧部闭合咬口	不易集尘	推荐
4	联合角咬口		风道闭合咬口及主、支管连接处	易加工,可能会出现假咬接现象	用时要特别注意假咬接
5	插片式咬接		风道或静压箱与支管连接	易脱开、漏风	不推荐
6	按扣式咬口（外扣）		风道闭合咬接	施工方便,不易集尘,泄漏比单咬口大	推荐
7	按扣式咬口（内扣）		风道闭合咬接	施工比外扣难,易集尘	不宜推荐
8	角单咬口		风道或静压箱与支管连接	严密性及强度较好	推荐
9	加半咬口		风道咬接	加工强度大	不推荐
10	立咬口		风道闭合咬接（用于圆形弯头较多）	加工容易,易漏风	不推荐
11	立式插条		风道插接	加工强度较大	不推荐
12	转角单咬口		风道封头	严密性、强度较好,易加工	推荐

5.2.6 风阀

洁净空调系统（不包括防排烟系统）常用的阀门有手动调节阀、电动调节阀、定风量阀、变风量阀等（图5-2-4）。了解各种风阀的功能、适用范围、结构形式、控制方式等,是正确选配风阀、保证通风空调系统在设计工况下运行的前提与基础,也是保证洁净室风量、压差合格的基石。

  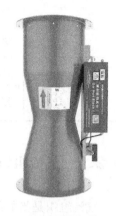

(a) 手动调节阀　　　　　　　　(b) 电动调节阀　　　　　　(c) 定、变风量阀

图 5-2-4　风阀

(1) 手动调节阀

手动调节阀是对风管系统的分支管路进行手动风量调节分配,无须远程自控,仅通过初平衡调节即可达到系统风量分配的要求。手动调节阀应用较为简单,目前在工程上应用较多。

(2) 电动调节阀

电动调节阀安装在空调、通风系统的风管上,用来调节支管的风量,也可用于新风与回风的混合调节。采用电动开启或关闭阀门,输出开闭电信号。与自控系统配套,自动控制调节风量。电动执行机构应具有远距离电动控制和现场手动控制的功能,并设置手动/电动操作转换把手,具有机械和电气两种限位装置,并且具有电动控制启停、手动/自动转换、故障报警、启停状态反馈等功能。

(3) 定风量阀

定风量阀是一种机械式自力装置,适用于需要定风量的通风空调系统中。定风量阀的风量控制不需要外加动力,它依靠风管内气流力来定位控制阀门的位置,从而在整个压力差范围内将气流保持在预先设定的流量上。

(4) 变风量阀

变风量阀是一种通过改变送风量来调节室内的温湿度或压差的空调末端装置,采用DDC 控制,可根据温度或压差信号,自动精准调整送风或排风风量,并实现动态测定风量适时调整。也可实现风量范围内任意某一指定风量的恒定控制。关闭时,可完全切断气流。

各种风阀的特点及适用场所见表 5-2-6。

表 5-2-6　各种风阀的特点及适用场所

风阀类别	特点	适用场所
手动调节阀	安装简便,调节性能好,阻力特性优。 缺点:后期维护困难	是通风系统中应用最普遍的阀门,几乎可用于所有的通风空调系统
电动调节阀	操作方便,安全可靠。 缺点:调节速度慢	通常用于新风、回风、排风总风阀,便于空调系统不同模式之间的转换

续表

风阀类别	特点	适用场所
定风量阀	是机械式风量自动调节装置,无须加外力即可工作。 缺点:前期造价高	适用于风量要求恒定的通风空调系统,通常安装于送风支管上
变风量阀	自动精准调整风量来实现压差、温湿度的控制。 缺点:前期造价高	适用于压差要求恒定的通风空调系统,通常安装于回风支管上

5.2.7 气流组织

气流组织是指如何组织空气以某种流动方式在室内进行循环和进出的形式。气流组织不等同于气流流型。

气流流型是指一种气流形态,可以说是流线的形态,如垂直单向流(即通常说的层流)。

气流组织的作用是如何有效、最快地排除室内污染,使温湿度、洁净度等参数在室内能更均匀地分布。

5.2.7.1 非单向流流型

非单向流是气流以不均匀的速度呈不平行流动,伴有回流或涡流,也称紊流或乱流(图5-2-5)。空气经分布于送风面上的多个过滤器风口送入,并在较远的位置回风。过滤器风口可在整个洁净室或洁净区等距离分布,也可成组设于工艺核心区上方。过滤器出风口的位置对于洁净室的性能非常重要,为了尽量减少洁净室中的死区,也应注意回风口的布局。

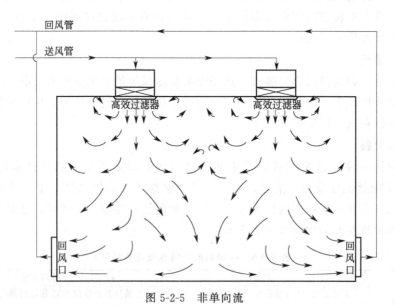

图5-2-5 非单向流

非单向流采用稀释原理即"脏"的房间空气与"干净"的房间空气不断混合,以降低房间内空气中的微粒负荷。一般形式为高效过滤器送风口顶部送风,回风的形式有下部回风、侧下部回风和顶部回风等。依不同送风换气次数，实现不同的净化级别，其初期投资和运行费用也不同。

5.2.7.2 单向流流型

单向流是气流以均匀的截面速度，沿着平行流线以单一方向在整个室截面上通过，适用于 A 级洁净室（区），制药企业常用的是垂直单向流（图 5-2-6）。

单向流依赖于末端过滤器的送风口与回风口接近一对一的相对设置，以尽可能保持气流呈直线。单向流均能够保证工艺核心区气流受到的干扰最小。单向流通过活塞和挤压原理，把灰尘从一端向另一端挤压出去，用洁净气流置换污染气流。与洁净气流垂直的工作面上的各个位置都具有相同的洁净度。

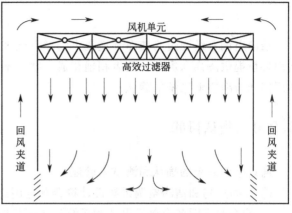

图 5-2-6 垂直单向流

5.2.7.3 混合流流型

混合流是在同一房间内综合利用单向流和非单向流两种气流的一种气流形态（图 5-2-7）。这种气流的特点是将垂直单向流面积压缩到最小，用大面积非单向流替代大面积单向流，这样既节省初期投资和后期运行费用又能为关键的操作区域提供高等级的洁净度，因此在制药行业中得到了广泛的应用。

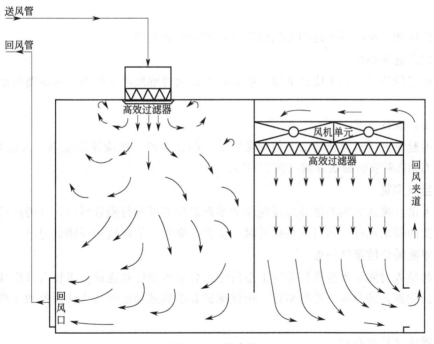

图 5-2-7 混合流

5.3 空调系统确认

洁净空调系统通过为洁净环境提供洁净空气来稀释和排除环境中的污染物，洁净厂房为洁净环境提供隔离和屏障，两者相辅相成，缺一不可。因此，本节介绍的空调系统确认是洁净厂房和洁净空调系统的确认。

5.3.1 确认目的

通过空调系统的确认和测试来验证：
① 洁净厂房和洁净空调系统设计符合预定用途、需求说明和 GMP 的要求。
② 检查和证明各个单元设备和系统是按照相应设计文件以及生产商/供应商提供的安装手册要求进行安装的，各部件安装正确，能够满足 GMP 要求。
③ 确定洁净厂房和洁净空调系统所有关键组件按照设计在已定的限度和容许范围内能够正常使用，且稳定可靠，能够满足设计和 GMP 的要求，并且相应的管理和维护规程已经建立。
④ 在以上确认的基础上进行模拟性生产或试生产的验证，确认洁净厂房和洁净空调系统在已批准的操作规程下，能有效、可重现地稳定运行，为商业性生产做最后的准备。

5.3.2 确认程序

洁净厂房和洁净空调系统的确认程序基本包括以下内容：

(1) 建立验证小组
验证小组的建立有利于协调资源、明确职责并及时解决确认中遇到的问题和制订相应的验证策略。

(2) 制订确认方案
方案的起草人应根据公司的文件管理要求、验证策略、风险评估结果以及法规的要求，制订满足 GMP 要求的确认方案（表 5-3-1）。

(3) 组织实施
执行人员在确认方案签批并经过相应的培训之后方可进行确认活动，且确认活动必须严格按照方案的要求执行。执行人员应及时、真实、准确、清晰地填写测试记录。

(4) 审批验证结果和报告
报告起草人对测试数据进行分析汇总后给出合理的评价和建议。审核人员应及时对执行人员填写的测试记录和报告进行审核，确保测试数据满足要求以及确认评价和建议的合理性（表 5-3-2）。

(5) 确认文件的存档
确认过程中的数据和分析内容应以文件形式归档保存。验证文件应包括确认方案、确认报告、评价和建议以及批准人等。

表 5-3-1　确认方案格式

第×页,共×页

公司名称：×××公司

方案名称：××××××　　　　　　　　　　　验证文件编号及版本号：××××××

方案批准

	姓名	公司/职务	签名	日期
起草人				
审核人				
审核人				
批准人				

以上签名表示该方案已经各相关部门审核,并同意执行。

第×页,共×页

1. 目的

   <阐述该方案的意图>

2. 范围

   <详细阐述测试区域或测试设备的名称、位置、编号以及用途>

3. 系统/设备描述

   <阐述系统/设备的基本信息、能力、设计运行特点>

4. 职责

   <阐述参与该验证的部门和职位以及各自的职责>

5. 参考文件

   <归纳本验证涉及的法规、指南及企业文件>

6. 确认指导

   <阐述测试过程、记录书写及报告整理中的注意事项,并指明测试过程中异常情况的具体处理程序,最终阐明方案完成的可接受标准>

7. 确认策略

   <说明整体的确认过程,描述取样计划及可接受标准并阐述确认结束后的后续工作>

8. 测试项目列表

   <说明各测试项目的名称及目的>

9. 先决条件确认

   <人员培训、文件签批、仪器仪表的确认,以保证测试前的准备事项已完备>

10. 测试项目

    (1)测试名称

    　　目的

    　　程序

    　　可接受标准

    　　结果

    (2)××××××(需要时重复以上程序)

11. 附件清单

    <列出各测试项的相关附件,并进行简略的附件描述,指明对应的测试项目>

表 5-3-2　确认报告格式

第×页,共×页

公司名称：×××公司

报告名称：××××××　　　　　　　　　　　　　　验证文件编号及版本号：××××××

报告批准

	姓名	公司/职务	签名	日期
起草人				
审核人				
审核人				
批准人				

以上签名表示该报告已经各相关部门审核,并同意执行。

第×页,共×页

1. 目的

　　＜阐述该报告的意图＞

2. 范围

　　＜详细阐述测试区域或测试设备的名称、位置及编号,并描述测试前已完成的前期准备文件＞

3. 系统/设备描述

　　＜阐述系统/设备的基本信息、能力、设计运行特点＞

4. 参考文件

　　＜归纳本验证涉及的法规、指南及企业文件＞

5. 测试结果总结

　　＜说明各测试项目的名称并简述各项的测试结果是否合格＞

6. 测试结果分析

　　(1)测试项目名称

　　　　测试结果及数据分析

　　　　评价及建议

　　　　测试结论

　　(2)××××××(需要时重复以上程序)

7. 偏差处理及变更控制

　　＜总结验证过程中的偏差项目,并对验证过程中的变更情况进行记录＞

8. 最终评估和建议

　　＜综合各项测试项目的结论分析对本次验证进行最终的结论总结,并对该系统或设备的管理使用给出建议＞

9. 测试报告清单

　　＜汇总各项测试记录及相应附件列表＞

10. 修订历史

　　＜记录该系统或设备的验证履历,明确其版本号、修订时间及修订原因＞

5.3.3 洁净空调系统确认

5.3.3.1 设计确认

设计确认是指为确认设施、系统和设备的设计方案符合期望目标所作的各种查证及文件记录。设计确认需要参照批准的用户需求说明、相关的设计标准与设计文件一一进行确认，从而确保所有需求和设计活动都已经完成且满足要求。设计确认一般内容的举例见表5-3-3。

表 5-3-3　设计确认一般内容

序号	主要项目	目的	程序
1	文件确认	确保确认所需设计文件是最新版本	检查设计文件的版本号
2	洁净室的总体设计确认	确认洁净室周围环境、生产区与辅助区功能布局等是否满足药品的生产要求和相关法规的设计要求	对设计图纸、功能说明和技术手册等设计资料进行检查
3	洁净室平面布置设计确认	确认洁净室平面布置是否能满足药品的生产要求，以及工艺流程是否清晰，是否有污染和交叉污染的设计缺陷存在	对人流物流图、工艺设备布局图、净化设施布局图、洁净室洁净级别图等图纸进行检查
4	功能需求确认	确认空调系统的预期功能是否被正确设计	检查设计文件中是否包含消毒功能、报警功能、权限管理功能等
5	技术参数需求确认	确认洁净室、空调系统的关键部件以及材质是否满足用户需求	检查设计、施工技术说明，逐一确认关键部件以及材质的技术参数
6	工艺需求确认	确认药品生产工艺对环境的特殊要求是否被考虑，如低温、低湿	检查洁净设计参数表，对特殊的环境参数进行核实
7	GMP 需求确认	确认在 GMP 中明确要求的条款得到了满足	检查设计文件对 GMP 中明确要求的条款的符合性
8	EHS（环境、健康、安全）需求确认	确认环境、健康、安全是否符合要求，如噪声、安全防护等级、消防等	检查设计文件，逐一确认 EHS 需求得到了落实

5.3.3.2 安装确认

安装确认通常在空调系统安装或改造完成之后进行，其目的是证明空调系统的安装符合已批准的设计及制造商建议所作的各种查证及文件记录。安装确认通常包含的内容见表5-3-4，但不仅限于此。

表 5-3-4　安装确认一般内容

序号	主要项目	目的	程序
1	技术资料确认	技术资料的有效性（版本控制）、完整性（存档完整）和可读性（清晰易懂）是进行安装确认的基础	检查暖通设计说明、暖通施工说明、空调系统流程图（P&ID）、压差平面布局图、洁净分区平面布局图、风管平面布局图、风口平面布局图、部件清单、风管制作清洗记录、风管漏风和漏光检测记录、高效过滤器安装记录等
2	洁净室组件确认	确认洁净室组件的安装符合设计要求，洁净室组件的正确安装是后期正常运行和维护的基础	现场逐一检查洁净室吊顶材料、隔墙板材料、地面材料、洁净门、洁净观察窗、洁净灯具、洁净电话等组件的材质、规格型号、技术参数和制造商
3	洁净室参数确认	为保证生产用设备的准确就位以及洁净房间换气次数的准确性，需要对洁净室的长、宽、高等参数进行确认	现场用校准后的卷尺对洁净室的长、宽、高进行测量，用测量后的参数计算房间的面积和体积

续表

序号	主要项目	目的	程序
4	洁净室密封性确认	良好的洁净室密封性能有效地防止含有粒子或其他污染物的空气通过顶板和墙板的孔隙渗入	现场需检查墙板与墙板、墙板与地面、墙板与顶板、灯具与顶板、静压箱与顶板、穿墙管道与顶板、穿墙管道与墙板之间的密封情况且表面平整、易清洁
5	空调机组装配确认	为了确保空调系统能正常运行,且性能符合用户需求,安装及空调机组的装配须同设计图纸及设计要求一致	根据竣工版机组装配图,现场检查空调机组各主要部件的安装位置与装配顺序是否与图纸一致
6	风管的布局确认	确认实际的安装情况是否与竣工图纸保持一致,确保调试风量、压差能顺利进行	取得空调系统竣工版净化区送风管道平面布置图,现场检查风管以及风管组件的安装位置与图纸是否一致
7	高效过滤器安装确认	确保现场安装高效过滤器的过滤效率与设计要求一致	检查高效过滤器的安装记录,确认风口编号和高效过滤器品牌、规格、序列号、效率等级等信息均有记录
8	公用系统连接确认	为了确保空调机组正常运行,其需要的公用系统应正确连接,且参数符合要求	现场检查加热蒸汽、加湿蒸汽的压力,冷冻进水、冷冻回水的温度和压力,机组的电源,排风机组的电源等
9	仪器仪表校准确认	仪器仪表的准确性是空调系统能在制订的技术参数下运行的基础	现场逐一检查系统内安装的仪器仪表,并检查其校准情况

5.3.3.3 运行确认

确认已安装或改造后的洁净厂房、洁净空调系统能在预期的范围内正常运行而作的试车、查证及文件记录。运行确认通常包含的内容见表 5-3-5,但不仅限于此。

表 5-3-5 运行确认一般内容

序号	主要项目	目的	程序
1	操作类文件确认	操作类文件的齐全能保证后续运行确认的实施	检查空调系统的运行操作维护 SOP 是否存在,并记录其版本号
2	洁净室互锁确认	确认安装在气闸或气锁上的互锁装置的有效性	现场打开一扇门,尝试打开与其互锁的其他门。当一扇门打开,与其互锁的门不能打开时,按下紧急按钮,再次尝试打开与其互锁的门
3	洁净室照度确认	室内照度应按不同工作室的要求,提供足够的照度值	采用校准过的照度计按照测试布点图测试并记录测试结果;主要工作室一般不低于 300Lx,其他区域应不低于 150Lx
4	洁净室噪声测试	为保证洁净室内操作人员的舒适性和安全性,需对洁净室内的噪声进行确认	采用校准过的噪声计按照测试布点图测试并记录测试结果;非单向流洁净室内的噪声(空态)不高于 60dB(A),单向流和混合流洁净室内的噪声(空态)不高于 65dB(A)
5	系统新风量确认	为保证操作人员对新鲜空气的需求以及维持洁净室压差,需对系统新风量进行确认	在空调系统正常运行的前提下,使用经过校准的风速计在预先设计好的新风管开孔位置进行风速测试,然后通过平均风速乘以风管截面积计算得出系统新风量
6	风量和风速确认	送风量不足,换气次数偏低,洁净室环境中的悬浮粒子可能得不到应有的净化,悬浮粒子和微生物参数超标,因此需对洁净室的风量/换气次数进行确认	在空调系统正常运行、洁净室各房间所有门是关闭状态的前提下使用经过校准的风量罩对每个风口的风量进行测试,计算总送风量。可以采用经过校准的风速计在送风面下 15~30cm 的位置进行风速的测试

序号	主要项目	目的	程序
7	压差确认	洁净区与非洁净区(室)、相邻不同级别洁净区之间的压差是药品生产过程中避免污染、交叉污染的一种措施。因此,压差的确认在空调系统的确认中就显得尤为重要	在空调系统正常运行、洁净室各房间所有门是关闭状态的前提下,使用经校验过的电子微压计、斜管压差计、机械式压差表测试,当待测试房间内有独立排风设备时,独立排风设备处于关闭、开启和稳定状态时,分别进行压差测试
8	温湿度确认	温湿度确认是确认空调机组的温湿度控制能力。洁净区(室)的温湿度应根据生产工艺和人员舒适度的要求进行设计,最终的测试结果应满足设计的要求	在空调系统正常运行的前提下,采用校准过的温湿度计按照确认方案中确定的测量点布局图进行测试并记录测试结果
9	高效过滤器完整性测试	送风空气流的终端过滤器可以过滤送风空气流中的尘埃和微生物,保持洁净区(室)符合相应级别的环境。高效过滤器自身破损、泄漏或边框泄漏、阻塞,会导致各房间的悬浮粒子、微生物参数超标	风量和压差测试完成,且测试结果合格是高效完整性测试的前提,目前制药行业中采用最多的是光度计法。完整性测试时,在过滤的上风侧引入测试气溶胶,并在过滤器的下侧进行检测。检测高效过滤器整个送风面、过滤器的边框以及静压箱和过滤器的密封处。终端高效过滤器的透过率不应大于0.01%,当透过率大于0.01%时,认为存在渗漏
10	悬浮粒子数确认	悬浮粒子是洁净室洁净等级分级的重要参数,也是环境控制的重要参数,制药行业应根据GMP规定对洁净室的悬浮粒子浓度进行确认	取样点数目及布置:根据ISO 14644-1:2015(E)附件A.1,采样点数量可以通过查表得到。采用校准过的粒子计数器测试房间悬浮粒子,在粒子计数器上设定取样点编号、取样时间、取样体积等参数后,启动粒子计数器,测试完成后,取回计数器结果,检查测试结果是否低于规定的限值
11	气流流型确认	气流方向和气流均匀性要与设计要求和性能要求相符	目前通常采用可显影的发烟(雾)设备在相应的位置进行发烟,用摄像机记录烟雾流动方向和状态,单向流气流流型必须进行测试,而且应包含动态气流流型
12	自净时间确认	自净时间确认项目是测试空调系统清除空气悬浮粒子以及污染物的能力的项目之一,自净能力与受控区内循环风比例、送风与回风的几何位置、热条件和空气分布特性等因素息息相关	采用校准过的粒子计数器置于取样点,把房间内的悬浮粒子数(以粒径≥0.5μm粒子为准)增加到该洁净级别下静态悬浮粒子数的100倍,然后记录经空调系统净化后房间内悬浮粒子数衰减的趋势,自100倍悬浮粒子数降至合格数据的时间段就是测试的自净时间

5.3.3.4 性能确认

为证明空调系统能按照相应的技术要求有效稳定(重现性好)地运行且能持续保持洁净室内的洁净环境,需对洁净环境进行静态测试和动态测试。

静态是指所有生产设备均已安装就绪,但没有生产活动且无操作人员在场的状态。静态测试过程中,除和空调系统连锁启动运行的设备外,其他洁净区内的所有生产及辅助设备均不得开启。静态测试过程中,同一房间内的测试人员应不得超于两人。

动态是指生产设备按预定的工艺模式运行,并有规定数量的操作人员在现场操作的状态。"生产设备按预定的工艺模式运行"可理解为工艺设备在按照预定的工艺参数进行试生产或模拟生产活动。所以,在此过程中,除有特殊要求不得开启的设备外,其他洁净区内的所有生产及辅助设备应全部开启。制药企业应结合生产工艺特点和实际的控制要求,对洁净区各房间的最大允许操作人员数量做出规定,动态测试过程中,各房间人数应按照此要求进行实际控制,并将对应的人员数量进行记录。

性能确认过程中，将进行连续三天的静态测试和连续三天的动态测试，测试项目包括人员数量、房间压差测试、环境温湿度测试、悬浮粒子数测试、浮游微生物测试、沉降微生物测试和表面微生物测试。执行过程中，每天对所有测试项目完成一次测试。

性能确认通常包含的内容见表5-3-6，但不仅限于此。

表5-3-6 性能确认一般内容

序号	主要项目	目的	程序
1	人员数量	确认洁净室房间在存在最大人数的情况下，洁净室的粒子、微生物仍然能符合要求	每天测试记录每个房间的最大人数
2	压差确认	确认压差能持续稳定地维持在设计要求内	同运行确认，进行连续三天的静态测试和连续三天的动态测试
3	温湿度确认	确认空调机组能持续稳定地控制温湿度	同运行确认，进行连续三天的静态测试和连续三天的动态测试
4	悬浮粒子数确认	确认洁净室内的粒子在不同的状态（静态、动态）下仍能满足GMP的要求	进行连续三天的静态测试和连续三天的动态测试，同时对动态布点进行风险评估，确定在生产中可能带来悬浮粒子污染的风险点位，在相应点位增加测试点
5	浮游微生物确认	确认洁净室内的浮游微生物在不同的状态（静态、动态）下仍能满足GMP的要求	进行连续三天的静态测试和连续三天的动态测试，同时对动态布点进行风险评估，确定在生产中可能带来浮游微生物污染的风险点位，在相应点位增加测试点
6	沉降微生物确认	确认洁净室内的沉降微生物在不同的状态（静态、动态）下仍能满足GMP的要求	进行连续三天的静态测试和连续三天的动态测试，同时对动态布点进行风险评估，确定在生产中可能带来沉降微生物污染的风险点位，在相应点位增加测试点
7	表面微生物确认	确认洁净室内的表面微生物在不同的状态（静态、动态）下仍能满足GMP的要求	进行连续三天的静态测试和连续三天的动态测试，同时对动态布点进行风险评估，确定在生产中可能带来表面微生物污染的风险点位，在相应点位增加测试点

5.4 空调系统设计计算

5.4.1 送风量的确定

非单向流洁净室在空调系统设计中应用很广，非单向流送风形式是通过向洁净室内送入足够量的、经过滤处理的洁净空气，与室内的被污染的空气不断混合，以排除、稀释室内的污染物，达到降低洁净室内微粒负荷的目的。由此可见，洁净室内的微粒水平取决于室内污染物的发生量和洁净室内送风量，最终的送风量应取以下条件的最大值：

① 洁净送风量必须保证能满足生产所需的空气洁净度，包括满足15~20min的洁净室自净时间所需风量。

② 有效去除洁净室内产生的热、湿负荷，保证房间的温湿度符合要求。

③ 消除室内有毒、有害物质所需排风量的补充风量。

按照以上影响因素，可以逐项计算出系统的需求送风量。

实际洁净室工程设计中很难应用公式来计算非单向流洁净室稀释微粒所需的送风量和换气次数，一般均采用经验换气次数。详细数据参照我国《洁净厂房设计规范》。换气次数和送风量通常使用以下公式进行换算：

$$换气次数(次/小时) = \frac{房间送风量(m^3/h)}{房间体积(m^3)}$$

在实际设计时，设计院通常会采用以下换气次数：

D 级区域：15～20 次/小时；

C 级区域：20～40 次/小时；

B 级区域：40～60 次/小时。

非单向流洁净室内消除余热的送风量计算公式为：

$$q_{v,q} = \frac{3600 \sum Q}{\rho \Delta h}$$

式中　$q_{v,q}$——消除室内余热的送风量，m^3/h；

　　　$\sum Q$——洁净室的总热负荷，kW；

　　　ρ——空气密度，kg/m^3（在标准大气压、20℃条件下，$\rho = 1.2 kg/m^3$）；

　　　Δh——送风焓变，kJ/kg。

非单向流洁净室内消除余湿的送风量计算公式为：

$$q_{v,w} = \frac{1000 \sum q}{\rho \Delta H}$$

式中　$q_{v,w}$——消除室内余湿的送风量，m^3/h；

　　　$\sum q$——夏季洁净室的最大总湿负荷，kg/h；

　　　ρ——空气密度，kg/m^3；

　　　ΔH——送风含湿差变，g/kg。

洁净室内送风量的最终确定除了满足洁净送风量和洁净室的温湿度要求所需的风量外，还需要综合考虑消除室内有毒、有害物质所需排风量的补充风量等，最后的量值应是其中的最大者。

5.4.2　新风量的确定

在洁净室内，为了满足工作人员的卫生要求，避免工作人员出现气闷、头晕等不舒适症状，保证工作效率，洁净室内要供应足量的新风；为了补偿洁净室内的工艺设备排风，洁净室需要补偿相应的新风；为了保证洁净室的洁净度免受邻室或外界的污染以及洁净室内可能产生的致敏性、放射性、毒性物料对邻室产生影响，洁净室需要维持一定的压差，同样需要新风的补充。因此，洁净室所需的新风量应满足：作业人员健康所需的新鲜空气量；补充各排风系统的排风所需的新风量；维持静压差所需的补充风量。

按照以上影响因素，可以逐项计算出系统的需求新风量。

5.4.2.1　满足作业人员健康所需的新风量

洁净室内工作人员不断呼出二氧化碳并散发各种气味、水分、热量和微粒等，各种产品在生产过程中也可能产生上述物质。若不及时补充新鲜空气，洁净室内以二氧化碳为代表的对健康不利的物质的浓度将会增大。我国《洁净厂房设计规范》中规定：每人每小时的新鲜

空气量不小于 $40\mathrm{m}^3/\mathrm{h}$。

5.4.2.2 补充排风所需的新风量

在各类洁净厂房中,由于各种产品的生产工艺特点,可能会产生、泄漏、挥发一些易燃、易爆或有毒、有害的气体、物质和粉尘等,而在药品、生物制品生产用的洁净室中还可能会有致敏性物质、活微生物或病毒等产生、泄漏和扩散。为防止交叉污染,工程上一般采用两种方式:①对某些工艺的生产设备设置局部排风系统,抽吸、排除各种有毒、有害物质;②综合考虑室内有毒、有害物质的浓度,当超过相关要求规定的平均浓度后需设置全室排风系统,使有毒、有害物质的浓度降低至合格标准,并在排风系统中设置相应的处理设备。

综上所述,净化空调系统的新风量为该系统范围内各排风系统(局部排风、全排风)的排风量总和再加上维持洁净室压差的压差风量。计算公式为:

$$q_{v,x1} = \sum q_{v,p} + q_{v,z}$$

式中　$\sum q_{v,p}$——净化空调系统内各排风系统的排风量之和,m^3/h;

　　　$q_{v,z}$——维持洁净室压差的压差风量,m^3/h。

所计算出的新风量需要满足作业人员健康所需的新鲜空气量,其计算方式为:

$$q_{v,x2} = qp$$

式中　q——洁净室内人员所需的平均新鲜空气量,$\mathrm{m}^3/(\mathrm{h}\cdot\text{人})$;

　　　p——洁净室内作业人员数量。

5.4.3　压差控制的计算

当送风量大于回风量、排风量之和时,洁净室为相对正压,渗透空气由洁净室渗入相邻的空间。当送风量小于回风量、排风量之和时,洁净室为相对负压,渗透空气由相邻的空间渗入洁净室。

为了防止"脏"空气污染"干净"空气,应使高级别区域的空气流向低级别区域,形成不同区域的级别梯度,从而保证洁净室在正常工作或空气平衡暂时受到破坏时,洁净室的洁净度免受相邻房间的影响。生产区级别相同的房间之间遵照由核心区向外递减的原理,减少对产品的任何潜在污染。GMP 规定洁净区与非洁净区之间、不同级别洁净区之间的压差应当不低于 10Pa。必要时,相同洁净度级别的不同功能区域(操作间)之间也应当保持适当的压差梯度。在设计压差梯度时,应考虑以下因素:

① 我国 GMP 规定不同洁净区、洁净区与非洁净区之间采用的压差值最小为 10Pa,实际操作中通常采用 12.5Pa,该数值符合欧盟 GMP 与美国 FDA 的推荐值(10~15Pa),同时也得到了一些公认的洁净室标准的推荐。

② 目前气压检测技术能检测到的可靠数据的最小压差为 5Pa,所以对于未定义类别的区域,其最小压差建议为 5Pa。企业通常控制相同洁净度级别的不同功能区域(操作间)的压差为 7.5Pa。

③ 洁净室内是否有独立的排风设备,排风设备在开启或关闭时对房间压差的影响。

④ 考虑现有测试仪器的精度,保证所设计压差在现场能够测量得到。

⑤ 当气锁门打开时的可接受的压差变化,不同洁净度级别的压差不应归零。

⑥ 打开或关闭门的能力，压差过大会造成房间门开启或关闭困难。
⑦ 洁净区的门、缝隙和孔洞产生的漏风量。
⑧ 跨越不同区域的设备对压差的影响（如隧道烘箱）。
⑨ 对压差失效报警的响应程序。

洁净室压差风量的计算一般采用房间换气次数估算或采用缝隙法来计算泄漏风量，两者相比，缝隙法较为合理和精确，其计算公式如下：

$$q_{v,w} = a \sum (q \times l)$$

式中 $q_{v,w}$——维持洁净室压差值所需的压差风量，m^3/h；
a——根据围护结构气密性确定的安全系数，一般可取 1.1～1.2；
q——当洁净室相对室外维持某一压差值时，其围护结构单位长度缝隙的渗漏风量，$m^3/(h \cdot m)$；
l——洁净室围护结构的缝隙长度，m。

当采用换气次数法时，可以根据表 5-4-1 和表 5-4-2 确定换气次数，也可根据经验数据进行计算。一般在选取换气次数时，对于气密性差的房间可以取上限，气密性好的房间可以取下限。

表 5-4-1 换气次数查询表（一）

压差/Pa	门窗形式					
	非密闭门	密闭门	单层固定密闭钢窗	单层开启式密闭钢窗	传递窗	壁板
5	17	4	0.7	3.5	2.0	0.3
10	24	6	1.0	4.5	3.0	0.6
15	30	8	1.3	6.0	4.0	0.8
20	36	9	1.5	7.0	5.0	1.0
25	40	10	1.7	8.0	5.5	1.2
30	44	11	1.9	8.5	6.0	1.4
35	48	12	2.1	9.0	7.0	1.5
40	52	13	2.3	10.0	7.5	1.7
45	55	15	2.5	10.5	8.0	1.9
50	60	16	2.6	11.5	9.0	2.0

表 5-4-2 换气次数查询表（二）

室内压差值/Pa	有外窗、气密性差的洁净室	有外窗、气密性好的洁净室	无外窗、土建式洁净室
5	0.9	0.7	0.6
10	1.5	1.2	1.0
15	2.2	1.8	1.5
20	3.0	2.5	2.1
25	3.6	3.0	2.5
30	4.0	3.3	2.7
35	4.5	3.8	3.0

续表

室内压差值/Pa	有外窗、气密性差的洁净室	有外窗、气密性好的洁净室	无外窗、土建式洁净室
40	5.0	4.2	3.2
45	5.7	4.7	3.4
50	6.5	5.3	3.6

5.4.4 温度和湿度要求

5.4.4.1 一般要求

洁净室的温度和相对湿度应与药品生产要求相适应，应保证药品的生产环境和操作人员的舒适感。健康的人产生的环境污染物很少，但在燥热且不舒适的环境下工作的人员会释放大量的颗粒物质以及微生物，较高的温湿度也会加快霉菌的生长，对产品质量产生影响。考虑到无菌操作核心区对微生物污染的严格控制，对该区域的操作人员的服装穿着有着特殊要求，故洁净区的温度和相对湿度可按照如下数值设计。

A级和B级洁净区：温度20～24℃，相对湿度45%～60%；

C级和D级洁净区：温度18～26℃，相对湿度45%～65%。

现行《医药工业洁净厂房设计标准》（GB 50457—2019）的3.2.4条考虑到A级、B级、C级洁净区为进行无菌药品生产的主要区域，故无特殊情况将A级、B级、C级洁净区均设定为温度20～24℃，相对湿度45%～60%。

5.4.4.2 特殊要求

当工艺和产品有特殊要求时，应按这些要求确定温度和相对湿度：

① 导致产品质量受到负面影响的洁净室温度和相对湿度要求应根据稳定性研究、验证产品或工艺允许工作范围的参数。

② 对生物原料的处理区而言，保持洁净室的温度和相对湿度通常只是为了使操作人员感到舒适。

③ 对固体制剂设施而言，虽然空气与产品直接接触，但通常情况下，温度并不对产品质量起到关键性作用，设定值通常基于穿着隔离衣的操作人员的舒适感。

④ 根据规范要求，成品或原料的储存条件要得到控制和监测。

⑤ 生产工艺对温度和湿度有特殊要求时，应根据工艺要求确定。

⑥ 人员净化及生活用室的温度，冬季应为16～20℃，夏季应为26～30℃。

5.5 隔离系统

目前，监管机构对无菌药品的生产环境日趋重视，药企对成本的控制要求和生产灵活性的要求日趋提高，传统洁净室无法将人员、无菌环境分割开来，从而导致无菌活性药品受到污染，且传统洁净室无法保证生产人员在高毒性产品生产过程中的安全的弊端日益凸显，因此无菌隔离技术被引入制药行业且得到了蓬勃发展。

另外，GMP（2010年修订版）对无菌药品的生产有了更严格的要求，并且在附录1无菌药品的"第四章 隔离操作技术"中进行了单独说明，由此可见，药品生产中的隔离技术同样也得到了我国药品监管部门的重视。

5.5.1 隔离系统概述

隔离系统分为限制进出屏障系统（RABS）和隔离器（isolator）两种。

限制进出屏障系统是指通过一个物理的隔断将无菌工艺区（A级）与周围的环境部分隔离开，给无菌工艺区域提供保护。

限制进出屏障系统将生产中的 ISO5 级环境与背景 ISO7 级环境采用物理屏障（如玻璃门等）隔开，而人员通过手套进行操作，从而减少了不同洁净度级别之间、操作人员与 ISO5 级环境之间的交叉污染，对产品和环境都起到了一定的保护作用。

根据高效过滤器配备方法的不同，RABS 可以分为被动式和主动式，主要区别在于被动式 RABS 与环境的洁净室共用高效过滤器，而主动式 RABS 配备有独立的高效过滤器，如图 5-5-1 所示。

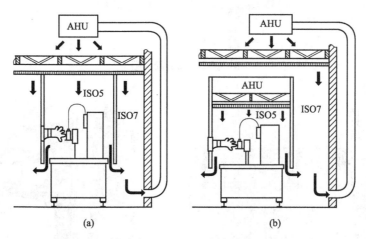

图 5-5-1 被动式 RABS（a）和主动式 RABS（b）

隔离器是指配备 B 级（ISO5 级）或更高洁净度级别的空气净化装置，并能使其内部环境始终与外界环境（如其所在洁净室和操作人员）完全隔离的装置或系统（图 5-5-2）。

无菌隔离器采用完全密闭的系统将生产空间与周围环境完全隔离，并配备相应的空气处理单元（包含高效过滤器）以及过氧化氢灭菌装置，可以自动完成隔离器中的环境灭菌、空气净化处理等工作，具有最高的安全性。根据屏障材质，隔离器可分为硬舱体型和软舱体型（图 5-5-3）；根据压力控制，隔离器可分为正压型和负压型；根据气流流型，隔离器可分为层流型和乱流型。

5.5.2 隔离器关键技术

5.5.2.1 屏障材质的选择

鉴于隔离器的特殊性，其材质的选择必须满足以下要求：
①能耐受化学消毒剂的腐蚀；②能耐受一定的压力；③表面应光滑、易清洁；④不易破

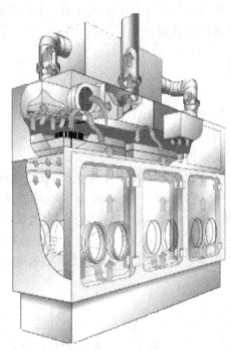

图 5-5-2 无菌隔离器

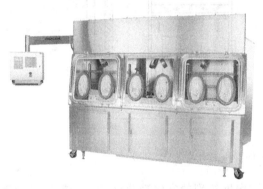
(a) 硬舱体型

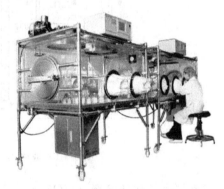
(b) 软舱体型

图 5-5-3 硬舱体型和软舱体型隔离器

损,结实耐用;⑤具有一定的操作视野。

目前国内市场常见的无菌隔离器有两种:一种是以不锈钢、钢化玻璃为主要材料的硬舱体型隔离器;另一种是以 PVC 膜为舱体结构的软舱体型隔离器。两种隔离器的对比见表 5-5-1。

表 5-5-1 硬舱体型隔离器与软舱体型隔离器的对比

项目	硬舱体型隔离器(不锈钢主体结构)	软舱体型隔离器(PVC主体结构)
单机制造成本	通常为软舱体型隔离器的2倍以上	价格便宜
操作视野	视野受人体工程学设计影响较大	视野开阔
生产时内部气流	生产时产生单向流,保证内部洁净度达到设定的A级(动态、静态)	生产时紊流设计,自净时间长,无法保证内部洁净度

续表

项目	硬舱体型隔离器(不锈钢主体结构)	软舱体型隔离器(PVC主体结构)
使用寿命	不锈钢设计的硬舱体型隔离器能保证10年以上的稳定运行	重复使用灭菌剂的情况下,PVC出现老化,需定期进行整体更换
密封接口完整性	固定连接,不会出现密封接口的破损	通常采用密封件加喉箍的方式进行连接,密封接口易出现破损泄漏
可靠性	物理结构坚固可靠、密封性好,无菌状态维持能力强	容易产生破损泄漏,破坏无菌状态的维持
灭菌效果	内部空间和暴露表面达到6个对数以上的杀灭效果	内部空间和暴露表面达到6个对数以上的杀灭效果(内部需增加搅拌风扇)
灭菌后排残时间	不锈钢对汽化过氧化氢无明显吸附,排残时间较短,且能在设定的时间内达到预期的排残效果($\leqslant 10^{-6}$)	PVC塑料会大量吸附汽化过氧化氢,排残时间较长

5.5.2.2 空气调节技术

(1) 内部气流

隔离器通常采用乱流或单向流两种方式,乱流应用于无菌测试居多,单向流应用于无菌生产居多。

(2) 空气调节系统

通过在进气口、排气口安装高效过滤器来维持内部的无菌环境,同时通过自动调整进气口、排气口的风机以维持内部设定的压力。灭菌、去污结束后,考虑到安全因素和灭菌剂、消毒剂的快速排空,隔离器必须具有一个独立的通风管道系统。

隔离器系统的换气次数应该针对具体情况进行确定。通常不需要遵照传统洁净室所建议的每小时最低20次的要求。通风量应能维持设定的压力(单向流隔离器能够基本维持单向的气流)。无论是防止污染物进入隔离器内部(应用于无菌)还是将污染物围堵在隔离器内部(应用于防护),更少的换气次数显然能简化隔离器的设计和操作,并提高整个系统性能的稳定性。单向流隔离器的气流速度(风速),仅需要保持充足以维持内部空气的稳定。

5.5.2.3 灭菌去污技术

隔离器特有的密封性好、空间小的优势,决定了其内部可以采用汽化过氧化氢(HPV)灭菌技术来进行灭菌。HPV灭菌技术具有灭菌效力高、低温灭菌、物料兼容性极好和无毒性残留的优势,是现有技术条件最佳的灭菌方式。

5.5.3 隔离器与传统洁净室的对比

与传统洁净室相比,隔离器在环境控制、安全性、运行成本等方面都具有明显的优势,见表5-5-2。

表 5-5-2 传统洁净室与隔离器的对比

项目	传统洁净室	隔离器
消毒、灭菌方法	消毒剂擦拭、熏蒸和紫外线照射等方法,受空间等诸多因素影响,效果难以验证	自动气体灭菌器灭菌,省时省力,气体分布均匀,效果较好,容易验证
洁净环境的控制	易受人员、物料等诸多因素影响,易受污染,难以控制	与外界完全隔离,仅通过高效空气过滤器(HEPA)进行空气交换并可恒定舱内压力以阻绝外界污染

续表

项目	传统洁净室	隔离器
物料传送方式	传统的传递窗,易导致染菌	双门快速传递系统,保证在无菌环境中传递
人员进出	复杂的洁净服更换等步骤,带来额外工作量	仅通过穿戴手套、半身工作服即可
运行所需能耗	高	低
误操作导致的环境污染的风险	大,与操作人员有关	可能性极小
操作和维护成本	高	低

5.6　GMP 实训车间洁净空调系统

洁净室人员是洁净室污染的一个重要来源。几乎所有在洁净室发现的微生物都来自于人,并且人还是粒子的主要来源,其中皮肤、头发、口、鼻(眼等)、工服、工鞋和化妆品等均是主要污染源(图 5-6-1)。因此必须保证人员的活动能最大程度地减少污染的产生和传播。通过制订相应的守则或规范,产品污染是可以得到最大程度的降低的。

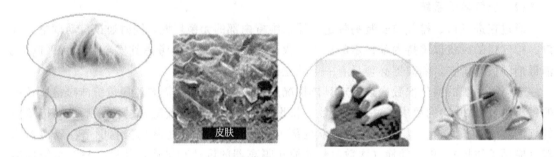

图 5-6-1　人体污染源

5.6.1　人员进出洁净室

5.6.1.1　进入洁净室人员的甄别

下述建议内容包含了一些人员的甄别标准。应当保证任何甄别都合理合法。建议中还包含了许多暂时状况,此种情形可以作为把员工暂时安排到洁净室外工作的理由。

① 皮肤状况。通常能造成大量皮肤细胞散布的状况,如皮炎、晒伤或有严重皮屑。

② 呼吸道状况。如由感冒、流感或慢性肺病造成的咳嗽或打喷嚏。

③ 过敏情况。通常能被引起打喷嚏、瘙痒、抓挠或流鼻涕的过敏症状的人员可能不适合在洁净室工作。有些人可能对洁净室内使用的物料(如乳胶手套、溶剂、清洁剂和消毒剂)以及洁净室内生产的产品(如抗生素和激素)过敏。

④ 慢性疾病状况。如乙肝、肺结核携带者。

很多污染问题都是由于缺乏知识造成的,所以只有经过相应培训的人员才可以进入洁净室。因此,人员应当接受污染控制各个方面的正规培训。还应当注意维修人员进入洁净室的行为规范。

5.6.1.2 洗手、消毒和更衣

进入洁净室的人员必须经过"人员进出洁净室管理规程"的培训,并且考核合格后方可进入洁净室。常见的手部清洗流程、手部消毒流程和洁净服更衣流程见图 5-6-2、图 5-6-3 和图 5-6-4。

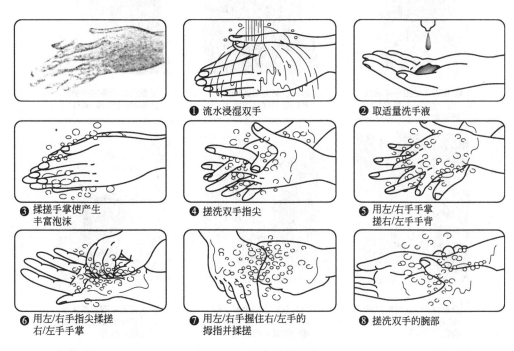

图 5-6-2　手部清洗流程

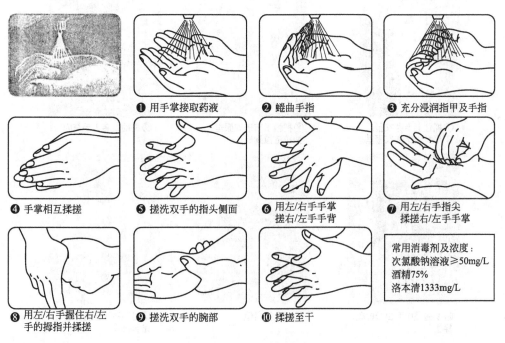

图 5-6-3　手部消毒流程

①在进入受控环境前或是出走廊后要戴发套和穿鞋套

②走过粘尘垫或是其他可以控制碎屑的垫子

③戴两副洁净室手套,把第2副戴在第1副外面

④选择合适尺寸的衣服(披肩帽、长筒靴、连体服和护目镜)

⑤从包装中取出披肩帽,先不要戴,把它调整到合适的位置,控制尺寸

⑥从包装中取出连体服,抓紧衣服不要碰到地面,然后把它打开

⑦抓住上半身衣服,下半身先穿进衣服里

⑧把帽子塞进衣服里,把拉链拉到底

⑨将袖口套入手套内

⑩从包装中取出长筒靴,穿上

⑪戴上护目镜

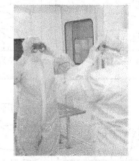
⑫对照镜子检查穿着是否得体

图 5-6-4　洁净服更衣流程

5.6.2 物料进出洁净室

各种物品在送入洁净区前必须经过净化处理,简称"物净"。有的物品只需一次净化,有的需二次净化。一次净化不需室内环境的净化,可设于非洁净区内;二次净化要求室内也具备一定的洁净度,故宜设于洁净区内或与洁净区相邻的非洁净区内。

物料路线与人员路线应尽可能分开,如果物料与人员只能在同一处进入洁净厂房,也必须分门而入,物料先经粗净化处理。对于生产流水性不强的场合,在物料路线中间可设中间库,如果生产流水性很强,则采用直通式物料路线。

具体来说,平面上的"物净"布置主要包括脱包、传递。

脱外包室会抖落很多微粒,是最大的污染源,故应设在洁净室外侧。脱内包室一般在洁净区内,应有净化送风,并对洁净区保持负压,有时还可设紫外灯照射消毒。

传递主要是指在洁净室之间作为物件的短暂非连续的传送。传递主要依靠传递窗(图 5-6-5)。传递窗是设在室间墙壁上的两面有不能同时开启的门的箱式装置,用以传递物料,可以落地。

图 5-6-5　净化传递窗

5.6.3 洁净区良好的行为规范

① 尽量减少进入无菌生产洁净区的人数和次数。进入无菌生产洁净区的人员应保持工作需要的最低人数。检查和控制都要尽可能在无菌生产洁净区外进行,辅助人员尽量靠单向流区域外侧行走,生产无关人员尽量不进入无菌生产洁净区。

② 人员进入无菌生产洁净区应先用无菌的消毒剂(如酒精)消毒双手,待消毒剂挥发干后方可进入无菌生产洁净区。

③ 仅用无菌工器具接触无菌物料。

④ 在处理已灭菌物料时须始终使用无菌工器具。在每次使用期间,无菌工器具应保存在 A 级环境中,保存方式应能避免污染(如放在无菌容器中)。在操作过程中如有必要应更换工器具。

⑤ 首次更衣后,应在必要时将所戴的无菌手套消毒或更换,以最大限度地降低污染的风险。人员不应将衣着或手套的任何部位直接接触无菌产品、无菌容器、无菌密封件及关键表面。

⑥ 所有掉落或接触到地面的工具、仪器及物品在该批生产过程中不得用手触摸,更不能再次挂起使用。生产结束后才能对地上的工具、仪器及物品进行必要的处理,并妥善存放。

⑦ 缓慢和小心移动。快速移动会破坏单向流,产生紊流,造成超越洁净厂房设计及控制参数的不良状况。缓慢和小心移动是人员在无菌生产洁净区内应始终遵循的基本原则。动

作应尽量平缓，双手不得下垂、叉腰、夹在腋下或高举超过肩部，应放在胸前（包括静止时）。尽量避免下蹲动作，更不应躺在地面或坐在地面上。如果因为维修不可避免这些动作时，维修后应立即更换衣服，并避免交叉污染。

⑧ 保持整个身体在单向气流通道之外。采用单向流设计是为了保护无菌设备的表面、容器、密封件以及产品。对高风险操作区单向流保护的破坏会增加产品污染的风险。

⑨ 用不危害产品无菌性的方式进行必要的操作。为保持无菌物料附近的无菌状态，应在适当的侧面进行操作，在垂直单向流条件下，不得在产品上游方向进行无菌操作。

⑩ 在高风险操作区的任何情况下，人员间应保持一段距离，人员的着装（包括无菌手套）不得相互接触。操作人员尽可能不说话，必要时，可先退出该区域后再与其他人员交谈。

⑪ 每次接触物品后应对双手进行消毒，晾干后进行下一步操作。即使没有接触任何物品，也应定期（如每隔 10~20min）对双手进行再次消毒。如果在高风险操作区内进行关键操作（如涉及所有灌装部件、悬浮颗粒及浮游菌取样口操作等）之前进行了其他操作，则应退出该区域重新消毒双手后方能进入该区域进行关键操作。

⑫ 进入高风险操作区后应定期检查着装，尤其在进行动作幅度较大的操作之后应确认头套、脚套是否穿戴紧密。

⑬ 在无菌生产洁净区中的任何时候，双手都不应接触地面。如果不小心接触了地面，那么必须立即返回更衣室内更换手套后方可进入该区域。

⑭ 无菌生产洁净区内所有开、关门的操作，应尽量避免用手直接接触，宜使用肘部、前臂、背部等身体部位来完成，避免交叉污染。

⑮ 应及时关闭无菌生产洁净区的洁净门，保证无菌生产洁净区的压差不被破坏。

思考题

1. 如何利用空调系统对洁净区进行消毒？
2. 如何对高效过滤器进行检漏？
3. GMP 对各级别洁净区微生物、悬浮粒子的规定是什么？
4. GMP 对洁净区与非洁净区之间、不同级别洁净区之间、不同功能区域的压差是怎样要求的？为什么？
5. 如何理解动态与静态？GMP 对动态和静态下的各项规定相同吗？为什么？

下篇

第6章　中药饮片与中药提取物生产线

第7章　化学非无菌原料药生产线

第8章　口服固体制剂生产线

第9章　典型发酵生物制品生产线

第10章　注射用粉针剂生产线

第11章　最终灭菌小容量注射剂生产线

第6章 中药饮片与中药提取物生产线

6.1 中药饮片

6.1.1 中药饮片概述

中药饮片指将中药材经净制、润药、切制、干燥、炮制、粉碎、包装等工序，制备成一定规格的成品，中药材是中药饮片的原料，中药饮片则可作为中成药的原料。中药饮片包括生片和制品，其中生片是指将净药材软化后切制成片、段、块等的切制品，将净药材或生片按中医药理论、中药炮制方法加工成直接用于临床的中药则为制品。

6.1.2 我国 GMP 对中药制剂的部分要求

鉴于中药前处理、中药提取同属于中药制剂附录，本章节共同阐述中药饮片和中药提取物的部分条款。

(1) 厂房设施

第八条　中药材和中药饮片的取样、筛选、称重、粉碎、混合等操作易产生粉尘的，应当采取有效措施，以控制粉尘扩散，避免污染和交叉污染，如安装捕尘设备、排风设施或设置专用厂房（操作间）等。

第十条　中药提取、浓缩等厂房应当与其生产工艺要求相适应，有良好的排风、水蒸气控制及防止污染和交叉污染等设施。

第十一条　中药提取、浓缩、收膏工序宜采用密闭系统进行操作，并在线进行清洁，以防止污染和交叉污染。采用密闭系统生产的，其操作环境可在非洁净区；采用敞口方式生产的，其操作环境应当与其制剂配制操作区的洁净度级别相适应。

第十三条　浸膏的配料、粉碎、过筛、混合等操作，其洁净度级别应当与其制剂配制操作区的洁净度级别一致。中药饮片经粉碎、过筛、混合后直接入药的，上述操作的厂房应当能够密闭，有良好的通风、除尘等设施，人员、物料进出及生产操作应当参照洁净区管理。

(2) 物料

第十七条　对每次接收的中药材均应当按产地、采收时间、采集部位、药材等级、药材外形（如全株或切断）、包装形式等进行分类，分别编制批号并管理。

第十九条　中药饮片应当贮存在单独设置的库房中；贮存鲜活中药材应当有适当的设施（如冷藏设施）。

第二十一条　仓库内应当配备适当的设施，并采取有效措施，保证中药材和中药饮片、中药提取物以及中药制剂按照法定标准的规定贮存，符合其温、湿度或照度的特殊要求，并进行监控。

第二十三条　在运输过程中，应当采取有效可靠的措施，防止中药材和中药饮片、中药提取物以及中药制剂发生变质。

(3) 生产管理

第二十六条　中药材应当按照规定进行拣选、整理、剪切、洗涤、浸润或其它炮制加工。未经处理的中药材不得直接用于提取加工。

第二十九条　在生产过程中应当采取以下措施防止微生物污染：

（一）处理后的中药材不得直接接触地面，不得露天干燥；

（二）应当使用流动的工艺用水洗涤拣选后的中药材，用过的水不得用于洗涤其它药材，不同的中药材不得同时在同一容器中洗涤。

第三十一条　中药材洗涤、浸润、提取用水的质量标准不得低于饮用水标准，无菌制剂的提取用水应当采用纯化水。

6.2 中药饮片生产工序

中药饮片生产工序主要包括净制、润药、切制、干燥、炮制、粉碎、包装等，各工序生产环境可为非洁净区，具体生产工艺流程如图 6-2-1 所示。

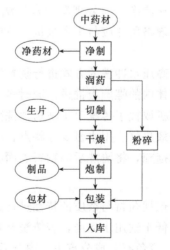

图 6-2-1　中药饮片生产工艺流程框图

6.2.1 净制

净制是在中药材切制、加工、制剂前,区分药材的用药部分,除去与药材来源不同的土块、石块、泥沙等无机杂质以及发生霉变、枯朽、虫蛀等的不合格药材,以达到药用纯度标准的方法,经净制的药材为净药材。药材的净制主要包含杂质和非药用部位两部分的去除,常见净制方法包括拣选、筛选、风选、刮、削、擦、刷、清洗等。

6.2.1.1 净制方法

(1) 拣选

拣选即为人工拣选,要求拣选人员具有鉴别药材真伪优劣的能力,可以除去其他净制方法不易除去的发霉品、变质品。拣选工作区应当设拣选工作台,工作台表面应当平整、易清洁,不产生脱落物。拣选的不合格品应及时清除出工作台,置于废弃物储存容器中,避免与原药材、合格品产生混淆的风险,拣选过程中应由具备资质的相关人员进行质量监控,合格品应进行取样检查。

(2) 筛选

筛选主要利用药材与杂质的性状差异,选用适宜规格的筛网除去与药材大小相差悬殊的杂质,或者对药材的大小进行分档。常见筛选方法包括手工筛选和机械筛选,手工筛选即用竹筛、铜筛、不锈钢筛等进行人力筛动除去杂质,手工筛选效率低、劳动强度大,且易产生粉尘污染,目前前处理车间多使用振荡式筛药机进行机械筛选代替手工筛选。

(3) 风选

风选是利用药材和杂质的重量差异,借助风力将药材与杂质分开达到净制的目的。除轻杂质时使用较小风速,毛发、棉纱等轻杂质随风力除去;除重杂质时使用较大风速,药材被风力带走,石块、铁屑等重杂质未动,即可完成分离。常见设备包括风车、风选机等。

(4) 清洗

清洗是通过洗净、淋洗、漂洗、喷洗等方式除去附着在药材上面的泥沙、盐分或者风选、筛选不易清洁的杂质,使药材洁净。前处理车间常用洗药池和洗药机(图 6-2-2)清洗药材。洗药池多为不锈钢材质,规格尺寸应与生产批量相适应,其通过人工洗净的方式除去杂质。

洗药机主要通过喷淋冲洗、高压水冲洗的方式进行物料清洗,物料由进料斗投入,启动喷淋阀与洗药机,物料被旋转筒体内的螺旋板推进,同时经高压水泵进行喷淋冲洗,由出料斗处收集即完成物料清洗。洗药机取代了传统手工洗药池洗药的操作方法,改善了劳动强度和场地污染,具有效率高、清洗效果好、用水量少等特点,洗药机出料斗处应配备带有沥干功能的料箱,且设计适宜的排水措施,将清洗后的物料表面的残余水分除去。

6.2.1.2 净制工序要点

药材净制方法多种多样,应依据药材与杂质的特性进行选择与组合。多数药材净制均需清洗,且清洗用水质量标准应不低于饮用水标准,若清洗有效成分易溶于水的药材则应进行抢水洗(快速洗涤并及时取出),避免有效成分流失。净制后药材如不能投入下道生产工序,应干燥后存入净药材库且不得与地面直接接触,以免发生霉变与污染。

风选、筛选等生产操作易产生粉尘,生产操作间应安装捕尘设施或者排风设施,进行相

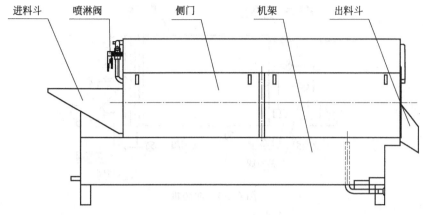

图 6-2-2　滚筒式洗药机

应生产操作时应确认相关设施处于开启状态，能够控制粉尘扩散，避免污染与交叉污染。操作间应设置专属的废弃物存放区与净药材暂存区，及时将生产过程中剔除的杂质、非药用部位与净药材分别存放，并按时对净药材进行抽检，避免废弃物污染净药材以及发生混淆差错的风险。

6.2.2　润药

润药指用水或其他液体对药材进行浸、润处理，水分渗透到药材组织内部，保持药材湿润状态，达到软化的目的，以利于后续切制生产操作。部分药物需利用液体辅料（酒醋、盐水、糖水、姜汁、米泔水、药物汁）等进行润药，以达到配合临床用药、产生新作用、发挥更好药效的目的。目前中药前处理车间常用润药机（图 6-2-3）代替传统浸泡、润渍的生产方式进行药材软化，相对于传统生产方式，润药机具有润药后药材含水率低、软化效果好、软化速度快、避免有效成分流失、操作方便简洁等优点。

6.2.2.1　润药机的组成

润药机由箱体、气泵、充气式密封机构、真空泵及控制系统、电磁阀等结构组成，箱体有效容积率高，能够高效率完成润药，密封机构能满足高真空密封的要求。设计先进的润药机能够按照设定程序自动完成阀门开闭、容器密封、抽真空、真空度控制、气相置换、关机等润药过程，利于 GMP 的实施以及制药过程的控制，避免人员操作失误产生偏差。

6.2.2.2　润药机的工作原理

药材装入润药箱体，真空系统开始工作，将药材纤维空隙中的空气抽出，向处于高真空状态下的药材通入液体蒸汽，液体蒸汽即刻充满整个箱体空间，在负压条件下通过毛细管路迅速进入药材组织中，使药材软化。液体蒸气具有穿透性强的特点，能够使药材在低含水量的情况下快速均匀软化。

6.2.2.3　润药机的操作规程

（1）装料

开启箱门，将净药材用透气料箱装进箱体，锁闭箱门。

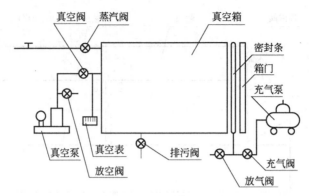

图 6-2-3 润药机

(2) 参数设定

按照工艺规程设定抽真空时间，一般设定为 3~10min，并根据不同药材的软化要求确定其软化（润药）时间，一般设定在 10~60min 范围内，设定真空表上限压力、蒸汽压力表上限压力。按下启动按钮，软化（润药）过程便可完成。

(3) 运行过程说明

① 门密封：气泵开、放气阀关、充气阀开。

② 抽真空：放空阀关、真空阀开、真空泵开、蒸汽阀关、排污阀关，真空时间继电器计时。

③ 充蒸汽（真空时间继电器计时结束）：真空泵停、真空阀关、放空阀开、蒸汽阀开，真空表控制真空箱压力，真空箱内压力达到上限设定值。

④ 浸润：蒸汽阀闭，软化（润药）时间继电器计时。

⑤ 润药结束（润药时间继电器计时结束）：排污阀开、充气阀关、放气阀开、气泵关。

(4) 开门

按下总停机开关，设备完成放气、排空方可开启箱门。

6.2.2.4 设备使用注意事项

① 设备运行时，若真空仪表的指针未指向高真空度端，需检查箱门的密封是否良好或蒸汽管、排污管的阀门是否处于关闭状态。

② 部分较难软化的药材，一次软化不能满足要求时，可进行二次软化。

③ 设备密封机构适合高真空密封，箱体不宜承受内压力，蒸汽管路应安装减压阀，蒸汽压力减至常压后进入箱体。

④ 设备使用前应对管路连接情况、仪表部件、安全阀等进行检查，确保安全生产。

6.2.2.5 润药终点

药材软化程度至关重要，润药过度损失药材有效成分，润药不足导致药材吸收水分不足，质地没有由硬变软，不利于切制，润药程度是否适宜可以通过以下几种方法进行检查。

① 弯曲法：长条状药材（如白芍、山药等）软化至握于手中，大拇指向外推，其余四指向内缩，药材略弯曲而不易折断，即为合格。

② 指掐法：团块状药材（如天花粉、泽泻等）软化至指甲能掐入表面为宜。

③ 穿刺法：粗大块状药材（如大黄、虎杖等）软化至用铁钎穿刺无硬心为宜。

④ 手捏法：不规则的根和根茎类药材（如当归、独活等）软化至用手捏粗的一端，感觉其柔软为宜。

⑤ 劈剖法：质地坚硬的药材（如桂枝木、金果榄等），可从药材中间劈开检查其是否有硬心或软化是否一致。

6.2.3 切制

切制指将净制后经软化的药材再切制成大小合适的一定规格的片、段、块等，切制后的产品称为生片。药材的切制有利于有效成分的提取，切制后的生片可直接转运至中药提取车间进行提取操作，切制还有利于药材的调配、储藏、鉴别、炮制以及进一步加工成各种制剂。前处理车间常用切药机进行各种软硬根茎、藤类、草类等纤维性药材的切制，切药机种类众多，本章节主要介绍剁刀式切药机和转盘式切药机。

6.2.3.1 剁刀式切药机

剁刀式切药机（图6-2-4）常由不锈钢材料制作，坚固耐用、不易生锈，广泛适用于中药前处理车间、中药饮片车间、医院、食品加工车间等地切制软硬性根、茎、藤类等纤维性药材。剁刀式切药机主要由刀架体的上下运动和输送链的传动两部分传动装置组成。

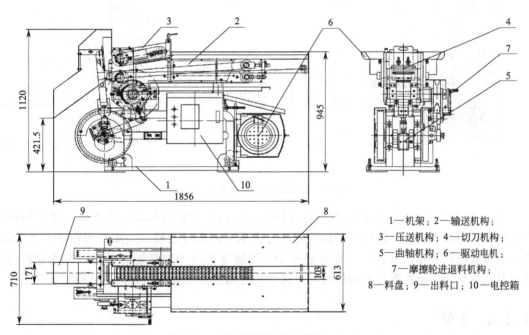

1—机架；2—输送机构；
3—压送机构；4—切刀机构；
5—曲轴机构；6—驱动电机；
7—摩擦轮进退料机构；
8—料盘；9—出料口；10—电控箱

图6-2-4　剁刀式切药机（单位：mm）

① 输送链的传动：偏心机构旋转时，通过偏心滑槽与连杆的作用，带动摩擦轮间歇性转动，摩擦轮轴再通过三级齿轮的传动，将动力传至下输送辊轮轴、上压料辊轮轴的齿轮组，使上下输送链同步相向运动，从而将处于上、下输送链间的物料送至刀门。

② 刀架体的上下运动：电动机与小带轮同轴，通过V型传送带带动与大带轮同轴的偏心机构（包括曲轴、曲轴套筒）转动，在顶杆的带动下，使刀架体与切刀连续性往复上下运动。刀架体与切刀连续性往复上下运动的同时，待切药材随输送链被送出刀门，从而实现切

制的目的,将药材切制成预定厚度。

6.2.3.2 转盘式切药机

转盘式切药机(图 6-2-5)的传动装置由两部分组成:刀盘传动机构和进料输送的传动。

① 刀盘传动机构:电动机与小带轮同轴,通过 V 型传送带带动与大带轮同轴的刀盘机构(包括刀盘轴、刀盘、切刀)转动,四片或两片切刀均匀安装于刀盘,在刀盘匀速旋转的同时达到切制的目的。刀盘可安装四片刀或两片刀,当需要切制厚片、段或特殊规格物料时安装两片刀,将补刀板补偿安装于拆下的两片刀的位置,并使其内表面与刀盘内面平齐,以防止刮擦物料,切制速度与进料速度通过变频可调。

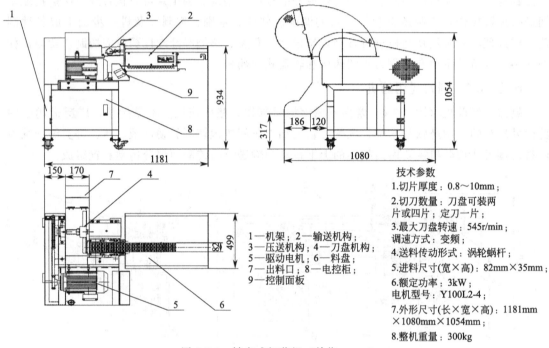

1—机架;2—输送机构;3—压送机构;4—刀盘机构;5—驱动电机;6—料盘;7—出料口;8—电控柜;9—控制面板

技术参数
1.切片厚度:0.8～10mm;
2.切刀数量:刀盘可装两片或四片;定刀一片;
3.最大刀盘转速:545r/min;调速方式:变频;
4.送料传动形式:涡轮蜗杆;
5.进料尺寸(宽×高):82mm×35mm;
6.额定功率:3kW;电机型号:Y100L2-4;
7.外形尺寸(长×宽×高):1181mm×1080mm×1054mm;
8.整机重量:300kg

图 6-2-5 转盘式切药机(单位:mm)

② 进料输送的传动:刀盘机构旋转的同时,通过刀盘轴的联轴联动作用,带动蜗杆涡轮连续性转动,再通过涡轮轴的传动,将动力传至下输送辊轮轴、上压料辊轮轴的齿轮组,使上下输送链同步相向运动,从而将处于上、下输送链间的物料送至刀门,达到进料的目的。刀盘与切刀连续性圆周运动的同时,待切药材随输送链被送出刀门,从而完成切制。

6.2.4 干燥

干燥常指借用热能使物料中水分(或其他溶剂)汽化,并由气流或真空带走汽化了的湿分,从而获得干燥物料的过程。这里的干燥指的是药材干燥,干燥药材主要是为了便于储存和运输,一般情况下药材切制后应及时干燥,以防药材变质。干燥还有破坏细胞膜和细胞壁的作用,有利于提取的顺利进行。干燥分为自然干燥和人工干燥。自然干燥包括阴干和晒干,阴干常用于芳香类药材的干燥,晒干适合大多数药材,自然干燥对设备要求较低,但占地面积大、易污染、可控性差。人工干燥指采用干燥设备对药材进行加热干燥,具有效率高、干燥条件稳定、可控性高的特点。前处理车间常用干燥设备为干燥箱(图 6-2-6),下面对其进行介绍。

6.2.4.1 设备应用

干燥箱是利用加热空气在箱体内不断循环，使药材中的水分得以汽化而达到干燥的目的。干燥箱适用于制药、化工、食品、轻工、重工业等多个行业的原料、产品的加热、除湿、干燥等。大部分热风在干燥箱内进行循环，传热效率高、节约能源，利用强制通风作用，减小上下温差，整机噪声较小、运转平稳、温度自动控制、操作维护方便。

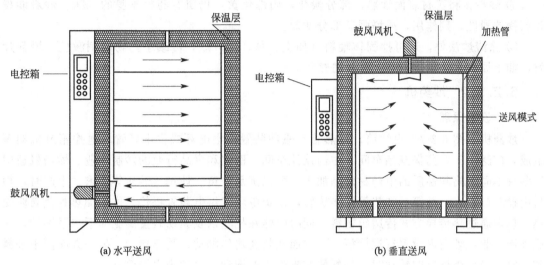

图 6-2-6 热风干燥箱

6.2.4.2 设备原理

其基本原理是利用蒸汽或电为热源，由电加热管或者蒸汽换热器产生热量，利用风机进行对流换热，热空气经由风道输送至烘箱内室，气流经过烘盘与物料进行热量传递，风机将使用后的部分热空气吸入风道成为风源再度循环，并不断补充新鲜空气和排出潮湿空气。新鲜空气从进风口进入烘箱进行补充，潮湿空气从排湿口排出，保持适当的相对温度和湿度，从而增强了传热和传质效率。

6.2.5 炮制

中药炮制是我国独有的中药制药技术，经过数千年探索和发展已形成特有的中药炮制理论。炮制是指取用净制或切制干燥后的净药材、生片，根据炮制规程进行炮制从而制备成产品的方法。炮制具有降低毒性、消除或减弱副作用、缓和药性、改变药性、增强药物疗效、改变或增强药物作用的部位和趋向、便于调剂和制剂、利于贮藏及保存药效、矫味矫臭利于服用等作用。常见炮制方法包括：炒制（炒焦、炒黄、炒炭、加辅料炒）；炙法（蜜炙、酒炙、醋炙、盐炙、油炙、姜汁炙）；烫炙（炮、砂烫、蛤粉烫）；蒸炙；煮炙（清水煮、矾水煮、醋煮、药汁煮）；煨制（面裹煨、隔纸煨、直接煨）；煅制（明煅、暗煅）；发芽；发酵；制霜等。炮制方法种类多种多样，不同炮制方法可实现不同炮制目的，本章节以炒药为主进行介绍。

炒药是将净制或切制干燥后的药物，置于预热容器内，用不同火力连续加热，并不断搅拌或翻动至一定程度的炮制方法。炒有炒黄、炒焦、炒炭等程度不同的清炒法，每种炒法适用于不同种类的药材，实际生产中需根据药物的种类、性质、功效等选择不同的炒法。

6.2.5.1 炒药的方式

① 炒黄：用文火炒至药物表面微微泛黄，可以使药物易于粉碎加工，还有缓和药性的作用。

② 炒焦：用武火将药材炒至表面焦褐色，内部颜色加深，伴有焦香气味。炒焦有使药物易于粉碎和缓和药性的作用。

③ 炒炭：将药材表面炒黑，部分炭化，内部焦黄，仍留有药材本身的气味。炒炭能缓和药物的烈性、副作用，或增强其部分功效。

④ 除清炒法外，还可拌固体辅料（如土、麸、米）炒，可减小药物的刺激性，增强疗效，如土炒白术、麸炒枳壳、米炒斑蝥等。

6.2.5.2 炒药机

(1) 设备原理

炒药机（图 6-2-7）由炒筒、加热管、驱动装置、集电环式供电装置、电控箱及机架等组成，广泛用于中药保健品车间、中药饮片车间、医院和食品行业的炒制作业。炒药机适用于各种不同规格和性质的中药材炒制加工，可以满足炒黄、炒焦、炒炭等要求。生产时，物料由投料口进入，炒筒与加热管同步旋转，由集电环式供电装置将热量供给加热管使筒体受热，热量通过热传导方式传递给物料，同时筒体在托轮以及驱动装置的驱动下水平旋转，完成炒制作业；炒筒内设置有螺旋板，一方面使物料均匀翻动、受热均匀，另一方面便于进料和出料，当炒筒做反向转动时，物料便在螺旋板的推动下自动排出炒筒外。

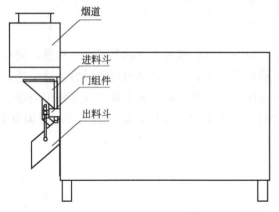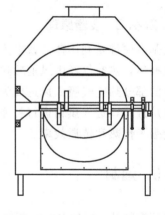

图 6-2-7 炒药机

(2) 注意事项

① 开启设备时，应先启动炒筒，再启动电加热器，停机时应先关闭电加热器后再关闭炒筒，防止炒筒局部过热。

② 设备运转时，不得将手伸进炒筒内，以免烫伤或碰伤。

③ 设备操作规程应按照变频调速设计。禁止在正转高速时立即反装筒体，反之亦然，以免损坏电机。需要进行正反转换时应先停机后再改变筒体转向或将筒体速度调低至静止后再改变筒体转向。

④ 炒药机周围严禁堆放各种物品，避免受热后产生火灾的风险。

⑤ 炒制设备附近应安放灭火装置。

6.2.6 粉碎

矿物类、部分种子果实类、部分菌类等不宜切制生片的药材，进行加工时需进行粉碎以改变其粒度，经粉碎的粉末分为最粗粉、粗粉、中粉、细粉、最细粉、极细粉，不同类型的药材应依据药材的形状、特性、粉碎粒度选择不同的粉碎设备。本节主要介绍颚式碰碎机与破碎机。

6.2.6.1 颚式碰碎机

颚式碰碎机见图 6-2-8。设备两块成楔形的颚式夹板运行时，其中一块相对另一块做往复摆动，物料在楔形夹板内被破碎，通过动颚板的连续往复运动，配合静颚板做间隙性碰碎作业。该设备可碰碎各种贝壳类、矿石类、果壳类等坚硬中草药。颚式碰碎机具有能耗低、生产率高、易于维修等特点。

6.2.6.2 破碎机

破碎机（图 6-2-9）由机座、箱体、万向轴承、飞轮、底架、皮带轮、筛板支架、刀轴、活动刀片、固定刀片、进料斗、接料小车组成，电动机通过三角带带动主轴和刀片旋转，物料被装在刀轴上的活动刀片与紧固在箱上的固定刀片剪切式破碎。破碎机适用于根茎类、块状类中药材的破碎，特别对纤维性强、硬度大的物料具有良好的破碎效果。破碎机采用爪式动刀，结构紧凑、体积小、产量

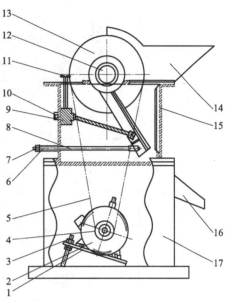

图 6-2-8 颚式碰碎机

1—电机座；2—电动机；3—调节螺杆；4—小带轮；
5—三角带；6—调节弹簧；7—拉杆螺母；8—拉杆；
9—调节模块；10—固定螺母；11—调节手轮；
12—大带轮；13—偏心轮；14—进料斗；
15—上机体；16—出料斗；17—机座

高，进料箱体采用夹层设计，内置隔音棉，噪声小、工作平稳，筛板框采用手轮式固定，维护、更换或清理方便，符合 GMP 规范。

6.2.6.3 粉尘处理

粉碎工序易产粉尘，应有相应除尘措施，常见除尘方式为粉碎设备上方安装捕尘系统，完整的捕尘系统包括抽气罩、通风管道、除尘器、风机四个部分。操作间粉尘量与捕尘系统、粉碎速度、粉碎设备相关，捕尘系统覆盖范围小、粉碎速度快、粉碎设备不佳均可能导致操作间药物粉尘浓度升高。因此满足车间生产需求前提下应适当降低粉碎速度，并设置合理的捕尘系统，选用适宜的粉碎设备。

粉碎工序清场时除遵循由上向下、由里向外、先设备后墙壁地面的清场顺序，还应选择适当清场方式避免二次扬尘，粉尘污染较为严重的操作间应尽量采取负压式清洁装置（如吸尘器）清洁设备、墙壁、地面上的粉尘或建造防水操作间，采用水冲洗方式进行清洁。常见粉碎设备处于开放式作业，为防止药物粉尘外溢污染车间、影响操作人员健康，可设计密封罩或可移动屏障使粉碎设备处于密封状态，使污染源与操作间、操作人员隔离，极大程度减小粉尘污染的风险。

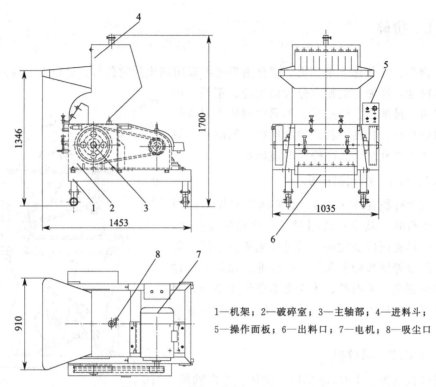

1—机架；2—破碎室；3—主轴部；4—进料斗；
5—操作面板；6—出料口；7—电机；8—吸尘口

图 6-2-9　破碎机（单位：mm）

6.2.7　生产监控点

中药饮片的生产过程应严格监控工艺参数与中间产品属性，以生产出符合质量标准的产品，中药饮片生产工序的主要监控点见表 6-2-1。

表 6-2-1　中药饮片生产工序的主要监控点

工序		主要设备	监控点	监控内容
净制	拣选	挑选台	药材	异物、杂质、非药用部位
	清洗	洗药机	洗药机、药材	水质、清洗次数、清洗时间、洁净度
润药		润药机	润药机、药材	润药程序、软硬度、均匀度
切制		剁刀式切药机	药材	长度、片型、薄厚
		转盘式切药机		
干燥		干燥箱	干燥箱、药材	温度、时间、含水量
炒药		炒药机	炒药机、药材	温度、时间、生片、糊片
粉碎		颚式破碎机	药粉	粒度
		破碎机		

(1) 净制

经净制整理后的药材应按大小、粗细等规格进行分档，且无非药用部位，无虫蛀、变质、走油变色，杂质限度应符合工艺要求。杂质检查应取一定量样品，过二号筛或三号筛筛出灰屑，取出泥砂和非药用部位等杂质，合并称重计算。

① 根、根茎、藤木、叶、花、皮类：泥砂和非药用部位等杂质不得超过 2%。

② 果实、种子类：泥砂和非药用部位等杂质不得超过 3%。
③ 全草类：不允许有非药用部位，泥砂等杂质不得超过 3%。
④ 动物类：附着物、腐肉和非药用部位等杂质不得超过 2%。
⑤ 矿物类：夹石、非药用部位等杂质不得超过 2%。
⑥ 菌藻类：杂质不得超过 3%。
⑦ 树脂类：杂质不得超过 3%。
⑧ 需去毛、刺的药材：其未去净茸毛和硬刺的药材不得超过 1%。
⑨ 洗药：洗涤至无泥砂、尘土、附着物等且无其他杂质。

(2) 润药

净药材的润药操作过程中，应按大小、粗细、形状等特性分类处理，一般遵循"少泡多润，药透水尽"的原则，避免药材伤水和有效成分流失。传统润药处理方法有浸泡、漂洗、润渍等。现制药行业中常用润药机进行负压润药，相比传统润药方式能高效、有效地完成软化，润药操作按照工艺规程规定的润药程序进行，严格监控工艺参数即可完成润药。

(3) 切制

不同净药材切制方法各异，应依据药材特性与工艺规程进行适宜的设备选型与切制操作。质地坚硬的根及根茎类、藤木类和部分动物角类药材切制成极薄片（0.5mm 以下）；质地较硬的根及根茎类、藤木类、部分种子果实类、部分动物类药材切制成薄片（1~2mm）；质地疏松或坚实的根及根茎类、菌类药材切制成厚片（2~4mm）（切制斜片：厚度 2~4mm，切制直顺片：厚度 2~4mm）；部分质地坚实的根及根茎类、藤木类药材切制成全草类药材切制段（长 10~15mm）；部分菌类药材切制成块（8~12mm 方块）；皮类（根皮及茎皮）药材切制成丝（皮类丝宽 2~3mm）；顺类药材要切制成丝（叶类丝宽 5~10mm）。

极薄片不得超过该品种标准厚度 0.5mm；薄片、厚片、丝、块不得超过标准 1mm；段不得超过标准 2mm；根、根茎、藤木、果实、种子、全草、叶、皮、动物、菌藻类产品应符合各自规定片型规格，异形片不得超过 10%。

(4) 干燥

① 人工干燥：利用蒸汽加热烘干、电加热烘干或其他烘干方法对润湿、切制、粉碎、炮制后的饮片进行干燥时，应严格监控温度以及残余水分含量，一般饮片干燥温度不超过 80℃；含挥发性成分的饮片，干燥温度不超过 60℃。

② 自然干燥：主要指利用自然阳光干燥，应注意干燥现场环境对饮片的影响，饮片不宜与地面直接接触，防止污染、交叉污染，影响饮片质量和使用。部分花类药材不宜直接曝晒于阳光下，应采用一定的遮光措施，防止变色。

③ 干燥后的产品不应有明显变色，干燥后的饮片应干湿均匀，保持固有气味，片型整齐，水分含量在 7%~13% 之间，个别品种除外。

(5) 炒药

① 炒制：在中药饮片或净药材炒制过程中，应严格监控温度、时间与炒制均匀度，炒制火力要均匀，药物需不断翻动。应根据药材特性、目的和工艺规程，设置投料前锅的预热温度以及投料后的炒制火力、时间和程序。

② 炒黄：将净药材或饮片投入已预热热锅中，文火炒至表面呈黄色或较原色稍深，或

膨胀鼓起，种皮破，并透出固有香气时，取出，放凉。其中生片、糊片不得超过2%，药屑杂质不得超过1%。

③ 炒焦：将药材或饮片投入已预热热锅中，中火炒至表面呈现焦黄色或焦褐色，断面颜色加深，并透出焦香气味，达到规定程度后，取出，放凉。其中生片、糊片不得超过3%，药屑杂质不得超过2%。炒焦易燃的药物时可喷洒适量清水，且多用中火，防止炭化。

④ 炒炭：将净选或切制好的药物，置炒制容器内，用武火或中火加热，炒至药材表面呈现焦黑色，内部颜色呈焦黄色或焦褐色。炒至规定程度时，喷淋清水少许，熄灭火星，取出，晾干。其中存性生片和完全炭化者不得超过5%，药屑杂质不得超过3%。炒制时注意炒炭存性，防止药材灰化。

⑤ 加辅料炒：指药物与一定比例辅料共同拌炒的方法。常用的辅料有麦麸、土、米。

a. 麸炒：应先将锅预热，撒入0.1~0.15倍净药材或饮片量的麦麸，至冒烟时投入药物，快速均匀翻动，炒至预定程度时，出料，筛去麦麸，放凉，此时麦麸多呈焦黑色。麸炒要求净药材或饮片干燥，以免药物黏附焦化麦麸。产品中生片、糊片不得超过2%，药屑杂质不得超过2%。

b. 土炒：将0.2~0.25倍净药材或饮片量的土研成细粉，置于锅内，加热至预定状态，投入净药材或饮片拌炒，炒至预定程度，药物表面应均匀挂上土粉，色泽均匀。出料，筛去土粉，放凉。其中生片、糊片不得超过2%，药屑杂质不得超过3%。

c. 米炒：先将锅预热，加入约0.2倍净药材或饮片量的米和净药材或饮片，不断翻炒至药物变色或至规定程度时，取出，筛去焦米，放凉。其中生片、糊片不得超过2%，药屑杂质不得超过1%。

(6) 粉碎

粉碎工序生产应及时监控粉末粒度，依据工艺要求对产品进行取样检测。检测方法为：取定量样品，使用规定筛号过筛，称重计算。

最粗粉：应全部通过一号筛，且混有通过三号筛的粉末不超过20%。

粗粉：应全部通过二号筛，且混有通过四号筛的粉末不超过40%。

中粉：应全部通过四号筛，且混有通过五号筛的粉末不超过60%。

细粉：应全部通过五号筛，且含通过六号筛的粉末不少于95%。

最细粉：应全部通过六号筛，且含通过七号筛的粉末不少于95%。

极细粉：应全部通过八号筛，且含通过九号筛的粉末不少于95%。

6.3 中药提取物

中药提取物是指按规范化的生产工艺制得的符合一定质量标准的提取物，根据中药来源和组分的不同，可以分为单味中药提取物、中药单体以及复方中药提取物。中药提取物在药品、保健品、食品等行业有着广泛的应用，可以用于制备胶囊、片剂、口服液等多种制剂。中药提取物在国外绝大部分应用在植物药的开发和使用上，并有逐步扩大使用范围的趋势，如膳食补充剂、化妆品、保健烟、饲料添加剂等。

6.4 中药提取物生产工序

中药提取物生产工序主要包括提取、浓缩、精制、再浓缩、干燥、粉碎、筛分、内包装、外包装等。其中，干燥、粉碎、筛分、内包装工序生产应处于 D 级洁净区；若采用密闭系统进行提取、浓缩生产，其操作环境可在非洁净区，若采用敞口方式生产，其操作环境应当与其制剂配制操作区的洁净度级别相适应。具体工艺流程如图 6-4-1 所示。粉碎、筛分工序参照本书第 8 章固体制剂相关内容。

6.4.1 提取

中药所含化学成分十分复杂，既含有多种有效成分，又含有性质各异的无效成分，有的药材更是含有毒成分。提取药材的有效成分并进一步加以分离、纯化，是得到有效单体的重要研究内容。

常见的提取方法包括水煎煮法、浸渍法、渗滤法、回流法、溶剂提取法、水蒸气蒸馏法和升华法等，其中溶剂提取法是应用最广泛的方法。随着提取、分离技术的不断更新，近年来超临界流体萃取法、膜分离技术、超微粉碎技术、中药絮凝分离技术、超声提取法、旋流提取法、加压逆流提取法、酶法、大孔树脂吸附法、超滤法、分子蒸馏法等高新技术不断应用于中药的提取、分离中，为药材的提取工艺提供了广阔思路。

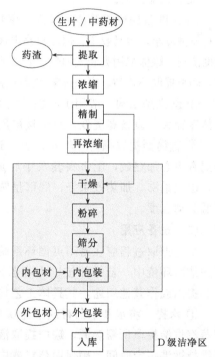

图 6-4-1 中药提取物生产工艺流程框图

常见的提取溶剂可分为三类：水、亲水性有机溶剂、亲脂性有机溶剂。无机盐、糖类、氨基酸、蛋白质、有机酸盐等成分均可用极性较强的水作为提取溶剂，为了增加某些特定成分的提取效果，也常用酸水或碱水提取。常用亲水性有机溶剂包括乙醇、甲醇、丙酮等，其中乙醇最为常用。乙醇提取与水提取相比，溶解出的水溶性杂质较少且乙醇可回收反复使用，提取液不易发霉变质，这些特点使得乙醇成为最常用的有机溶剂。亲脂性有机溶剂为一般所说的与水不能混溶的有机溶剂，如石油醚、氯仿、乙酸乙酯等。这类溶剂对成分的选择性较强，提取成分杂质较少，不易提出亲水性杂质。这类溶剂易挥发，多数有毒，如果药材中含有较多的水分，这类溶剂就很难浸出其有效成分。因此，大量提取中草药原料时，直接应用这类溶剂有一定的局限性。

6.4.1.1 多功能提取罐

多功能提取罐是目前的传统中药提取设备，适用于医药、食品、化工等行业的常压、微压、水煎、温浸、热回流、强制循环渗滤、芳香油提取以及有机溶媒回收等多种工艺操作，具有效率高、操作方便、用途广等优点。多功能提取罐主要用于对中药材以水或有机溶媒为介质在搅拌状态下进行煎煮提取和热回流提取等工艺过程，并且可在提取过程中同时回收挥发油成分。提取罐对大批量药材有效成分的提取效率高，节约能源。

（1）分类及特点

多功能提取罐一般分为蘑菇型提取罐、正锥型提取罐（图6-4-2）、斜锥型提取罐、直筒型提取罐，不同类型的提取罐具有不同的特点。

① 蘑菇型提取罐筒体上大下小，罐体上部具有较大的缓冲空间，不易产生暴沸；下部直径小，传热快，加热时间短。罐体采用夹套加热与底部加热，底部装有加热层、中心加热鼓、中心滤液鼓套，夹套与底部分工加热易于控制蒸汽流量，容易保证药液处于微沸状态，加热效果好，中心加热鼓可随出渣门的开启起到带料的作用，易于出渣。蘑菇型提取罐部件较多，需控制安装程序且维修难度稍大。

图6-4-2 正锥型提取罐

② 正锥型提取罐筒体直径大、密封性好、出渣门小、出料发散度小，容易收集，但出料易出现搭桥现象，需人工辅助出料。罐体采用夹套式加热，底部无热源而形成加热死角，药材提取不均匀，可通过罐体反吹系统改进。

③ 斜锥型结构一般用于容积较大的提取罐。斜锥型提取罐的特点与正锥型提取罐相似，筒体直径大，设备高度低，对于楼层层高有限的场地较为适用。

④ 直筒型提取罐筒体较长，上下通径，夹套一般分上下两部分，可实现单独加热，底部配有中心加热鼓，上下夹套及中心加热鼓均可实现单独加热，易于保证药液处于微沸状态，避免暴沸，加热效果好；底部呈圆柱状，中心加热鼓能够起到带料的作用，易于出渣，降低劳动强度。

（2）设备应用

中药提取过程应在密闭可循环系统内完成，若采用开放式提取，应将设备设施建设于相应的洁净环境中，若罐体按压力容器设计则可进行常压提取、低压提取，无论是水提、醇提、提油或作其他用途，其具体工艺均应根据药物性质来确定。

① 水提：将水和中药材或中药饮片按照一定的工艺比例投入提取罐内，通过罐体夹层充蒸汽供给提取所需热源，罐内提取液沸腾后减少供给热源，保持提取液微沸即可，根据工艺维持微沸一定时间，确保中药材或中药饮片的有效成分充分溶解到水中。

② 醇提：将药物与一定浓度的乙醇按照一定的工艺比例投入提取罐内，关闭罐盖、阀门，使系统处于密闭状态，向罐体夹层通蒸汽供给热源，罐内达到工艺温度后减少蒸汽供给量，维持工艺温度一定时间，待中药材或中药饮片中的有效成分充分溶解到乙醇中即可。提取过程中的气态乙醇经冷凝器冷凝成液态乙醇回流储存，待提纯后再利用。为提高提取效率，可通过液体泵进行强制循环，将提取液从罐底部吸出，经由管路罐体上部进口泵回至罐内。

③ 提油：将含有挥发油的药物与水按照一定的工艺比例加入到提取罐内，向罐体夹层通蒸汽供给热源，达到挥发油挥发温度后，调整蒸汽的进量，维持罐内工艺温度一定时间，挥发后的挥发油可通过冷却系统进行冷却，冷却的液体通过油水分离器进行油水分离，即可

获得药物挥发油。

6.4.1.2 提取液储罐/移动储罐

储罐主要用于中药提取液混合、暂存、储存或快速转移,也适用于化工、食品、保健品、染料等其他行业的料液的暂存和储存。罐体常配置液位计、呼吸器、灯视镜、万向清洗球、手孔或人孔、温度计等设施以便观察、清洁,罐体和封头常设有夹套、保温层或机械式搅拌机、磁力搅拌机,以便在存储过程中使料液维持一定的状态。储罐结构简洁、操作方便,能够满足中药提取车间料液存储、转运等多种要求。

6.4.2 浓缩

浓缩指使溶剂蒸发而提高溶液的浓度,泛指使用一定方法减少物料中不需要的部分,从而使需要部分的相对含量增加,其广泛应用于化学、食品、制药等行业中。浓缩可分为平衡浓缩和非平衡浓缩。

平衡浓缩是利用两相在分配上的某种差异而使溶质和溶剂分离的方法。蒸发浓缩和冷冻浓缩属于这种方法,其中,蒸发浓缩利用溶剂和溶质挥发度的差异,获得一个有利的气液平衡条件,达到分离的目的。冷冻浓缩利用稀溶液与固态冰在凝固点下的平衡关系,即利用有利的液固平衡条件。蒸发浓缩和冷冻浓缩,两相都是直接接触的,故称为平衡浓缩。

非平衡浓缩是利用半透膜来分离溶质与溶剂的过程,两相被膜隔开,分离不是靠两相的直接接触,故称为非平衡浓缩。利用半透膜不但可以分离溶质和溶剂,还可以分离各种不同大小的溶质,膜浓缩过程是通过压力差或电位差来完成的。

常用浓缩法包括沉淀法、吸附法、超过滤法、透析法、减压蒸馏法、冷冻干燥法。

6.4.2.1 单效浓缩器

单效浓缩器(图 6-4-3)由加热器、蒸发器、分离器、加液器、气液分离器、冷凝器、

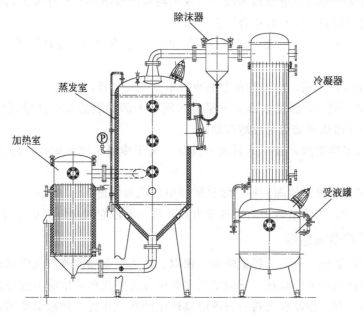

图 6-4-3 单效浓缩器

循环管等部件组成，一般用于物料的前期浓缩。加热室内部为列管式换热，壳程接入蒸汽，对列管内部的物料进行加热蒸发，其浓缩面积大、蒸发量大、物料的处理量大，但是浓缩黏稠物料的时候，黏稠物料会粘在列管的内表面而影响物料浓缩，故不适合使用黏稠物料。单效浓缩器适用于制药、食品、化工、轻工等行业的液体物料的蒸发浓缩，具有浓缩时间短、蒸发速度快的特点。

(1) 设备原理

蒸汽（锅炉蒸汽）进入一效加热室将料液加热，同时在真空的作用下，料液从喷管被切向吸入蒸发室，物料在单效浓缩器中失去加热源，一部分物料在惯性和重力的作用下螺旋下降，同时另一部分水分在真空作用下蒸发，进入气液分离器，螺旋下降的料液从蒸发室底部的弯道回到加热室，再次受热又喷入蒸发室形成循环，蒸发室蒸发出来的蒸汽进入冷凝器，被循环冷却水冷凝，流入受水器经排水泵排出。往复多次，料液中的水分不断被蒸发掉，直到浓缩至所需的浓度。

(2) 操作规程

① 开启真空系统，将浓缩器设备内空气抽出。

② 开启进料阀进料，通过视镜观察液位高度，待满足工艺需求时停止加料。

③ 开启进蒸汽阀门，蒸汽通入加热室中，同时开启加热室内冷凝水排放阀，排净冷凝水后关闭阀门，通过疏水阀排出生产中产生的冷凝水。

④ 开启冷凝器冷却阀门，向冷凝器中通入冷却水。

⑤ 监控受水器中液位高度并及时排放，可将溶剂通过重力或输送泵输送至排污口或储罐。

⑥ 浓缩过程中监控单效浓缩器的真空压力表及温度计读数，当单效浓缩器内真空压力表读数过低或温度过低时，应加大蒸汽进口阀门的开度，增加蒸汽的进入量；当真空压力表读数过高或温度过高时，应减小蒸汽进口阀门的开度，减少蒸汽的进入量。

⑦ 浓缩过程中观察单效浓缩器中的液位高度，当单效浓缩器中的液位高度达到预定值时，开启蒸发室取样阀取少量物料测试。如取出物料的各项参数不符合工艺要求，则继续浓缩，直至取样的物料的各项参数符合工艺要求。

⑧ 当浓缩的物料的各项参数符合工艺要求时，应关闭进蒸汽阀门，停止向加热室中输送蒸汽。

⑨ 开启冷凝水排放阀，将加热室中的冷凝水及不凝气排出系统。

⑩ 关闭真空系统，开启受水器上下层通水阀将上部的废溶媒全部排至受水器底部，将废溶媒通过重力或输送泵输送至废溶媒储罐。

⑪ 开启受水器排空阀，破坏掉系统的真空，关闭冷凝水进出阀门，停止向冷凝器中输送冷却水。

⑫ 开启气液分离器排放阀，将气液分离器中的积水排出。

⑬ 开启出料阀，将浓缩器中的物料排出，并输送至浓缩液储罐完成浓缩过程。

6.4.2.2 多效浓缩器

中药提取车间蒸汽、冷却水耗量较大，提取、浓缩设备均需蒸汽供应热量和冷却水进行冷凝，考虑经济效益和节能降耗，车间常用多效浓缩器替代单效浓缩器进行提取液的初步浓缩。多效浓缩器主要工作原理为将一效浓缩器产生的蒸汽作为二效浓缩器的热源供给，将二效浓缩器中的料液作为一效浓缩器的冷却介质，依次类推，减小蒸汽、冷却水的消耗量。

6.4.3 精制

中药提取液中含有很多不需要的成分,需要通过精制来除去部分杂质,再进行后续纯化工序,常用的精制方法有水提醇沉法、醇提水沉法、盐析法。

水提醇沉法是利用有效成分能溶于乙醇而杂质不溶于乙醇的特性,在加入乙醇后,有效成分转溶于乙醇中而杂质则被沉淀出来。醇沉的目的是除去杂质保留药物有效成分,醇沉单元操作工艺及其设备的适用性将密切关系着中药产品的安全性、稳定性和有效性,与产品的剂型和质量是不可分割的有机整体。

醇提水沉法是利用组分中杂质(即不需要的成分)在不同乙醇浓度下(若为水则可理解为乙醇浓度为0%)的溶解度不同而沉降,以达到去除杂质的目的,加水的量应根据需要的组分及杂质的性质决定。

盐析法指在药物溶液中加入大量的无机盐,使某些高分子物质的溶解度降低而以沉淀析出,从而与其他成分分离的方法。盐析法主要用于蛋白质的分离纯化,常作盐析的无机盐有硫酸钠、硫酸镁、硫酸铵等。

随着科学技术的不断发展,膜分离法、超速离心法、澄清剂吸附法、大孔吸附树脂法等方法不断应用于精制工艺。实际生产中需根据药物的化学性质及所制备的剂型的要求,比较、选择不同的精制方法,同时可考虑采用两种或两种以上精制工艺技术。

6.4.3.1 精制罐(水/醇沉罐)

精制罐(图6-4-4)主要用于中药水煎液经浓缩后的溶液进行乙醇沉淀的操作,也可用于中药醇提后浓缩液进行水沉淀的操作,也适用于其他制药、化工、食品、保健品、染料等行业悬浮液的冷冻或常温沉淀、固液相分离的工艺操作。

图6-4-4 精制罐

精制罐属沉降式固液相分离设备,以水提醇沉为例加以介绍。

中药提取浓缩液为去除非醇溶性的淀粉、蛋白质等,采用加入酒精配成一定醇度的液体,然后常温或低温冷冻沉降进行固液分离以提高中药提取液的纯度及澄明度,从而提高产品质量。浓缩液和酒精按工艺要求,投入各自的配比量并开启冷冻盐水或冷却水,搅拌混合均匀,达到料液所需的温度后停止搅拌,继续在夹套内通入冷冻盐水或冷却水,保证所需的液温。待沉淀完成后开启上清液出料阀,用自吸泵将上清液抽出,因内装浮球式出液器,随上清液液面逐渐下降,浮球也随液面下降,待上清液抽完,因浊液密度远大于上清液,浮球浮在沉淀物表面不再下降,出液器自动停止出液。此时可打开出渣口,将沉淀物排出。根据物料不同沉淀物质不一样,可先打开底部阀门将稀料放出。

某些沉淀物(如淀粉类)可能会结块,造成出渣不畅,可向沉淀物通入加热蒸汽使其软化,即可将渣排出。待沉淀物放净用水将罐内壁清洗干净,关闭阀门。如果一次处理药液量较多,一台醇沉罐的容量不足以完成相应的工作,那么可以配备一台或多台静置罐。在醇沉罐中将酒精和浓缩药液按工艺搅拌后,由自吸泵吸入静置罐。静置罐中同样具有夹套和浮球式出液器,可对混合液进行冷却沉淀和出液。利用一台搅拌罐配置多台静置罐,此工艺操作既节省能源又减少投资,因醇沉工艺的操作搅拌时间短、静置时间长,搅拌器大部分时间是闲置的。

6.4.3.2 大孔树脂柱

大孔树脂柱可用于高等院校、科研机构、制药车间、医院等作为新产品开发、新工艺技术参数的确定、中间试验、药物纯化精制之用。大孔树脂吸附分离技术是采用特定的吸附剂,从中药浓缩液中选择地吸附其中的有效部分,去除无效成分的一种分离纯化新工艺,可以解决中药生产所面临的剂量大、产品吸潮和重金属残留等实际问题。经大孔树脂吸附分离技术处理后所得的精制物,有效成分高度富集、杂质少。

6.4.4 再浓缩

单效、多效浓缩常用于提取液的初步浓缩,由于设备功能所限,基本不能将提取液浓缩至工艺要求浓度,故应进行再浓缩,常用球形浓缩器、刮板浓缩器进一步将提取液浓缩至工艺浓度,便于后续收膏、干燥操作。

6.4.4.1 球形浓缩器

球形浓缩器(图6-4-5)主要由球形浓缩罐、气液分离器、列管冷凝器、盘管冷却器、集液器及连接管件等组成,可用于制药、食品、化工等行业对料液的浓缩、收膏、蒸馏及有机溶媒的回收工艺。球形浓缩器常采用真空浓缩,故浓缩时间短,且不易破坏热敏性物料的有效成分,可作为回收乙醇和简单的回流提取之用。

球形浓缩器的工作流程为蒸汽进入球形浓缩罐夹套,将料液加热至沸腾,真空作用下物料进入气液分离器进行气液分离,夹带料液由下部管路流回浓缩罐,蒸汽经冷凝器、冷却器冷却成液体进入集液器排出,浓缩罐中料液浓度不断提高。

6.4.4.2 刮板浓缩器

刮板浓缩器(图6-4-6)主要由带搅拌装

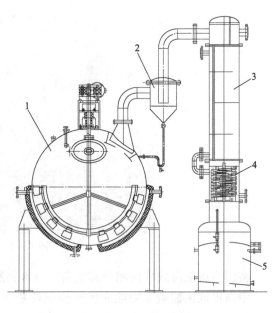

图6-4-5 球形浓缩器
1—球形浓缩罐;2—气液分离器;3—列管冷凝器;
4—盘管冷却器;5—集液器

置的浓缩罐、气液分离器、冷凝器、盘管冷却器、受液器五部分组成,主要适用于制药、食品、化工等行业的料液的浓缩,可用于中药提取液浓缩制备大比重浸膏,根据工艺要求可实现常压、真空、加压浓缩。

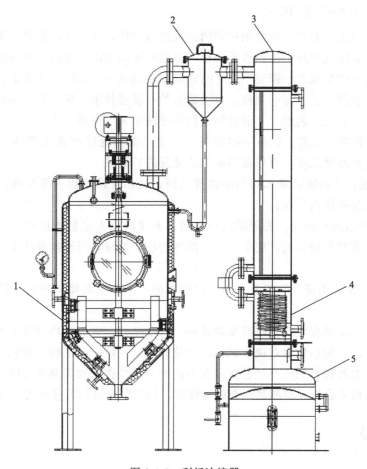

图 6-4-6　刮板浓缩器

1—刮板浓缩罐;2—气液分离器;3—冷凝器;4—盘管冷却器;5—受液器

(1) 设备原理

蒸汽进入浓缩罐夹套,在真空作用下将罐内料液加热至沸腾,蒸汽与部分料液通过连接管进入气液分离器,部分液体从下部弯管回流至浓缩罐,再次受热蒸发进入气液分离器。从气液分离器分离出的蒸汽进入冷凝器、冷却器变为液体流入受液器,受液器中液体经管路排出或经输送泵输送至储罐收集。如此往复多次,料液中液体不断蒸发,浓度不断提高,直到浓缩至工艺浓度,由浓缩罐底部出液(膏)口出液(膏)。

(2) 设备特点

① 采用刮壁式旋转刮板,保证物料不会长时间黏附在传热面上,使设备保持较高的传热系数与蒸发效率。

② 旋转刮板使浓缩罐内物料不停搅拌翻动,物料受热均匀,避免了物料局部长时间受热而焦糊、炭化,确保了药品质量。

③ 刮板式真空浓缩罐有较大的蒸发分离空间,减少了气液夹带现象,成品收率高,且在

低温下完成蒸发全过程，浸膏的色泽好、质量好。

④ 出料时旋转刮板能起到清理附着在罐壁上浸膏的作用，降低了产品损失，保证了出膏率。

6.4.4.3 在线清洁（CIP）

中药提取、浓缩、收膏工序宜采用密闭系统进行操作，以防止污染和交叉污染，因此生产结束后的清洁是保证产品质量的重要操作，尤其在更换批次、更换品种等情况下。由于中药提取、浓缩设备体积庞大、挪动不便，故常采取在线清洁（CIP）技术进行清洁。CIP是包括设备清洁、管路清洁、清洁规程、自控装置的一整套技术系统，在不拆卸、不挪动设备及管路的情况下，利用工艺用水、清洁剂的循环冲洗除去污染物。

CIP程序因物料、工艺、设备不同而各异，常见清洁程序包括直排冲洗、碱液（清洁剂）清洗、工艺水冲洗三步，可依据实际清洁情况进行增减。

① 直排冲洗：开启罐体进水阀与罐体排水阀，进水管路连接喷淋系统，通过喷淋球对罐体内壁进行冲洗并排出污水。

② 碱液（清洁剂）清洗：关闭罐体排水阀，向罐内加入定量清洗水，然后由投料口加入定量氢氧化钠或其他清洁剂，配制成一定浓度的清洁溶液，浸泡搅拌规定时间后经管路排尽溶液。

③ 工艺水冲洗：用符合生产要求的一定体积的工艺用水对罐体进行直排冲洗，最后打开罐盖晾干。

设备、管路的清洁程序应依据残留物性质、设备结构、表面材质和清洁方法建立，对于确定的设备和产品，清洁效果取决于编制的清洁程序。生产中清洁程序要经过清洁验证即针对清洁程序的有效性进行的证明过程，应在清洁的最后操作步骤用淋洗取样法取样，对样品进行杂质和pH相关分析，检测其是否符合要求，用以判定清洁程序的可行性。

6.4.5 干燥

干燥方法种类较多，不同干燥技术应用范围各异。常见干燥设备有热风干燥箱、真空干燥机、喷雾干燥机、带式干燥机、冷冻干燥机。

6.4.5.1 喷雾干燥

喷雾干燥是利用雾化装置将料液雾化为细小雾滴，并与干燥介质（热空气）以并流、逆流、混合流的方式进行换热，使物料中的湿分迅速汽化被干燥介质带走，从而获得干燥物的技术。

(1) 干燥特点

① 干燥速度快。料液经雾化装置雾化后，比表面积增加，通过与流动的干燥介质（热空气）完成换热，绝大部分液体可迅速除去，迅速完成干燥。

② 适合热敏性物料。热风进入干燥室迅速与喷雾液滴接触，致使干燥室内温度较低，物料受热程度较低，适于热敏性物料的干燥。

③ 使用范围广。根据工艺要求，可进行料液干燥或进行造粒，由于干燥过程几乎瞬间完成，颗粒基本上保持液滴的近似球状，具有较好的流动性。

(2) 喷雾干燥机

喷雾干燥机（图6-4-7）主要由雾化器、过滤器、加热器、干燥室、分离系统、风机等组成。空气经过滤器、加热器过滤加热后，通过干燥室顶部的热风分配器后呈螺旋状均匀地进入干燥室，同时输送料液至干燥室顶部的离心雾化器，料液被雾化为极小的雾状液滴，增大了料液和热空气接触的比表面积，热风与雾滴并流螺旋向下运动，运动形式比较复杂，既有旋转运动，又有错流和并流运动的组合。料液中的水分迅速蒸发，其在极短的时间内被干燥为颗粒制品，干燥后的料液经旋风分离器分离收集，热空气随管路排出。

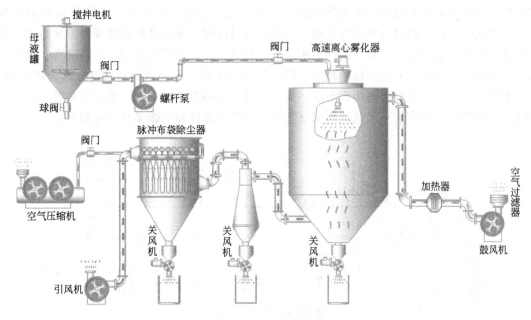

图 6-4-7　喷雾干燥机

(3) 粘壁现象

喷雾干燥过程中，部分物料堆积粘于干燥塔内壁表面的现象称为粘壁。物料长时间附着在塔内壁上，对于热敏性物料有发生变质的风险，并且容易引起产品收率降低、堵塞干燥塔、不易清洁等问题。粘壁严重时需暂停设备，清除粘壁物料后恢复生产，迫使生产时间延长、效率下降。喷雾干燥粘壁分为半湿物料粘壁、低熔点物料热熔性粘壁、干粉表面粘壁。

① 半湿物料粘壁：较为常见，其产生原因较为复杂，直观因素为雾化的料液在未达到表面干燥之前就与塔壁接触而粘在内壁上，容易引起物料结块，且结块物料表面烧焦内部却含湿量超标。粘壁的常见位置为雾化器喷出雾滴的运动轨迹平面，主要与干燥塔结构、雾化器结构以及热风在塔内的运动状态有关，可通过降低进料速度、提升雾化效果、增加干燥塔内径、升高干燥温度等方法解决。

② 低熔点物料热熔性粘壁：主要是由于干燥物料的熔点或软化点低于干燥温度，干燥过程中物料熔融发黏黏附于内壁上。通过控制进风温度、干燥塔夹套冷却的方式限制塔内最高温度分布区，可减少粘壁现象的发生；或添加糊精、淀粉等辅料使物料在干燥温度下无软化现象，从而解决粘壁问题。

③ 干粉表面粘壁：属于喷雾干燥过程中的正常现象，喷雾干粉粒径细小、比表面积大且在干燥塔的有限空间内运动，时常会有干粉碰到器壁而黏附其上。干粉黏附程度与物料粒径、干燥塔形状、塔内壁粗糙程度、空气流速、静电力等因素有关，可通过提高塔内壁的光洁度、使用压缩空气吹扫、添加流动性好的辅料、增加振击装置振落干粉等方法改善。

喷雾干燥生产过程可能以一种粘壁类型为主，也可能是几种类型的粘壁混合发生，实际生产时应根据粘壁情况观察现象、具体分析，从而针对性地解决粘壁问题。

6.4.5.2 干燥设备

(1) 带式干燥机

带式干燥机（图6-4-8）主要由真空系统、加热系统、冷却系统、布料系统、出料系统、CIP系统及控制系统等构成，采用低温真空干燥。履带在从一端向另一端缓慢运行的过程中，摇摆式布料器将物料均匀涂覆在履带表面，通过履带下面的加热板传导热量从而对平铺在履带上的物料进行加热。真空条件下水的沸点较低，含固黏稠液状物料沸腾发泡，物料中的水分快速蒸发抽离，形成干燥的料饼。料饼经冷却区冷却后经由出料系统连续粉碎出料。带式干燥机由多个独立的干燥单元组成，每个干燥单元的温度可单独调节，根据各物料的干燥特点，加热系统分成若干区域从而保证干燥工作的可靠性和干燥条件的可控性。

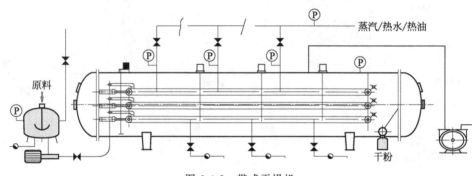

图6-4-8 带式干燥机

(2) 真空干燥机

真空干燥机是一种低温干燥设备，主要由真空泵、加热装置、干燥箱体、控制系统等构成。真空干燥机广泛应用于化工、制药、农业、食品等研究应用领域，常用于药材、化工原料、食材的脱水干燥以及各类设备部件的灭菌，特别适用于不耐热、易氧化、易分解等物质的干燥处理，还可以在干燥过程中充入惰性气体对成分复杂、不稳定的物质进行干燥处理。

① 设备原理。物料干燥过程中，水分汽化分为蒸发和沸腾两种方式。水分在沸腾时的汽化速度比在蒸发时的汽化速度大，水分蒸发变成蒸汽可以在任何温度下进行，而水分沸腾变成蒸汽只能在特定温度下进行，但是当降低压力的时候，水的沸点也降低。真空干燥机则利用这个原理，以外加蒸汽作为热源供给水分热量，在真空系统的作用下水分迅速达到沸腾状态，使水分的蒸发和沸腾同时进行，加快汽化速度。同时，真空系统又快速抽出汽化的蒸汽，并在物料周围形成负压状态，物料的内外层之间及表面与周围介质之间形成较大的湿度梯度，加快了汽化速度，从而达到快速干燥的目的。

② 设备特点

a. 真空干燥过程中氧含量低，能防止被干燥物料氧化变质，可干燥易燃易爆的危险品。真空干燥机可在低温下使物料中的水分汽化，易于干燥热敏性物料；能回收被干燥物料中的贵重和有用的成分。

b. 真空干燥机容易实现产品多样化，可以通过控制真空度使产品发泡，生产出脆化产品、速溶产品等。

c. 真空干燥机可消除常压干燥情况下容易产生的产品表面硬化现象。常压热风干燥由于受热汽化的水蒸气通过物体边界层向空气中扩散，被干燥物表面就会出现局部干裂现象，影响产品成型质量。真空干燥物料内部和表面之间压差较大，在压力梯度的作用下，水分会快速移向表面，避免表面硬化的发生。

6.4.5.3 干燥设备的比较

干燥设备多种多样，实际生产应根据物料特性、工艺要求进行设备类型、型号的选择。几种常见干燥设备的对比见表 6-4-1。

表 6-4-1 几种常见干燥设备的对比

对比项 \ 设备	带式干燥机	冷冻干燥机	喷雾干燥机	真空干燥机	热风干燥箱
连续生产	可连续生产	不可连续生产	可连续生产	不可连续生产	不可连续生产
物料损失	极少	极少	气流带走干粉、粘壁	溢料、托盘粘料	托盘粘料
能耗损失	低	高	高	中	中
干燥温度	40～130℃	−60～−40℃	150～180℃	40～150℃	90～150℃
干燥时间	45～90min 后连续出料	25～35h	瞬间连续出料	12～24h	12～48h
产品溶解性	非常好	非常好	较好	一般	一般
产品形状	多孔颗粒、多孔粉末	多孔粉末、多孔粉饼	粉状、颗粒	块状	块状
热敏性物料	比较适合	非常适合	比较适合	比较适合	不适合
初期投资成本	中	高	低	低	低
运转成本	低	高	高	中	低

6.4.6 生产监控点

中药提取物的生产过程应严格监控工艺参数与中间产品属性，以生产出符合质量标准的产品。中药提取物生产工序的主要监控点见表 6-4-2。

表 6-4-2 中药提取物生产工序的主要监控点

工序	主要设备	监控点	监控内容
提取	正锥型提取罐	药液	数量、性状
		工艺	溶剂浓度、溶剂加入量、提取温度、提取时间、提取次数
浓缩	单效浓缩器 刮板浓缩器 球形浓缩器	药液/浸膏	浓度、数量、性状
		工艺	浓缩温度、浓缩时间、真空度、蒸汽压力、进料速度
精制/醇(水)沉	精制/醇(水)沉罐	药液	浓度、性状
		工艺	水/醇用量、时间、温度
干燥	喷雾干燥机 真空干燥机 带式干燥机	药粉	含水量、性状
		工艺	真空度、温度、压力、进料速度

6.5 车间设计要点

制药车间设计除应当满足药品生产需求、工艺规程外，更应遵守《药品生产质量管理规范》《医药工业洁净厂房设计标准》《建筑设计防火规范》等厂房车间相关规范。

6.5.1 整体布局

中药制剂生产主要包括前处理、提取、制剂等工艺过程。前处理、提取车间的部分工序会产生粉尘、蒸汽，影响周围环境，总图设计时应尽可能将其布置于制剂车间下风口，且将前处理车间的出料通道靠近提取车间的原料进口、提取车间的提取液或浸膏出口靠近制剂车间。前处理、提取车间的生产特点决定了会有大量原药材、净药材、生片等物料运进，又有大量的药渣运出，故应将其尽量靠近厂区物流出入口，最好设置专门的药渣运送通道，避免污染其他物料。

中药制剂车间建造于同一厂房的情况下，常设计为自上而下的垂直流，顶层建造前处理车间与提取设备投料口，底层设计为提取车间的出液、收膏、排渣口，后续制剂车间可与收膏操作间设置于同层，利用重力运输物料。垂直流能够隔断投料操作与提取浓缩工序，可有效控制粉尘污染；能够隔断出渣操作与提取浓缩工序，避免出渣时大量湿气对提取浓缩的影响；能够充分利用建筑空间、压缩车间占地面积。若车间无法建造为垂直流而设计成水平流，则应安装提升机、输送泵等装置，以完成生产过程。

6.5.2 安全防爆

中药提取车间常常涉及醇提、醇沉、醇洗脱、醇回收等操作，车间设计时应考虑安全防爆因素，依据相关规范，醇类提取生产类别为甲类。当提取生产区域面积小于厂房面积的5%时，厂房生产类别可按丙类认定，局部甲类区域应靠外墙布置并采用特制的外开式门窗，解决泄压面积问题。当提取生产区域面积大于厂房面积的5%时，厂房生产类别可按甲类认定，应考虑建筑物间距，甲类区域要设单独的防火分区，厂房中其他丙类区域按甲类规范设计。

基于防爆因素考虑，提取车间不宜设计过宽，需要采取防爆措施的设备应尽量靠外墙布置于同一区域内，且宜避开厂房的梁、柱等主要承重结构，车间内电器设备应为防爆型（如防爆开关、防爆电机、防爆灯具等），并设置防爆墙、防爆门斗和防爆缓冲系统。生产场所要严禁明火且控制易燃易爆物料的总量，仅存放使用量，还需避免摩擦与撞击，生产过程中应及时运走提取剩余药渣，易燃液体不宜直接排入下水管道且应设置液封地漏。

防爆生产区可考虑设计检测与联锁系统，于车间最易发生泄漏区域安装易燃易爆气体浓度传感器，当生产中危险气体浓度超出警戒线时，输送信号联锁启动通风系统中备用排风装置，增大排风量，迅速降低生产区域危险气体浓度，同时应考虑发生火灾时，系统能够自动联锁关闭运行中的通风系统，阻止火势扩散，其联锁关系必须准确无误，否则将适得其反。车间防爆设计内容繁多、情况各异、要求较高，应根据不同车间全面考虑、认真对待，需从设计、管理、执行、检查等方面消除安全隐患，做到万无一失。

6.5.3 设备布置

车间所用设备的生产能力要与生产批量相适应，避免各工序设备运转超出负荷或长时间闲置，设备的额定生产能力应比工艺规程预定生产批量高20%～50%。生产设备要易于清洗、消毒、灭菌，便于操作、维修、保养，并且有适合生产工序的功能（如密封、数据监控、CIP 等），从而降低药品生产过程中污染、交叉污染以及混淆、差错等发生的风险。设备材质应符合生产要求，与药物直接接触的设备应无毒、耐腐蚀、不与物料发生反应、不释放微粒或吸附物料，且尽可能采用表面光滑部件，不残留污染物。

车间设备布局应尽可能与工艺路线顺序一致，上下左右衔接连续，能够保证生产工艺顺利实施。大量投料以及包装设备应靠近物流通道，设备间物料管路及物料转运路线应尽可能缩短且不易往返运输，从而避免产生污染、交叉污染的风险。设备布置应考虑安装、检修、拆卸等内容，要有足够的操作空间，且相同、相似设备可考虑集中布置，利于操作、便于管理，更方便管路布置。设备选型、布置应符合标准化、通用化、系统化和机电一体化的要求，尽可能实现生产过程的连续密闭、自动检测，这是全面实施 GMP 的保证。

6.5.4　工艺管道

中药提取车间设备间物料运输以及所需工艺介质较多，故工艺管道复杂，主要包括能够承载蒸汽、冷却水、空气等工艺介质的介质管道，以及设备间输送物料的物料管道。管道设计应确保洁净环境系统的工艺管道尽可能敷设于技术夹层、技术夹道中，洁净室中管道尽量垂直安装，避免水平安装，需拆洗的管道应明敷；一般生产区的管道设计既要做到有效合并，又要能够单独清洁与运输；既要满足工艺流程，又要尽量缩短路线；既要整齐美观，又要满足需求。

思考题

1. 物料进入洁净区前应该经过怎样的处理流程？
2. 对洁净区消毒的方法有哪些？
3. 什么是压力容器？使用压力容器有哪些注意事项？
4. 什么是工艺参数？什么是质量属性？
5. 简述批号、批生产记录、批生产指令单、批包装指令单的含义。

第7章 化学非无菌原料药生产线

7.1 化学合成原料药

7.1.1 概念

化学合成原料药是指工业生产中各反应原料在一定的条件下，经过一定的反应过程，生成具有一定活性的产品，再经过结晶、过滤、干燥等工序使其达到一定标准的原料药。此类原料药可用于生产各类制剂，但一般情况无法直接服用。

7.1.2 乙酰水杨酸的合成工艺

7.1.2.1 乙酰水杨酸的物化性质

乙酰水杨酸的化学结构式见图 7-1-1。

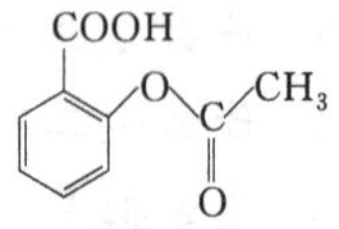

乙酰水杨酸的化学名为 2-(乙酰氧基)苯甲酸，又称乙酰水杨酸。分子式为 $C_9H_8O_4$，分子量为 180.16。

白色针状或片状结晶，无臭或微带醋酸臭，味微酸，遇湿气缓慢分解。熔点为 135～140℃。易溶于乙醇，可溶于三氯甲烷、乙醚，微溶于水，水溶液呈酸性。

图 7-1-1 乙酰水杨酸的化学结构式

早在 18 世纪人们就从柳树皮中提取出具有止痛、退热、抗炎的一种化学物质——水杨酸。但是由于水杨酸严重刺激口腔、食道和胃壁黏膜从而限制了其应用。为了克服这一缺点，人们在水杨酸分子中引入了乙酰基，即制备了乙酰水杨酸，又名阿司匹林（Aspirin）。

乙酰水杨酸是一类解热镇痛药，用于治疗头疼、牙痛、肌肉痛、神经疼、关节疼等慢性钝痛及伤风、感冒、发烧等疾病，对风湿热及活动型风湿性关节炎等疗效显著。

7.1.2.2 乙酰水杨酸合成概述

(1) 合成方法

乙酰水杨酸是以水杨酸为原料，在硫酸催化下，用醋酐乙酰化制得的。反应方程式见图 7-1-2。

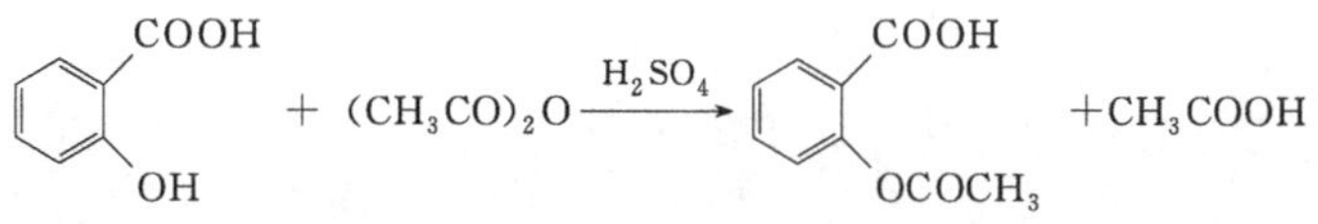

$$\underset{\text{OH}}{\underset{|}{\text{COOH}}}\!\!\bigcirc + (CH_3CO)_2O \xrightarrow{H_2SO_4} \underset{\text{OCOCH}_3}{\underset{|}{\text{COOH}}}\!\!\bigcirc + CH_3COOH$$

图 7-1-2　制备乙酰水杨酸的反应方程式

合成流程框图见图 7-1-3。

(2) 操作步骤

由反应釜进料口投入水杨酸，由反应釜进料管投入醋酐。开启搅拌，向反应釜夹套内通入低压饱和水蒸气，待反应釜温度升到 80℃后，加入浓硫酸，进行酰化反应。

反应结束后，打开出料口，物料经输送泵进入袋式过滤器，将未反应的水杨酸过滤回收。液体经袋式过滤器进入析晶釜。在搅拌条件下，向析晶釜夹套中通入冷冻盐水进行结晶。结晶产物送至离心机进行过滤洗涤。母液通过管道送至母液缓冲罐，经输送泵送去回收釜进行产物回收。

向溶解釜中加入适量乙醇，滤饼通过进料口投入溶解釜中。搅拌条件下，加入活性炭进行脱色。脱色后，将产物经输送泵用管道运输至袋式过滤器，将活性炭等固体物质滤出。滤液进入重结晶釜进行重结晶。

向重结晶釜夹套中通入冷冻盐水，在搅拌条件下进行重结晶。产物通过离心机离心洗涤，得到的滤饼送去干燥。干燥后的产品运送至粉碎筛分间进行粉碎、筛分。得到的产品运送至总混间，在混合机上进行总混。

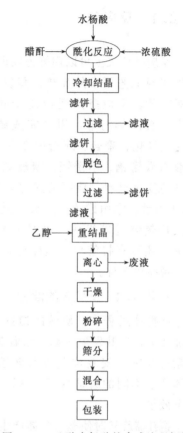

图 7-1-3　乙酰水杨酸的合成流程框图

总混后的产品送内包间，经过称量、内包后，转移至外包间进行外包。包装好的产品运送至车间指定位置。

(3) 注意事项

① 水杨酸和醋酐在反应釜中进行酯化反应，应严格控制反应温度和反应时间，避免副反应的发生。

② 乙酰水杨酸脱色和结晶时，选择乙醇水溶液对乙酰水杨酸进行提纯操作。由于乙酰水杨酸在温度较高时，容易发生水解反应而变质成为水杨酸，故脱色时的温度不宜过高，时间不宜过长。

③ 副产物冰醋酸和结晶母液系酸性液体，对皮肤和眼睛具有刺激性和腐蚀性，应注意检查输送管道和盛装容器的密封性，避免与皮肤直接接触，如不慎沾上时，应及时用大量清水冲洗。

④ 醋酐具有催泪性和腐蚀性，应注意检查输送管道和盛装容器的密封性，避免与皮肤直接接触，如不慎沾上时，应及时用大量清水冲洗。

7.2 设备介绍

7.2.1 反应釜

反应釜广义上可以理解为物理或化学反应的容器，通过对容器的结构设计与参数配置，可以实现工艺要求的加热、蒸发、冷却及混合等功能。反应釜广泛应用于化工、染料、制药、食品等行业，用来完成硫化、硝化、氢化、烃化、聚合、缩合等工艺过程，材质一般有碳锰钢、不锈钢、搪玻璃、锆等材料及其他复合材料。典型的搅拌式反应釜如图7-2-1所示。它由罐体、封头、搅拌器、减速机及传热装置等组成。根据工艺上的要求，封头上还设有接管口、温度计口、人孔、手孔、视镜等部件。

7.2.1.1 反应釜的混合

在搅拌过程中，旋转的搅拌桨叶对液体施加压力，使其发生运动，随着桨叶的形状、叶轮的尺寸、安装位置以及转速等的不同，液体产生不同的运动情况，从而达到不同的混合效果。

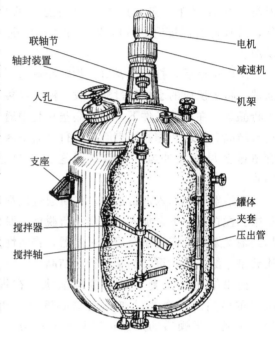

图 7-2-1 搅拌式反应釜

搅拌器旋转时使釜内液体产生一定途径的循环流动，称为总体流动。在总体流动过程中，混合液中的一种液体被分散成一定尺寸的液团，并被带到釜内的各处，在设备中均匀分布。但是，单靠总体流动不足以将液团破碎到很小的程度，尺寸很小的液团是由总流中的湍动造成的（并非搅拌器直接打击的结果）。总流中高速旋转的旋涡与液体微团之间产生很大的相对运动和剪切力，使微团破碎得更加细小。总流中湍动程度越高，则漩涡的尺寸越小、强度越高、数量越多，破碎作用越大，能达到更小尺寸上的均匀混合。单靠机械搅拌不可能达到分子尺度上的均匀，只能使所需时间大大缩短。要想让设备中的微团完全消失，还要依靠分子扩散。

对于不互溶液体，分散相的液滴在运动过程中不断地碰撞，从而使部分液滴聚并成较大的液滴，大液滴被带至高剪切区（桨叶附近）重新破碎。这样在搅拌釜内同时发生着液滴的破碎与聚并，使釜内液滴形成大小不等的某种分布。如果在混合液中加入少量保护胶或表面活性剂，使液滴在碰撞时难以聚并，则经一定时间搅拌后，液滴尺寸将趋于一致。

提高混合效果的措施有消除打旋现象、加设导流筒等。

(1) 消除打旋现象

搅拌叶轮出口的液体因具有切向分速度而做圆周运动，严重时能使全部液体随搅拌轴旋转。此时液体在离心力的作用下涌向釜壁，使周边部分的液面沿壁上升，而中心部分的液面下降，形成一个大旋涡，如图 7-2-2 所示。叶轮的旋转梯度越大，液面下凹的深度也越大，这种现象称为打旋。打旋时各层液体之间无速度梯度，不能提供分散所需要的剪切力，几乎没有轴向混合作用。当液面凹度达到一定深度后，桨叶的中心部分将暴露于空气中，将空气吸入，从而降低了被搅拌物料的表观密度，使施于物料的搅拌功率急剧减小，从而降低了混合效果。此外，由于打旋而造成的功率波动，会引起异常的作用力，加剧搅拌器的振动，甚至使其无法继续操作。

消除打旋现象的措施有两种：

① 加设挡板。沿釜的内壁面垂直安装条形钢板（图 7-2-3），可以有效地阻止釜内圆周运动，自由表面的下凹现象基本消失，搅拌功率可成倍增加。当挡板数 n 与挡板宽 W 的乘积除以釜内径 D 约等于 0.4 时（即大致为 4 块宽度为 $0.1D$ 的挡板），可获得很好的挡板效果，称为全挡板条件，此时即使再增加附件，搅拌器的功率也不再增大了。

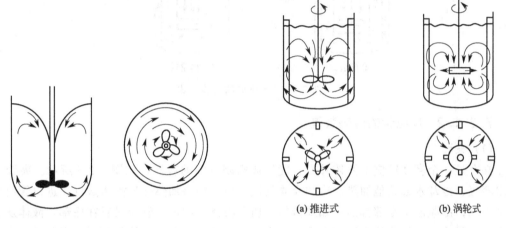

图 7-2-2 "打旋"现象　　　　　图 7-2-3 装有挡板的流动情况

② 偏心安装。将搅拌器偏心或偏心且倾斜地安装，借以破坏循环回路的对称性，可以有效地阻止圆周运动，增加湍动，消除液面凹陷现象。对较大的釜，也可将搅拌偏心水平地安装在釜的下部，如图 7-2-4 所示。

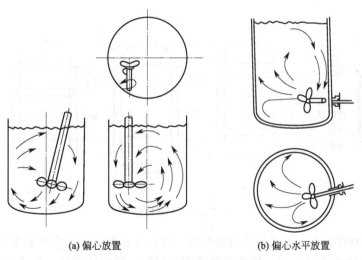

(a) 偏心放置　　　　(b) 偏心水平放置

图 7-2-4 破坏循环回路的对称性

(2) 加设导流筒

若搅拌器周围无固体边界约束，液体可沿各个方向回流到搅拌器的入口，故不同的流体微团行程长短不一。釜中设置导流筒，可以严格地控制流动方向，使釜内所有物料均通过导流筒内的强烈混合区，既提高了混合效果，又有助于消除短路与死区。图 7-2-5 为导流筒的安装方式，对于螺旋桨搅拌器，导流筒是套在叶轮外面的；对于涡轮式搅拌器，导流筒应置于叶轮上方。通常，导流筒需将釜截面分成面积相等的两部分，即导流筒的直径约为釜直径的 70%。

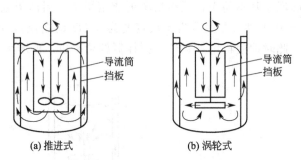

图 7-2-5 导流筒的安装方式

7.2.1.2 反应釜的传热装置

(1) 夹套

夹套是一个套在反应釜筒体外面、能形成密闭空间的容器，如图 7-2-6 所示。夹套上设有水蒸气、冷却水或其他加热、冷却介质的进出口。如果加热介质是水蒸气，进口管应靠近夹套上端，冷凝液从底部排出；如果传热介质是液体，则进口管应设置在底部，液体从底部进入、上部流出，使传热介质能充满整个夹套的空间。夹套与釜体的间距依据釜径的大小采用不同的数值，一般取 25～100mm。夹套的高度由工艺要求的传热面积决定，一般应比釜内液面高出 50～100mm，以保证充分传热。如要求上封头与筒体采用可拆性连接，则不能选用图 7-2-6 中的Ⅳ型结构。为了提高传热效果，在夹套的上端开有不凝性气体的排出口。此外，还设有压力表与安全阀。

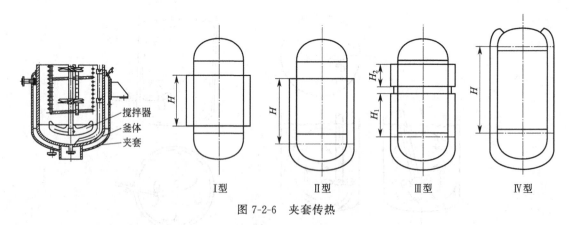

图 7-2-6 夹套传热

对于较大型的搅拌釜，为了提高传热效果，可以在夹套空间装设螺旋导流板（图 7-2-7），以缩小夹套中流体的流通面积，提高流速并避免短路。螺旋导流板一般使用扁钢沿釜体外壁圆周方向螺旋绕制焊接而成，与夹套内壁有小于3mm的间隙。

当釜直径较大或采用的传热介质压力较高时，还采用焊接半圆螺旋管（图7-2-8）、螺旋角钢（图7-2-9）或蜂窝式等结构，以代替夹套式结构。这样，不但能提高传热介质的流速、改善传热效果，而且能提高反应釜抗外压的强度和刚度。

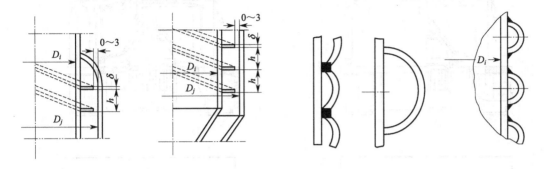

图 7-2-7　螺旋导流板　　　　　　　　图 7-2-8　半圆管结构

(2) 蛇管

当需要传递的热量较大，而夹套传热在允许的反应时间内尚不能满足要求时，或是釜体内衬有橡胶、搪瓷等隔热材料而不能采用夹套传热时，可采用蛇管传热（图7-2-10）。蛇管沉浸在物料中，热损失小，传热效果好。排列密集的蛇管能起到导流筒和挡板的作用，强化搅拌，提高传热效果。通常，蛇管的传热系数较夹套高60%，而且可以采用较高压力的传热介质。但蛇管检修较麻烦，对含有固体颗粒的物料和黏稠物料，容易堆积和挂料，影响传热效果。另外，蛇管不宜太长，因为冷凝液可能积聚，降低部分传热面的传热作用，而且排出蒸汽中所夹带的惰性气体也困难。如要求传热面很大时，可做成几个并联的同心圆蛇管组。

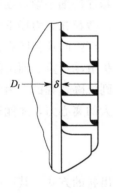 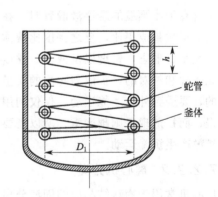

图 7-2-9　角钢结构　　　　　　　　　图 7-2-10　蛇管传热

结晶釜和反应釜没有本质区别，结晶操作也可在普通的反应釜中进行，其主要区别可根据工艺需求具体区分。

7.2.2　离心机

离心机利用转子高速旋转产生的强大的离心力，加快液体中颗粒的沉降速度，把样品中不同沉降系数和浮力密度的物质分离开。离心机（图 7-2-11）广泛应用于化工、食品、制药和水处理等行业。

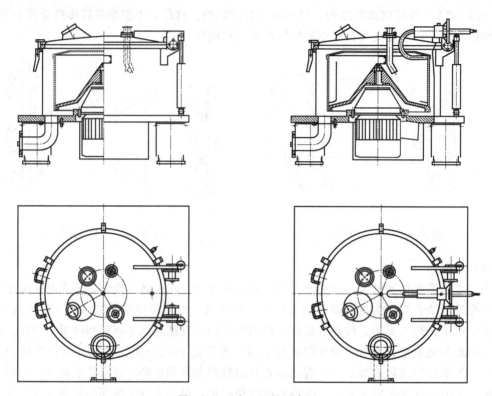

图 7-2-11 离心机的示意图

7.2.2.1 设备原理

当含有细小颗粒的悬浮液静置时，在重力场的作用下，悬浮的细小颗粒逐渐下沉。下沉速度与粒子重量成正比，反之密度比液体小的粒子就会上浮。微粒在重力场下移动的速度与微粒的大小、形态、密度以及液体的黏度有关。颗粒在介质中沉降时还伴随有扩散现象。扩散是无条件和绝对的，扩散与物质的质量成反比，颗粒越小扩散越严重。而沉降是相对和有条件的，要受到外力才能运动。仅仅利用重力是不可能观察到沉降过程的，因为颗粒越小沉降越慢，而扩散现象则越严重。所以需要利用离心机产生强大的离心力，才能迫使这些微粒克服扩散产生沉降运动。

7.2.2.2 离心机分类

离心机常用于物料结晶后的固液分离，根据离心机滤饼出料的方式，其可以分为立式上出料离心机、立式下卸料离心机和卧式刮刀离心机。对于含溶媒的固液分离，离心机要求氮封，并配备含氧量检查。三足离心机由于无法满足环保和操作人员保护的要求，在医药行业已基本不再使用。

① 立式上出料离心机：用于不含溶媒的固液分离后，滤饼需人工挖出来，为了减少人工操作、减少溶媒的散发，现多采用吊带式离心机，料液固液分离后，滤饼截留在滤袋中，通过吊杆将滤饼倒入接收桶中即可。

② 立式下卸料离心机：固液分离后，卸料过程中，刮刀动作，在刮刀的作用下，大部

分物料通过转鼓底部的落料孔排至机外，残余料层通过转鼓内部的自动拉袋机构产生振荡效果，将残余料层彻底清除。立式下卸料离心机能满足自动密闭卸料的要求，符合 GMP 的要求。

③ 卧式刮刀离心机：固液分离后，离心机自动减速到设定速度，卸料阀打开，卸料油缸工作，刮刀自动旋转上升，固体物料被刮下掉进装有螺旋出料器的料斗中，螺旋出料器不断将料推出，经阀排出机外。卧式刮刀离心机能够实现同层自动密闭卸料，符合 GMP 的要求。

7.2.2.3 注意事项

① 由于离心机振动系数较大，所有管道与离心机应采取软管连接的方式，图 7-2-12 中料液管、清洗管、排气管、氮气管和母液管与离心机的连接均采取软管连接的方式，避免由于离心机的剧烈振动而造成损坏。

② 离心机在进行固液分离时，会产生大量的母液，对母液收集应摒弃传统的地埋式收集系统，采用可控制液面的地上式母液收集系统，以避免母液对环境的污染，如图 7-2-12 所示。

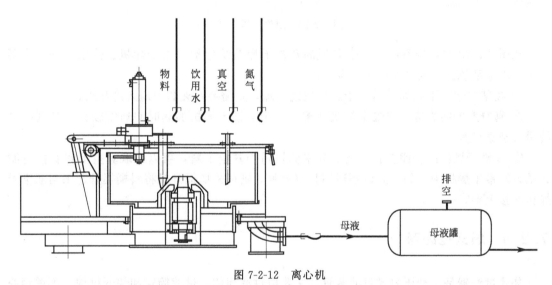

图 7-2-12 离心机

③ 离心机在甩料的过程中易产生静电，如果离心机内氧含量超标，对于含有机溶媒的物料来说，很有可能发生爆炸，应采取氧含量检测连锁补氮措施，以保证生产安全。通过检测母液缓冲罐排气的氧气含量，将检测信号与氮气开关阀连锁，当氧含量超过设定值时，连锁打开氮气阀，快速补氮；当氧含量低于设定值时，连锁关闭氮气阀，停止补氮。

7.2.3 双锥干燥机

双锥干燥机工作过程：在密闭的夹层中通入热能源（如热水、低压蒸汽或导热油），热量经内壳传给被干燥物料，在动力驱动下，罐体缓慢旋转，罐内物料不断地混合，从而达到强化干燥的目的。物料处于真空状态，蒸气压下降使物料表面的水分（溶剂）达到饱和状态而蒸发了，并由真空泵及时排出回收。物料内部的水分（溶剂）不断地向表面渗透、蒸发、排出，三个过程不断进行，物料在很短的时间内达到干燥的目的。常见的双锥干燥系统如图 7-2-13 所示。

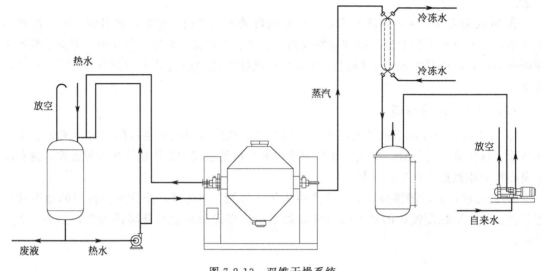

图 7-2-13 双锥干燥系统

从图 7-2-13 中可以看出，一个典型的双锥干燥系统包括双锥干燥机、热水系统、冷凝系统、真空系统。需要注意以下问题：

① 在某些情况下，如果需要干燥后快速冷却，则需要在夹套中通入冷却水；

② 真空泵的能力应与双锥干燥机匹配，由于双锥干燥机加热时间通常较长，其真空系统最好独立设置；

③ 双锥干燥机的密闭上料问题。如果滤饼适用真空上料，可以采取真空上料直接将滤饼抽入双锥干燥机中；如果滤饼不适用真空上料，则可采取提升机将料桶提升起来与双锥干燥机对接上料。

7.2.4 袋式过滤器

袋式过滤器是一种压力式过滤装置，主要由过滤筒体、过滤筒盖和快开机构、不锈钢滤袋、加强网篮等主要部件组成，滤液由过滤机外壳的旁侧入口管流入滤袋，滤袋本身装置在加强网篮内，液体渗透过所需要细度等级的滤袋即能获得合格的滤液，杂质颗粒被滤袋拦截。该过滤器更换滤袋十分方便，过滤基本无物料消耗。

袋式过滤器的优点体现在：①滤袋侧漏概率小，有力地保证了过滤品质；②袋式过滤器可承载更大的工作压力，压损小，运行费用低，节能效果明显；③滤袋过滤精度不断提高，已达到 0.5μm；④袋式过滤器处理量大、体积小、容渣量大；⑤更换滤袋方便快捷，而且过滤机免清洗，省工省时；⑥过滤器滤袋清洗后可反复使用，节约成本；⑦袋式过滤器应用范围广、使用灵活、安装方式多样。

7.2.5 三合一设备

三合一具体指可以在同一容器内进行过滤、洗涤和干燥全过程连续操作，三合一设备适用于原料药的生产，体现在：

① 对于传统的结晶后需要离心、干燥的工艺过程，如果产品特性适合，可以用三合一取代，可实现密闭操作，减少物料的中间转移，特别是离心后滤饼需打浆的物料，更适合用三合一设备。

② 在三合一设备内完成离心、干燥等操作后即可进行配料操作，配料完成后即可压料至下一工序，可谓一机多用。三合一设备示意如图 7-2-14 所示。

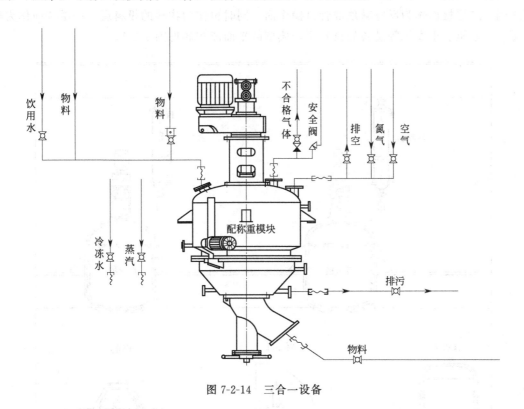

图 7-2-14　三合一设备

7.3　化学合成药车间布局

7.3.1　车间产品组合的原则要点

多产品共线的情况下，车间产品组合应结合产品性质及要求进行组合，属于重大设计方案，需要经过确认，一般会考虑以下要点：

①产品性质原因要求设置独立厂房，其他产品不能共用厂房；②一般性产品的生产线，根据功能划分为独立生产线、共（多）用生产线、多功能生产线；③工艺稳定、产能大（设备满负荷）或工艺路线独特的产品独立设生产线；④产品性质相同且工艺设备接近、设备使用有空余的产品考虑共（多）用生产线；⑤产能小且生产要求不连续的、工艺较新的产品可以考虑多功能生产线。

7.3.2 车间布局要点

原料药车间布局有两个基本思路：平面流布局和垂直流布局。

(1) 平面流布局

所谓平面流布局指的是将反应罐布置在同一层，一般设计两层，反应釜穿楼板安装在两层之间，二层楼面作为反应罐顶部管口操作面，同时也作为物料的投料层，一层楼面作为接收罐、离心机、干燥机等设备的设备层，典型的平面流布局见图7-3-1。

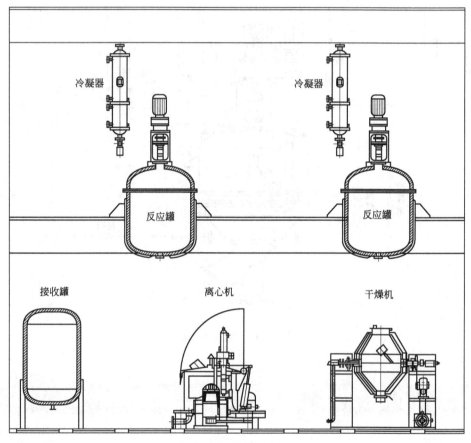

图 7-3-1 平面流布局

平面流布局具有以下特点：

① 布局简单，反应釜跨层布置，冷凝器、高位罐布置在二层，接收罐、离心机、干燥机等布置在一层。

② 操作方便，只有两个操作层，反应釜之间利用氮气倒料。

③ 平面流布局适用于投料量小、产量小、反应釜体积小的生产线，特别适用于多功能车间的布局，有时为了方便生产线的改造，二层混凝土楼板可以取消，改为钢平台，即图7-3-1中的两个3.9m的楼层变为一个7.8m的楼层，然后将反应釜安装在3.9m高的钢平台上，其他设备的布局不变。此设计的好处就在于更换生产线时，钢平台可以拆掉重新设计布局，非常灵活方便。

(2) 垂直流布局

所谓垂直流布局指的是将反应罐布置在多层，尽量按照反应流程通过重力流来转移物料，通常会设置投料层，并且在条件允许的情况下，要求采取立式下卸料离心机，滤饼通过重力直接落到下一层的干燥器中。典型的垂直流布局见图 7-3-2。

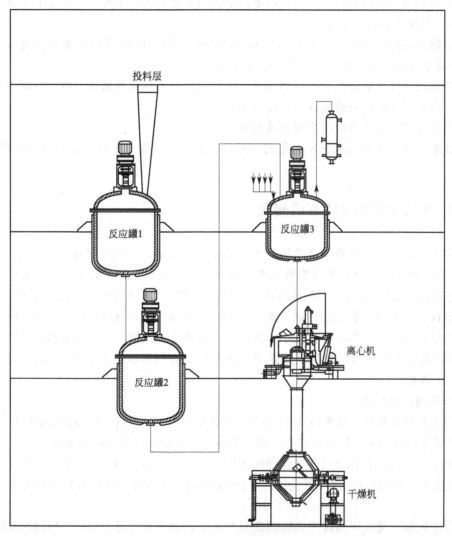

图 7-3-2　垂直流布局

图 7-3-2 中，物料运输到投料层，通过投料孔投到反应罐 1 中，反应罐 1 中的反应液通过重力自流到反应罐 2 中，反应罐 2 中的反应液通过氮气或者泵输送到反应罐 3 中，反应罐 3 中的反应液通过重力自流到离心机中，离心后的滤饼通过重力落到下一层的干燥机中。

垂直流布局具有以下特点：

① 垂直流特别适用于大产量、投料量大的生产线，设置专门的投料层，方便固体物料的投料，同时便于设置除尘措施，加强对劳动者的人身保护。

② 通过重力流进行转料，可以减少氮气压料的使用。

③ 滤饼通过重力直接落入干燥机，能大大减少人工转移滤饼所带来的工作量，同时实现滤饼的全密闭转移，符合环保和 GMP 的要求。

④ 采取垂直流布局能提高车间空间利用率，节省车间占地面积。

此外，车间布局还要满足安全、环保以及职业健康要求：

① 有毒的生产岗位在车间布置时必须考虑严格的隔离、防护措施，应避开人流较集中的区域，并设置缓冲区域防止事故蔓延。

② 对于易燃、易爆的生产岗位，在不严重影响工艺流程的条件下，尽量相对集中布置，控制面积，并按规范设置泄爆窗。

③ 有爆炸危险的工序最好布置在厂房的顶层或一端，同时按规范要求设置安全出口；泄压面的设置应避开人员集中的场所和主要交通道路。

④ 使用腐蚀性介质的岗位，应加强尾气吸收，并考虑相应设施所占有的空间位置。

⑤ 充分利用车间的自然通风和自然采光。

⑥ 产生噪声、放热等岗位宜邻外墙布置。

⑦ 化学合成原料药车间布置必须满足现行有关防火防爆、消防、配电等方面的规范和规定。

7.3.3 车间布置中应注意的问题

① 层高及总高。车间建筑高度根据规范要求应该控制在不高于24m，每层的层高的设计应考虑以下因素：设备高度及检修高度、各专业管道的布置（给排水管道、风管、电缆桥架和工艺管道），对于含有精烘包洁净区的楼层，其楼层高度满足结晶反应釜的要求。

② 车间平面尺寸。常见的合成车间的外形一般为扁长形，长边尺寸为50~80m不等，宽边尺寸为15~20m不等，具体大小应满足工艺需求及总图情况。做成扁长形的原因在于：合成车间通常为甲类车间，满足泄爆要求；多层甲类车间的疏散距离为25m，车间做得过宽，不利于疏散。

③ 车间辅助系统设计

a. 门厅及更衣系统。应根据车间生产人数确定换鞋间、更衣间、厕所的大小；根据卫生等级设置车间淋浴间，尽量设置在一层；其他如工衣清洗间等也应配备齐全。

b. 配电。配电设置符合《建筑设计防火规范》（GB 50016—2014）的3.3.8条。甲乙类厂房配电室的设置因项目所在地的消防部门要求不同，单独建筑设置或单面贴临甲乙类厂房设置。

c. 冷冻机房。远离甲类区甲类物质散发地点，距离应不小于15m，尽可能靠近使用点设置。参照《爆炸危险环境电力装置设计规范》（GB 50058—2014）。

d. 空调机房。远离甲类区甲类物质散发地点，距离应不小于4.5m，尽可能靠近使用点设置。参照《爆炸危险环境电力装置设计规范》（GB 50058—2014）。

④ 有分层操作设备岗位，不宜穿楼板设置，应在同层操作，设备下设操作台。

⑤ 车间动力区（泵房、配电室、蒸汽分配室等）贴近负荷中心，有利节能。

⑥ 车间内的行政区应设置于车间的端头，包括更衣、休息、洗涤等。

⑦ 大型贮罐设备宜布置于室外，但应有防晒、防冻的保护措施。

⑧ 设置必要的喷淋、洗眼装置。

⑨ 厂房一层减少地沟设置，防止溶媒气体积聚。

⑩ 在不严重影响工艺流程的情况下，尽量把震动剧烈、荷重大的设备布置在底层。确

需布置于楼板上的，其设备或操作台支腿位置尽可能与梁固定。

⑪ 布置于楼板上有剧烈震动的设备，其支撑基础应置于楼板梁上，不得与墙、柱相连。

⑫ 高大的设备，请勿沿窗布置，以免影响采光及通风。

⑬ 车间内设备布置，应把背光操作列为首选位置。

⑭ 车间外墙预留设备安装、检修通道。

⑮ 较大的操作台或防爆岗位的操作台，应有两个楼梯，便于安全疏散。

⑯ 计量罐和回流冷凝器等布置在反应罐的上方，为密切配合反应罐使用，它们的位置应随反应罐位置而变化。

⑰ 有特殊的防毒、防火和防爆要求和高温高压、氢化等危险性较大的反应，必须在建筑和通风上做针对性的处理，对剧毒的化学反应操作岗位，应单独隔间并设置良好的排风。高压反应须设防爆墙和泄压屋顶，这类反应室可与化学合成原料药车间放在一栋建筑物内，也可另建专用建筑物与化学合成原料药车间毗邻而建。

⑱ 蒸馏、回收处理的塔器应适当集中，布置于高层建筑中，以利操作和节省建筑物的空间。

⑲ 化学合成原料药车间原料、中间体的运输频繁，因此车间内部应有足够宽度的水平运输通道，且倒料过程多用软管。

⑳ 化学合成原料药车间多在大量使用有毒有害溶媒，特别是有氢气的合成区设置天窗，以利于氢气的排放和通风采光。

㉑ 车间布置应按照生产要求设置原辅料存放、中间体存放、成品和包装材料暂存、备品备件等生产辅助房间。

㉒ 车间布置尽可能考虑未来工艺路线的改进和预留发展的空间。

7.3.4 GMP相关法规要求

7.3.4.1 设备相关

我国GMP（2010年修订）中对原料药生产设备相关要求如下：

第六条　设备所需的润滑剂、加热或冷却介质等，应当避免与中间产品或原料药直接接触，以免影响中间产品或原料药的质量。当任何偏离上述要求的情况发生时，应当进行评估和恰当处理，保证对产品的质量和用途无不良影响。

第七条　生产宜使用密闭设备；密闭设备、管道可以安置于室外。使用敞口设备或打开设备操作时，应当有避免污染的措施。

第八条　使用同一设备生产多种中间体或原料药品种的，应当说明设备可以共用的合理性，并有防止交叉污染的措施。

第九条　难以清洁的设备或部件应当专用。

第十条　设备的清洁应当符合以下要求：

（一）同一设备连续生产同一原料药或阶段性生产连续数个批次时，宜间隔适当的时间对设备进行清洁，防止污染物（如降解产物、微生物）的累积。如有影响原料药质量的残留物，更换批次时，必须对设备进行彻底的清洁。

（二）非专用设备更换品种生产前，必须对设备（特别是从粗品精制开始的非专用设备）进行彻底的清洁，防止交叉污染。

(三) 对残留物的可接受标准、清洁操作规程和清洁剂的选择，应当有明确规定并说明理由。

7.3.4.2 生产相关

我国 GMP（2010 年修订）中对原料药生产相关要求如下：

第二十八条　生产操作：

(一) 原料应当在适宜的条件下称量，以免影响其适用性。称量的装置应当具有与使用目的相适应的精度。

(二) 如将物料分装后用于生产的，应当使用适当的分装容器。分装容器应当有标识并标明以下内容：

1. 物料的名称或代码；
2. 接收批号或流水号；
3. 分装容器中物料的重量或数量；
4. 必要时，标明复验或重新评估日期。

(三) 关键的称量或分装操作应当有复核或有类似的控制手段。使用前，生产人员应当核实所用物料正确无误。

(四) 应当将生产过程中指定步骤的实际收率与预期收率比较。预期收率的范围应当根据以前的实验室、中试或生产的数据来确定。应当对关键工艺步骤收率的偏差进行调查，确定偏差对相关批次产品质量的影响或潜在影响。

(五) 应当遵循工艺规程中有关时限控制的规定。发生偏差时，应当作记录并进行评价。反应终点或加工步骤的完成是根据中间控制的取样和检验来确定的，则不适用时限控制。

(六) 需进一步加工的中间产品应当在适宜的条件下存放，确保其适用性。

思考题

1. 非无菌原料药及无菌原料药的定义及区别是什么？
2. 原料药生产过程中的不合格中间产品或原料药应该如何处理？
3. 什么是工艺助剂？什么是母液？
4. 简述原料药生产批次划分原则。

第 8 章

口服固体制剂生产线

8.1 工艺设计概述

质量源于设计的理念对工艺设计提出了更高的要求，只有设计一套科学可靠的工艺方案，并成功转移至商业化生产现场，才能持续稳定地生产出符合质量要求的药品。工艺设计应从开始就考虑将来放大商业化的情况，一种方式是基于现有商业生产设备的状况进行工艺设计，另一种方式是先设计产品工艺最终根据产品工艺进行商业生产设备的选购，但是无论哪种思路其本质是相同的，即设计的工艺应便于控制，具有较大的可操作空间范围。本节主要对既定产品方向商业化生产转移过程中需要考虑的问题进行阐述，讨论工艺设计中需要考虑的问题。

8.1.1 工艺设计的基本原则

(1) 精简化

使用的工艺方法对生产产品的能力的影响应该在产品研发阶段就予以考虑。中试规模执行一个多步骤工艺比较简单，但是在大规模生产中进行多步骤之间的转移更为困难。同样，对于使用有机溶媒还是水相的工艺，如果选择了有机溶媒，对大规模生产的设备和厂房来说会有很大的影响。例如，设备和厂房防爆设计、有机溶媒储存及使用安全的考虑。尽量不使用特殊的设备，而是选择业界比较通用且有良好使用历史的设备，避免对设备进行改造而带来不必要的麻烦。工艺路线要短，减少物料周转的距离和时间，工艺紧凑，减少辅助设备和工具的使用，保证生产的连贯性，避免物料的污染和混淆。例如，物流的设计应该与工艺路线的方向一致，避免交叉或返回的路线设计。减少中间产品的中转次数，尽可能一次性完成至成品。

(2) 设计空间

选择生产工艺时，如果要求对工艺条件进行精确控制，这对产品生产能力也有影响。完全复制到大规模生产对产品质量控制也是很难的。例如，仪表精度、参数控制范围都需要在工艺设计时考虑设计空间的合理性。一旦生产工艺在产品研发阶段被确定，就很难再改变了。因此，一个产品以次优的工艺投入生产，并在整个生命周期内保持不变是非常有可能的。所以在产品研发阶段（尤其是中试阶段）运用"质量源于设计"的理念确定关键工艺参数的工作范围，保证工艺设计空间小于设备性能空间，将取得巨大的收益。

(3) 经济性

工艺路线需要考虑成本的问题，选择那些起始物料损耗低、产品收率高、设备能耗低、工艺时间短的工艺。

(4) 安全

工艺设计还应考虑安全方面的问题，对操作人员和环境的影响需要进行评估，必须符合环境健康安全（EHS）的要求。在产品工艺设计时，可以邀请 EHS 方面的专家一同参与。

总之，工艺路线的设计和选择要权衡多种因素，在考虑工艺流程的技术问题时，应以工业化实施的可行性、可靠性和先进性为基点，综合权衡多种因素，使流程满足生产、经济和安全等诸多方面的要求，实现优质高产、低消耗、低成本、安全等综合目标。

8.1.2 工艺设计的内容

工艺设计包括工艺过程类型的选择、原辅料的选择和设备的选择等。

8.1.2.1 工艺过程类型的选择

制药生产过程一般可以分为连续操作、间歇操作和半间歇操作，采用哪一种操作方式，要因地制宜。

(1) 连续操作

进料和出料连续不断地流过生产装置，进、出物料量相等。操作具有设备紧凑、生产能力大、操作稳定可靠、易于自动控制、成品质量高、符合 GMP 要求、操作运行费用低等一系列优点。因此，生产量大的产品，只要技术上可行，一般都宜采用连续操作方式。

(2) 间歇操作

在生产操作一开始将物料一次投入系统，直到操作过程结束之后，将产物一次取出。在投料和出料之间，系统内没有物料量的交换。间歇操作是我国制剂工业目前采用的主要操作方式。这主要是因为制剂工业对产品质量要求严格，间歇操作便于质量控制；同时与其他化工行业相比，产品需求重量有限，连续生产的优势不大，导致制剂工业仍然停留在以批为单元的间歇性生产阶段。

(3) 半间歇操作

操作过程为一次投料，而连续不断地出料，或连续不断地投料，而在操作一定时间后一次出料。在不少的情况下，制剂工业采用联合操作即连续操作和间歇操作的联合。这种组合方式比较灵活，在整个生产过程中，有大多数过程采用连续操作，而少数过程为间歇操作的组合方式，也有大多数过程采用间歇操作，少数过程为连续操作的组合方式。

8.1.2.2 原辅料的选择

对原辅料性质的充分了解有助于工艺的设计，尤其是活性成分的理化性质，对一个工艺起着至关重要的作用。已知的影响因素包括吸湿性、光敏性、热敏性等。除此之外，对生产有影响的性状还包括粒径、粒径分布、颗粒形状、表面特性、颗粒硬度、密度、多孔性、填充性、粉末内聚力和流动性、可压缩性、易清洁性、操作暴露限度等。

8.1.2.3 设备的选择

制药设备应该满足制药工业纯度和质量的严格要求。从这点出发，所有用于制药生产的设备都不应该污染或损害产品质量。

为了区分不同的制药生产区域以及这些区域的材料要求，通常将设备材料按照功能分类，三种最常见的分类是：接触部分、非接触部分以及技术区域。

(1) 接触部分

该部分将在正常加工过程中接触物料，如混合制粒机内部。这些材料应该在操作环境中呈完全惰性，包括与所有的清洁剂和钝化溶液不发生任何反应。

(2) 非接触部分

该部分暴露于生产区域。当生产容器敞开时可能会被产品覆盖，覆盖的部分在更换产品品种时需要清洁。产品不会接触这些部分，也没有产品从这些部分重新回收进入生产，如混合制粒机的脚柱和支撑框架。

(3) 技术区域

设备的某部分通常在技术区，永远不会暴露于产品，在更换生产的产品品种时不需要清洁，如混合制粒机的电柜。

对于设备所有与产品接触的部分，包括组成设备部件的各个组件，需要确认材质的类型、级别和对应的材料证书，或者一个具有适当的质量系统的设备制造商提供的符合性证明。

直接与产品接触的部位的材质应为规定材质，并提供符合性证明。设备部件使用的润滑剂如能接触到产品，应为食品级，并提供符合性证明。

应用焊接、抛光、钝化和电抛光的地方也有这些要求。

8.2 固体制剂过程操作单元

常见的固体剂型有片剂、散剂、颗粒剂、胶囊剂、丸剂和滴丸剂等。其生产过程的单元操作可以分为配料、粉碎、筛分、混合、造粒、干燥、压片、包衣、胶囊灌装等。剂型不同，所涉及的单元操作不同，但同一单元操作所遵循的基本规律是一样的。同一单元操作也有不同的设备和方式可以选择，如湿法制粒、干法制粒、喷雾干燥制粒。单元操作和设备应根据药物本身的性质和生产操作的适用性来选择，通常经过充分的设计和评估。本节主要以最为常见的片剂及胶囊剂为例介绍口服固体制剂的生产过程。

8.2.1 配料

配料是生产过程中的第一个步骤，主要是按照生产处方要求准备物料。由于在配料区需要对物料进行粉碎、过筛、称量等操作，物料暴露于生产环境，所以配料区应该设置于洁净区域，且考虑到粉尘污染的风险需要配备一定的装置以防止粉尘扩散。

8.2.1.1 备料原则

① 制订备料基本原则是为了降低交叉污染及混料的风险。

② 为了防止交叉污染，每种活性成分需要使用专用的料铲，在称取不同的物料时需要更换料铲。

③ 只有同一产品所使用的物料才允许被储存在备料区域的同一储存区内。

④ 在同一时间内，只允许一种物料存放在备料称量罩内。

⑤ 备料工序需有两位技术员，一人称量，一人转运物料及复核。物料称量的实际数量应与生产批记录中的要求保持一致。

⑥ 备料过程中物料原包装的卡扣和干燥剂应集中收集后进行报废处理，以免混入物料中。

⑦ 在开启物料包装时应注意避免产生塑料袋碎片，在确保物料原包装开口处无塑料碎片后，再进行称量操作。

⑧ 备料过程中不得同时打开两种物料的包装袋。

⑨ 备料顺序：先备质重物料，后备质轻物料；先备白色物料，后备有色物料；先备辅料，后备主料；先备液体物料，后备固体物料。

⑩ 同一批号的物料，先使用已经开启的零头桶的物料，再使用整桶物料。

8.2.1.2 配料设备

配料过程中常用的装置是称量罩（图 8-2-1），人员在此区域内进行操作。称量罩在口服固体生产线一般用于备料工序的物料称量，以减少备料过程中粉尘的扩散。

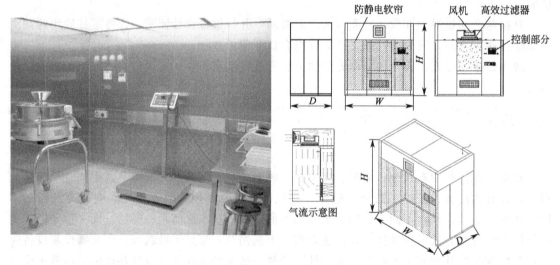

图 8-2-1 称量罩

(1) 设备原理

称量罩安置在洁净区内，通过带有三层过滤的自循环风，产生一个有层流风的环境，使备料过程中产生的粉尘被层流风均匀地带到过滤器上，而不会扩散到其他区域，有效地防止交叉污染。

(2) 设备结构

称量罩的结构比较简单，以气流的流向为线，由初效过滤器、中效过滤器、风机、空调、高效过滤器、均流膜等组成。

在称量罩的侧下方，有均匀分布小孔的金属板，在金属板后面安装的就是初效过滤器。

在初效过滤器后方,紧贴安装着中效过滤器。称量罩的机械间安装有风机和空调,风机一般为变频设计,通过风速传感器采集风速;空调用来调节层流罩内部的温度,使之符合生产所需环境。在风机上方,安装有一排高效过滤器,使得最终送回操作间内的风符合工艺要求。通过高效过滤器之后,在层流罩的操作间的上方,有一层透风薄膜,它的作用是将通过高效过滤器的风均匀地分布到操作间内,避免出现扰流,最大程度地减少粉尘扩散。

8.2.2 粉碎

粉碎是借机械力将大块固体物料破碎成适宜程度的碎块或细粉的操作过程。物料达到一定的细度,可以适应制备药剂及临床应用的需要。粉碎的目的主要有减少粒径、增加比表面积;促进药物的溶解与吸收;提高难溶性药物的溶出度和生物利用度;有利于制备多种剂型,便于适应多种给药途径的应用等。

8.2.2.1 粉碎原理

物质依靠其分子间的内聚力而聚结成一定形状的块状物,粉碎过程主要依靠外加机械力的作用破坏物质分子间的内聚力而实现。被粉碎的物料表面一般是不规则的,所以表面上凸出的那部分首先受到外力的作用,在局部产生很大的应力。当应力超过物料本身的分子间作用力时就会产生裂隙并发展成为裂缝,最终达到破碎或开裂。粉碎过程从小裂缝开始,因此外加力的直接目的首先是在颗粒内部产生裂缝。粉碎过程常用的外加力有冲击力、压缩力、剪切力、弯曲力和研磨力等。常见的粉碎方式有闭塞粉碎与自由粉碎、开路粉碎与循环粉碎、干法粉碎与湿法粉碎、低温粉碎、混合粉碎。

粉碎过程中可能带来的不良作用有晶型转变、热分解;黏附与凝聚性的增大;堆密度的改变;粉末表面吸附的空气对润湿性的影响;粉尘污染、爆炸。粉碎后的粒度大小可以通过筛分试验测定,而所要求的粒径的范围可以根据实际的需要预先制订。粉碎开始前和结束后应检查筛网的完整性,并有记录,保证筛网的破损能直接发现,避免破损的筛网落到产品中。另外,粉碎物料经常伴随温度上升,在粉碎热敏性物料时应引起注意,可采取相应措施降低温度。

8.2.2.2 粉碎设备

常见的粉碎设备有球磨机、锤击式粉碎机、振动磨、轮型流能磨、内分级涡轮粉碎机等。

(1) 万能粉碎机

万能粉碎机(图 8-2-2)利用活动齿盘和固定齿盘间的高速相对运动产生离心力,使物料经冲击、摩擦、剪切及彼此间冲击而获得粉碎,借活动齿盘产生的气流过筛分出。其特点是药物多次粉碎、破碎比大、磨损较严重、有金属屑污染,适用于中低硬度物料的粉碎。

(2) 气流粉碎机

气流粉碎机(图 8-2-3)通过粉碎室内的喷嘴把压缩空气形成的气流束变成速度能量,使药物颗粒相互碰撞、摩擦以及与器壁、冲击板碰撞、摩擦而粉碎。物料从细长的喷嘴进入粉碎仓后体积急剧膨胀,伴随"焦耳-汤姆逊"冷却效应,所以适用于热敏物料的粉碎。设备密闭性好,可以进行无菌粉碎;粉碎程度高,可粉碎至几微米大小。

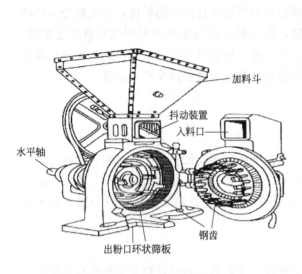

图 8-2-2 万能粉碎机的结构简图

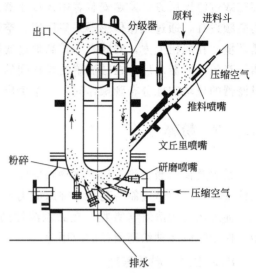

图 8-2-3 气流粉碎机的结构简图

8.2.3 筛分

8.2.3.1 颗粒筛分

药物粉碎后,粉末有粗有细。为了适应制剂要求,通常用筛分法对其进行分离。筛分法是借助筛网将不同粒度的物料进行分离的操作方法,筛分法操作简单、经济且分级精度较高,是医药工业中最为广泛使用的粒子分离方法。可筛除粗粒或异物,如固体制剂的原辅料等;筛除细粉或杂质,如中药材的筛选、去除碎屑及杂质等;整粒,筛除粗粒及细粉以得到粒度均一的产品,如冲剂等;粉末分级,满足丸剂、散剂等制剂要求。筛分法分为机械筛分和流体分级。机械筛分适用于粒度大于 0.05mm 的粉末分级,但是对于 1mm 以下的细粒,筛分效率普遍较低。流体分级适用于细颗粒或超细粉体。制药行业中用的筛子称为"药筛",药筛是指按药典规定,全国统一规格的用于药剂生产的筛,又称标准药筛,药筛规格参数见表 8-2-1。在实际生产中,也常使用工业用筛,这类筛的选用应与药筛标准接近,且不影响药剂质量。

表 8-2-1 药筛规格参数

药筛号	筛孔内径/μm	目数	粉末等级	规格
1	2000±70	10	最粗粉	1号筛100%,3号筛≤20%
2	850±29	24	粗粉	
3	355±13	50		2号筛100%,4号筛≤40%
4	250±9.9	65	中粉	4号筛100%,5号筛≤60%
5	180±7.6	80	细粉	5号筛100%,6号筛≥95%
6	150±6.6	100	最细粉	6号筛100%,7号筛≥95%
7	125±5.8	120		
8	90±4.6	150	极细粉	8号筛100%,9号筛≥95%
9	75±4.1	200		

一般的散剂能通过 6 号筛的细粉不少于 95%;难溶性药物、收敛剂、吸附剂、儿科或

外用散剂能通过7号筛的粉末不少于95%；眼用散剂要求粉末全部通过9号筛。

8.2.3.2 筛分设备

制剂工业中常用的筛分设备的操作要点是将欲分离的物料放在筛网面上，采用几种方法使粒子运动，并与筛网面接触，小于筛孔的粒子漏到筛下。制剂生产中常通过控制筛网运动来带动粒子运动。筛分设备根据筛网面的运动方式不同可分为旋转筛、摇动筛、旋动筛以及振动筛等。实际生产要根据物料性质选择适合的筛析类型，表 8-2-2 可供参考。

表 8-2-2 筛析类型和适用范围

筛析类型	适用范围
手摇筛	毒性、刺激、质轻的药粉（小量）
振动筛	毒性、刺激、易风化或易潮解的非黏性植物药或化学药
悬臂式筛粉机	矿物药、化学药或无显著黏性的药粉
电磁簸动筛粉机	含油脂或树脂的药粉
旋风分离器	细粉或粉尘的离析

旋振筛是制剂过程中的常用设备。以直立式电机作激振源，电机上、下两端安装有偏心重锤，将电机的旋转运动转变为水平、垂直、倾斜的三次元运动，再传递给筛面，使物料在筛面上做外扩渐开线运动，故称旋振筛（图 8-2-4）。调节两重锤的相位角，可改变物料运动轨迹，进而对物料进行精筛分、概率筛分等。旋振筛重锤方位与筛分特点见表 8-2-3。筛分前注意检查筛网目数是否符合要求，筛分前后还需要检查筛网完整性。活性成分与辅料的筛分应该使用不同的筛网，以避免交叉污染。

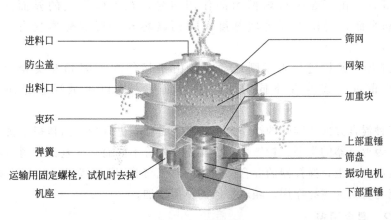

图 8-2-4 旋振筛

表 8-2-3 旋振筛重锤方位与筛分特点

原料旋转方向	相位角	特点	主要用途
	5°	原料由中心直线散布到圆周方向	概略分级，易于筛分的原料做大量分级，粗粒的筛分
	15°	开始漩涡运动	用于一般筛分
	85°	最长漩涡运动	精密分级，用于微分、高凝聚性及高含水率原料分级

续表

原料旋转方向	相位角	特点	主要用途
	100°以上	原料中央集中	特殊用途

8.2.4 混合

混合是指把两种或两种以上的组分（固体粒子）均匀混合的操作。混合操作是以药物各个组分在制剂中均匀一致为目的，以保证药物的剂量准确、临床用药安全。但是固体粒子形状、粒径、密度等各不相同，各个成分之间在混合时伴随着分离现象，如在片剂生产中混合不均匀会出现斑点、崩解时限不合格等，而影响外观质量和药物疗效。尤其是长期服用的药物、含量非常低的药物、有效血药浓度与中毒浓度接近的药物的剂型，主药含量不均匀会对生物利用度带来极大的影响。因此合理的混合操作是保证制剂产品质量的重要措施之一。

8.2.4.1 混合原理

固体粒子在混合机内混合时有对流混合、剪切混合、扩散混合三种运动方式。

① 对流混合：固体粒子在机械转动的作用下，在设备内形成固体循环流的过程中，粒子群产生较大的位置移动所达到的总体混合。

② 剪切混合：由于粒子群内部力的作用结果，在不同组成的界面间发生剪切作用而产生滑动平面，促使不同区域厚度减薄而破坏粒子群的凝聚状态所进行的局部混合。

③ 扩散混合：颗粒进行无规则运动时，由于相邻粒子间相互交换位置所产生的局部混合。扩散混合发生在不同剪切层的界面处，所以扩散混合是由剪切混合引起的。

上述的三种混合方式在实际的操作过程中并不是独立进行的，而是相互联系的，只不过所表现的程度因混合器的类型、粉体性质、操作条件等不同而存在差异。例如，水平转筒混合器内以对流混合为主，搅拌器的混合以强制的对流与剪切混合为主。一般来说，在混合开始阶段以对流与剪切为主导作用，随后扩散的作用增加。

8.2.4.2 混合设备

在大批量生产中的混合过程，多采用使容器旋转或搅拌的方法使物料发生整体或局部的移动而达到混合目的。固体的混合设备大致分为容器旋转型和容器固定型两大类。

(1) 容器旋转型混合机

回转型混合机的型式有圆筒型、立方型、双圆锥型、V型等，一般装在水平轴上并有支架，由传动装置带动绕轴旋转。这类混合机的料筒可以设计成可拆卸形式，灵活机动，方便物料的转移。料斗混合机见图 8-2-5。

三维运动混合机（图 8-2-6）的物料装载系数高，料筒多方向运动，物料无离心力作用，无比重偏析及分层、积聚现象，尤其对于物料间密度、形状、粒径差异较大时的混合效果更好。

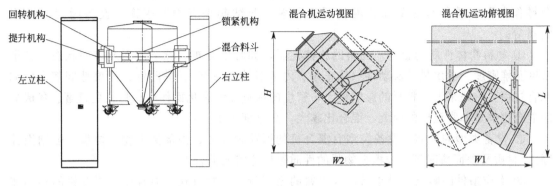

图 8-2-5　料斗混合机　　　　　　　图 8-2-6　三维运动混合机

(2) 容器固定型混合机

搅拌槽式混合机（图 8-2-7）可用于混合粉状或湿性物料，操作方便，混合效率高。也常用于片剂生产中的"制软材"工序。

锥形垂直螺旋混合机（图 8-2-8）利用圆锥形筒体内螺旋轴的旋转作用，使物料进行搅拌混合。其结构简单、动力消耗低、混合均匀，适合于细颗粒（或粉料）及密度相差小的各种物料的干混合，也可用于物料的湿混合。

图 8-2-7　搅拌槽式混合机

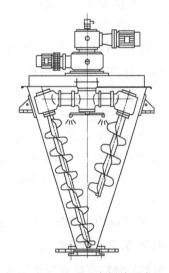
图 8-2-8　锥形垂直螺旋混合机

(3) 气流混合机

在混合机底部蓄压的空气瞬间喷射时，罐头内的粉粒体就变成沸腾状态，开始充分搅拌混合。喷入的空气由上方的空气过滤器排出。短时间即可完成混合，能耗低。结合原料输送，引入触摸屏和 PLC 控制，可以很方便地组建原料自动处理生产线。因为气流混合机没有搅动，可以无损混合，没有摩擦生热，也不存在润滑剂污染产品的情况，所以特别适合微粉的混合，不会卡住转动机械如轴承等。

8.2.4.3　混合的影响因素

混合机内多种固体物料混合时往往伴随着离析现象，离析是与粒子混合相反的过程，妨碍良好的混合，也可使已混合好的物料重新分层，降低混合程度。在实际的混合操作中影响混合速度及混合度的因素很多，归纳起来有物料因素、设备因素、操作因素等。

① 物料粉体性质的影响。物料的粉体性质，如粒度分布、粒子形态及表面状态、粒子密度及堆密度、含水量、流动性（休止角、内部摩擦系数等）、黏附性、团聚性等都会影响混合过程。一般来说，粒径的影响最大，密度的影响在流态化操作中比粒径更显著。各成分的混合比也是非常重要的因素，混合比越大，混合度越小。

② 设备类型的影响。设备类型有混合机的形状及尺寸、内部插入物（挡板、强制搅拌等）、材质及表面情况等。应根据物料的性质选择适宜的混合器。

③ 操作条件的影响。操作条件有物料的充填量、装料方式、混合比、混合机的转动速度及混合时间等。

混合工艺最关键的一点是如何能够达到其混合均一度，无论是制粒前混合或者制粒后混合，不均一的混合可能会导致某些产品的剂量不能达到要求。混合的效果应该通过验证，证明混合均一性。应该在至少三个水平上进行多点取样。

8.2.5 制粒

制粒是把粉末、块状物、溶液、熔融液等状态的物料进行加工制成具有一定形状与大小的粒状物的操作。制粒是重要的单元操作。多数的固体制剂都要经过"制粒"过程，在颗粒剂、胶囊剂中颗粒是产品，而在片剂生产中颗粒作为中间体。

8.2.5.1 制粒的目的

① 改善药物的流动性。粉末制成颗粒，粒径增大，粒子之间的黏附性、凝聚性减小，可以大大改善其流动性。

② 防止由于粒度、密度的差异而引起的离析现象，有利于各组成成分的均匀混合。

③ 防止粉末飞扬和器壁上黏附。

④ 调整堆密度，改善溶解性能。

⑤ 使压片过程中的压力均匀传递。

⑥ 便于服用、携带方便、提高商品价值等。

8.2.5.2 制粒方法

常用的制粒方法有湿法制粒、干法制粒、流化床制粒和喷雾制粒。

(1) 湿法制粒

湿法制粒是在原材料粉末中加入黏合剂，靠黏合剂的架桥或黏结作用使粉末聚结在一起而制备颗粒的方法。挤压制粒、旋转制粒、流化床制粒、搅拌制粒等属于湿法制粒。湿法制成的颗粒经过表面润湿，具有外形美观、耐磨性较强、压缩成型性好等特点，是医药工业中最为广泛使用的方法。

传统的湿法制粒常用设备是摇摆制粒机（图 8-2-9），其通过机械传动使滚筒往复摆动，将物料从筛网中挤出制成颗粒，只要更换不同目数的筛网就能制成粗细不同的颗粒。但是筛网易破损，需要防止其污染物料。

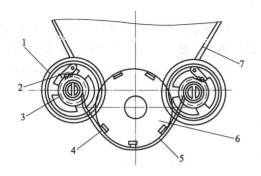 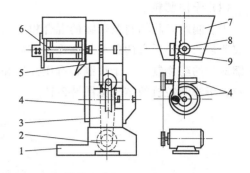

1—手柄；2—棘爪；3—夹管；4—七角滚轮；
5—筛网；6—软材；7—料斗

1—底座；2—电动机；3—传动皮带；4—蜗轮蜗杆；5—齿条；
6—七角滚轮；7—料斗；8—转轴齿轮；9—挡块

图 8-2-9 摇摆制粒机

高剪切湿法混合制粒机（图 8-2-10）是一种新型的制粒设备。粉料与黏合剂的混合、捏合、造粒在一机内完成，节省工序，操作简单快速。该设备可以制备高硬度、适合于填充胶囊的颗粒，也可以制备松软、适合压片的颗粒。

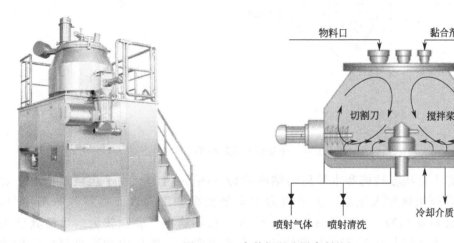

图 8-2-10 高剪切湿法混合制粒机

高剪切制粒过程：物料通过真空或其他方式投料进料仓。搅拌桨使物料混合、翻动、分散甩向器壁后向上运动，同时在黏合剂的架桥作用下形成较大颗粒，切刀将大颗粒绞碎、切割。颗粒大小是外部破坏力和颗粒内部凝聚力平衡作用的结果。高剪切制粒颗粒形成原理见图 8-2-11。

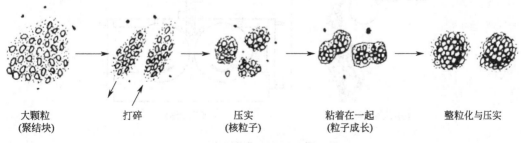

图 8-2-11 高剪切制粒颗粒形成原理

(2) 干法制粒

干法制粒是将辅料及药物的混合粉末用较大压力压制成较大的粒状或片状物后,重新破碎成所需的大小适宜的颗粒的操作。该方法不加任何液体,适用于对湿热敏感的药物、容易压缩成型的药物制粒,干法制粒有压片法和滚压法两种。工艺流程为:上料—压制—剪切—整粒。干法制粒机的结构见图 8-2-12。

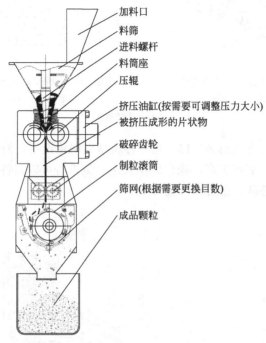

图 8-2-12 干法制粒机的结构

压辊结构有垂直压辊结构和水平压辊结构两种(图 8-2-13)。水平压辊结构有一定缺陷,物料没有控制地加入压辊,由于重力粉末易泄漏,压辊表面物料分布不均匀,薄片边缘脆容易形成细粉;空气流不稳定;设备运行不稳定,磨损较大。目前其已逐渐被淘汰。而垂直压辊结构的下端压辊固定,上端压辊向下的压力和距离都可以精确控制,压力分布更加均匀。压辊表面可设计成光滑,也可以设计成直纹和网纹。物料黏性大可以选择光面压辊,成型性差可选择网纹压辊。压辊内部设有冷却系统,防止

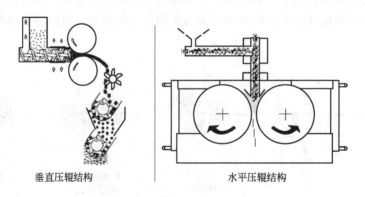

图 8-2-13 压辊结构

物料挤压过程中温度升高。压制成片状的物料被切刀打碎成大颗粒，接着进入整粒机。整粒机可分为一级整粒机和二级整粒机。转子式整粒机见图8-2-14。

(3) 流化床制粒

流化床制粒是使粉粒物料在溶液的雾状气态中流化，使之凝集成颗粒的一种操作过程。目前此法广泛应用于制药工业中。

流化床制粒装置（图8-2-15）主要由喷液系统、流化床机身、出风处理系统、进风处理系统、控制系统等组成。

空气由送风机吸入，经空气过滤器和加热器，从流化床下部通过筛板吹入流化床内，热空气使床层内的物料呈流化状态，然后送液泵将黏合剂溶液送至喷嘴管，由压缩空气将黏合剂均匀喷成雾状，散布在流态粉粒体表面，使其周围形成粒子核，同时再由继续喷入的液滴落在粒子核表面上产生黏合架桥作用。粒子核与粒子核之间、粒子核与粒子之间相互结合，逐渐形成较大的颗粒。流化床制粒原理见图8-2-16。干燥后，粉末间的液桥变成固桥，即得外形圆整的多孔颗粒，当颗粒大小符合要求时停止喷雾，床层内继续送热风对颗粒进行干燥，最后出料。集尘装置可以阻止未与雾滴接触的粉末被空气带出，尾气由流化床顶部排出后通过排风机放空。

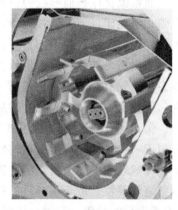

图8-2-14 转子式整粒机

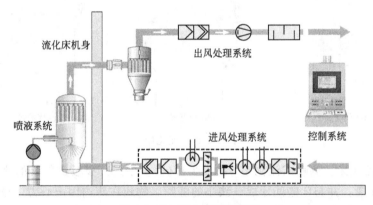

图8-2-15 流化床制粒装置

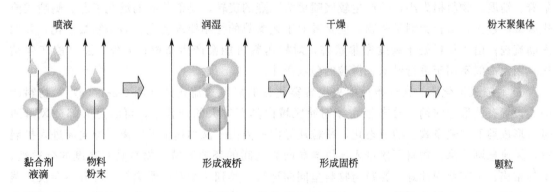

图8-2-16 流化床制粒原理

通常流化床按照喷枪的位置不同和流化状态的不同分为顶喷式流化床、侧喷式流化床和底喷式流化床。不论何种类型，其生产过程都要满足：高度分散，以避免颗粒在处理过程中产生粘连，导致衣膜不均；规则的物流状态，从而满足粒子间附着包衣膜材的概率相等；为了使衣膜均匀连续，应尽量减少液滴的行程（即液滴从喷头出口到达颗粒表面的距离），以减少热空气对液滴产生的喷雾干燥作用，使液滴到被包颗粒表面时，基本能保持其原有特性，以达到均一性、理想的铺展性和衣膜的均匀连续性。

① 顶喷式流化床。顶喷式流化床 [图 8-2-17(a)] 的结构与一步制粒机基本类似，因此可用于一步制粒。一步制粒的颗粒特性为流动性好、粒径较小且均匀、有利于减小重量差、加强片剂表面的光泽度，而且密度较低，粒径内部孔隙率较高，有利于干燥、提高可压性和制备速溶颗粒。由于顶喷时雾粒与物料呈逆向运行，雾粒到达物料的距离较长，其间会导致"喷雾干燥"过程。同时，物料在流化床内的运动是无序而随机的，因而顶喷式流化包衣通常被用于制药行业上的初级包衣。主辅料的比重不可过大，否则会造成混合不均及分层现象。利用流化床风机抽出锅体内空气的方式，可将物料直接转移，省去了通过转料斗再倒料步骤，提高效率，节省时间。

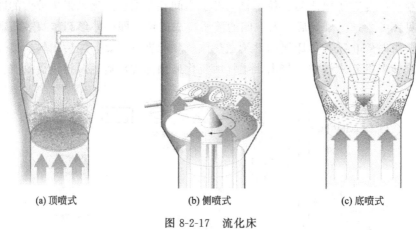

(a) 顶喷式　　(b) 侧喷式　　(c) 底喷式

图 8-2-17　流化床

② 侧喷式流化床。侧喷式流化床 [图 8-2-17(b)] 中的分布板由传统的流化床分布板改变为一旋转的转盘，并与床壁间形成一狭小的缝隙，物料在床内因离心力、自重及空气浮力作用形成环形绳股状运动，物料处于规则的运动之中，只需较短行程便能到达物料表面紧密附着、铺展，物料损失小，并产生较底喷更为强烈的旋转，类似传统的泛丸工况。侧喷式流化床载药量大，适合大剂量药物。但是其对工艺参数的控制要求较高；药物须微粉化，并加入助流剂；由于物料处于高度密集状态，对棱角料可能会产生摩擦；另外，还可能产生粘连，因而一般不用于进行粉末、微粒的包衣操作。

③ 底喷式流化床。在分布板中央设置雾化器的底喷式流化床 [图 8-2-17(c)]，物料床中心设置有圆形导向筒，分布板在导向筒区域内具有较大的开孔率，可满足大部分风量通过，形成类似"喷泉式"的流态化，粉粒从导向筒内由气流加速上升，离开导向筒进入扩展室，风速急剧下降，物料下落进入床体与导向筒之间的环隙区域。物料具有高度的分散性，不易粘连、工艺重现性好。雾粒与物料呈同向运行，其到达物料的距离短，湿分不会快速蒸发，与物料产生良好的附着，并具有极强的铺展性，从而使得衣膜牢固、连续。底喷式流化床多用于包衣，不适于制粒。

(4) 喷雾制粒

喷雾制粒是将药物溶液或混悬液、浆状液用雾化器喷成液滴,并散布于热气流中,使水分迅速蒸发以直接获得球状干颗粒的制粒方法。该制粒方法直接将液态原料在数秒内完成浓缩、干燥、制粒过程,因此又称喷雾干燥制粒。如以干燥为目的时,叫做喷雾干燥。

8.2.6 干燥

干燥是利用热能使物料中的湿分汽化而被除去的操作。物料中被除去的湿分一般为水,带走湿分的气流一般为空气。用于物料干燥的加热方式有:热传导、对流、热辐射、介电等,其中对流加热干燥是制药过程中应用最普遍的一种加热方式,简称对流干燥。

8.2.6.1 干燥原理

物料与一定温度、湿度的空气接触时,将会发生排除水分或吸收水分的过程,直到物料表面水分所产生的蒸气压与空气中的水蒸气分压相等,物料中的水分与空气处于动态平衡状态,此时物料中所含的水分称为该空气状态下物料的平衡水分。平衡水分与物料的种类、空气的状态有关。物料不同,在同一空气状态下的平衡水分不同;同一种物料,在不同的空气状态下的平衡水分也不同。

干燥速率指在单位时间内,在单位干燥面积上被干燥物料中水分的汽化量。干燥过程分恒速阶段和降速阶段两个阶段。在恒速阶段,干燥速率与物料湿含量无关。而在降速阶段,干燥速率近似地与物料湿含量成正比。当物料湿含量大于临界含水量时,干燥过程属于恒速阶段;反之属于降速阶段。

8.2.6.2 干燥设备

常见的干燥设备有:常压箱式干燥器、流化床干燥器、喷雾干燥器、红外干燥器、冷冻干燥器等。干燥后需要对颗粒水分进行测试,中控常使用红外水分仪进行测定。

(1) 箱式干燥机

箱式干燥机属于间歇式干燥设备,主要由箱体、搁架、加热器、风机、排气口、气流分配器等组成。平行流热风从物料表面通过,干燥强度小,物料层不能过厚。穿流热风从料层中通过,干燥强度大。缺点是物料得不到分散、干燥时间长、热利用率低、产品质量不均匀。同时不能忽略水溶性成分在颗粒之间的迁移可能对含量均匀度造成影响。干燥过程中,水溶性药物颗粒铺成一层并与干热空气接触,颗粒层上表面的水分先汽化,使颗粒层下部与表面产生湿度差,水分向表层扩散,从而将可溶性成分"迁移"到表层颗粒,造成颗粒间含量的差异。

(2) 沸腾干燥机

根据外形,沸腾干燥机可分为立式和卧式两大类,其工作原理相同。立式沸腾干燥机(图 8-2-18)又称高效沸腾干燥机。空气经加热净化后,由引风机从下部导入,穿过料斗的孔网板。在工作室内,经搅拌和负压作用形成流态化,水分快速蒸发后随着排气被带走,物料快速干燥。其特点是圆形结构避免死角;料斗设置搅拌,避免潮湿物料团聚及干燥时形成沟流;料斗与整粒机相匹配;密封负压操作,气流经过过滤,操作、清洗简便,符合 GMP 要求;干燥速度快,温度匀称,每批干燥时间一般在 20~30min;设备有更宽的流化范围,能处理过湿、发黏或粒度范围分布较广的颗粒。

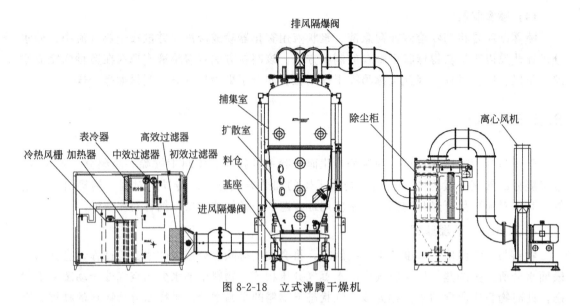

图 8-2-18 立式沸腾干燥机

卧式沸腾干燥机（图 8-2-19）又称箱式沸腾干燥机，干燥主体为长方体，内部用垂直挡板分隔成 4~8 室。挡板下端与多孔板之间留有几十毫米的间隙（一般取床层中静止物料层高度的 1/4~1/2），物料逐室通过，最后越过堰板卸出。热空气分别通过各室，各室的温度、湿度和流量均可调节。该设备可实现自动化生产，是连续式干燥设备。物料粒径 0.5~3mm 为宜，不适于含水率过高且易黏结成团的物料。

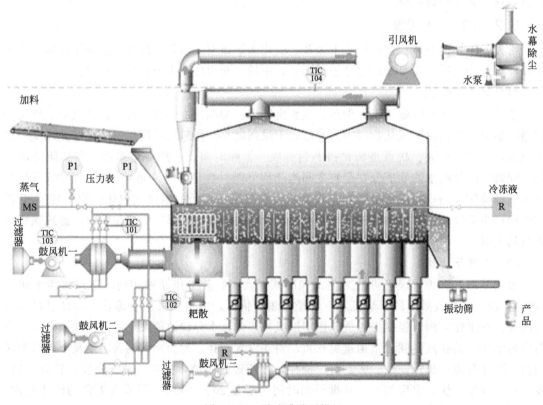

图 8-2-19 卧式沸腾干燥机

8.2.7 整粒与混合

湿颗粒干燥之后会聚集成团,需要对其进行整粒,整粒机的结构见图 8-2-20。固体制剂车间常用固定提升式整粒转料机。立式沸腾干燥机的料斗可以转移到与之匹配的整粒机锥斗上。接着可以根据工艺要求,对整粒后的颗粒进行筛分,收集目标粒度范围的颗粒,见图 8-2-21。如果颗粒要进行压片,压片之前要与润滑剂和助流剂混合,混合后的物料即作为一个批次。

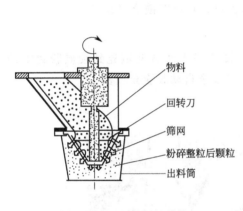

图 8-2-20 整粒机的结构

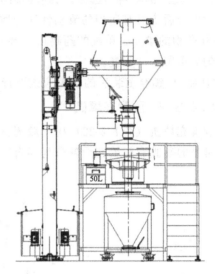

图 8-2-21 整粒与筛分

8.2.8 胶囊剂的制备

胶囊剂分为软胶囊剂和硬胶囊剂。软胶囊剂是将一定量的液体药物直接包封,或将固体药物溶解或分散于适宜的辅料中制成溶液、混悬液、乳状液或半固体,密封于软质囊材中的胶囊剂。硬胶囊剂通称胶囊剂,将药物或加适宜的辅料制成均匀的粉末、颗粒、小丸、微片、半固体或液体充填于空心硬胶囊中而制成。

胶囊剂的特点有:掩盖药物不良臭味,减小刺激;与片剂、丸剂相比,吸收更迅速;提高药物对光线、湿气的稳定性;液体药物固体化,携带和服用更加方便;控制药物释放速率和释放部位;具有丰富的色彩和形状。胶囊剂也存在一些不理想之处。胶囊壳的主要囊材是水溶性的明胶,所以囊芯物(填充的药物)不能是水溶液或稀乙醇溶液,以防囊壁溶化。如填充易风化的药物,水分汽化会使囊材软化,易潮解的药物则会因药物吸水使囊壁干燥、脆裂,因此,这类性质的药物一般不宜制成胶囊剂。

硬胶囊剂充填相对湿度应控制在 45%~50% 的范围内,应设置除湿机,避免因湿度而影响充填。同时高温易使包装不良的胶囊剂变软、变黏、膨胀并有利于微生物的滋长,因此成品胶囊剂也要设置专库进行除湿贮存。

8.2.8.1 硬胶囊剂的制备过程

硬胶囊剂的制备过程主要是选择适当的空胶囊填充药物的过程，大量生产时可以使用半自动胶囊充填机或全自动胶囊充填机。

① 空胶囊的选择。空胶囊按容积由大到小有 8 种规格。因为药物充填量多用容积控制，而药物的密度、晶态、颗粒大小等不同，所占容积也不同，所以按照一定剂量药物所占容积来选择适宜大小的空胶囊。一般多凭经验或试装后选用适当号数的空胶囊。

② 胶囊剂的辅料的选择。选取辅料的原则是：不与药物和空胶囊发生物理、化学变化；与药物混合后应具有适当的流动性和分散性。

③ 药物的填充。单纯的药物可以装入空胶囊，但更多的情况是在药物中添加适当的辅料混匀后再装入空胶囊。

④ 封口/锁合填装后的胶囊应该进行封口（非锁口型）或者锁合（锁口型）。

8.2.8.2 胶囊充填机

胶囊充填机（图 8-2-22）用于胶囊剂的制造，即将粉末或微丸填充到硬质胶囊中的生产。常见的硬胶囊剂填充设备分为半自动胶囊充填机及全自动胶囊充填机。

图 8-2-22　胶囊充填机

胶囊充填机的工作原理（图 8-2-23）：装在料斗里的空心胶囊随着机器的运转，逐个进入顺序装置的顺序叉内，经胶囊导槽和拨叉的作用使胶囊调头，机器每动作一次，释放一排胶囊进入模块孔内，并使其囊体在下、囊帽在上。转台的间歇转动，使胶囊在转台的模块中被输出到各工位，真空分离系统把胶囊顺入到模块孔中的同时将帽体分开。随着机器的运转，下模块向外伸出，与上模块错开，以备填充物料。药粉由一个不锈钢料斗进入计量装置的盛粉环内，盛粉环内药粉的高度由料位传感器控制。充填杆把压实的药柱推到胶囊体内，调整每组充填杆的高度可以改变装药量。下模块缩回与上模块并合，经过推杆作用使充填好的胶囊扣合锁紧，并将扣合好的成品胶囊推出收集，真空清理器清理模块孔后进入下一个循环。胶囊壳型及参数见表 8-2-4。

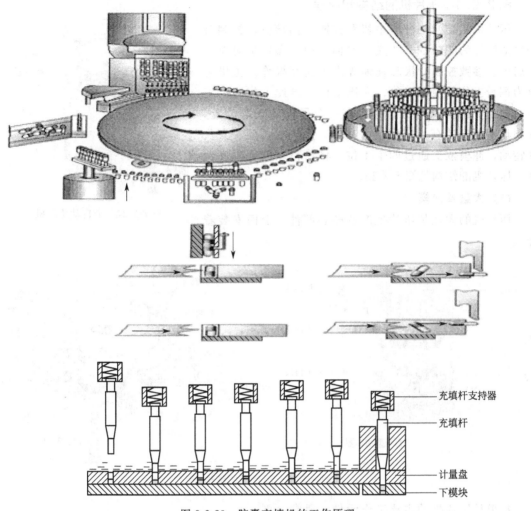

图 8-2-23 胶囊充填机的工作原理

表 8-2-4 胶囊壳型及参数

项目	00#	0#	1#	2#	3#	4#
帽长度/mm	11.6±0.4	10.8±0.4	9.8±0.4	9.0±0.3	8.1±0.3	7.1±0.3
体长度/mm	19.8±0.4	18.4±0.4	16.4±0.4	15.4±0.3	13.4±0.3	12.1±0.3
容积/mL	0.95	0.68	0.5	0.37	0.3	0.21

8.2.9 片剂的制备

片剂系指药物与辅料混合后经压制而成的片状制剂。其特点有：机械化及自动化程度高，产量高，成本低；剂量准确，携带和使用方便；药物理化性质稳定，贮藏期长。

片剂有湿法制粒压片、干法制粒压片和粉末直压三种制备方法。粉末直压对辅料的流动性、可压性有一定要求，所以成本高，国内较少采用此法。常用压片机分为单冲压片机、旋转式多冲压片机、真空压片机、异形冲压片机及全自动压片机。压片的过程依次为填充、压制、推片。全自动压片机见图 8-2-24。

8.2.9.1 压片机的结构和原理

压片机从结构上分为主机和控制台两部分。控制台是以触摸屏为载体的人机交互界面，用于操作员对设备的启停、参数控制、状态查询等进行交互操作。主机可分为饲粉工位、预压工位、主压工位、出片工位四个工位。在主机的中央部分，安装有一个可以转动的大盘，在大盘上面安装有一定数量的冲模。生产时，随着大盘的转动，冲模依次通过四个工位，将药粉颗粒压制成药片。压片机的结构见图 8-2-25。

(1) 大盘及冲模

压片机的大盘是压片生产的核心部件，上面安装着冲模。

图 8-2-24 全自动压片机

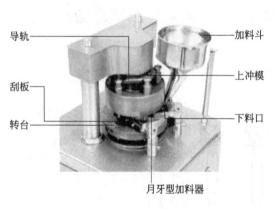

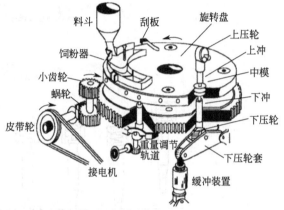

图 8-2-25 压片机的结构

冲模是压片机的主要工作元件，通常一副冲模包括上冲、冲模、下冲三个零件，上、下冲的结构相似，冲头直径也相等，上、下冲的冲头直径和冲模的模孔相配合（图 8-2-26），可以在冲模的模孔中自由上下滑动，但不存在可以泄漏药粉的间隙。

冲头的形状按冲模结构形状可划分为圆形、异形（包括多边形及曲线形）。冲头端面的形状有平面形、斜边形、浅凹形、深凹形及综合形等。平面形、斜边形冲头用于压制扁平的圆柱体状片剂，浅凹形冲头用于压

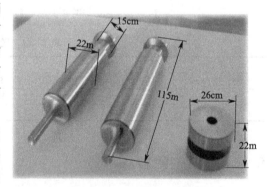

图 8-2-26 上、下冲和中模

制双凸面片剂，深凹形冲头主要用于压制包衣片剂的芯片，综合形冲头主要用于压制异形片剂。为了便于识别及服用药品，在冲模端面上也可以刻制出药品名称、剂量及纵横的线条等标志。压制不同剂量的片剂，应选择大小适宜的冲模。不同片重对应的粒子大小和冲模大小可参考表 8-2-5。

表 8-2-5　不同片重对应的粒子大小和冲模大小

片重/mg	筛目数(制粒)	筛目数(干粒)	冲直径/mm
50	18	16~20	5~5.5
100	16	14~20	6~6.5
150	16	14~20	7~8
200	14	12~16	8~8.5
300	12	10~16	9~10.5
500	10	10~12	12

(2) 饲粉工位

在饲粉工位，下冲在下拉导轨的作用下向下移动，与冲模形成一个可以装载物料的柱状空间。再由填充深度控制工位，调节下冲的高度，以得到符合要求的填充深度，进而获得合格的片重。药粉在重力作用下，进入强迫下料器。下料器内有三个拨轮，药粉在拨轮的推动下，源源不断地供给到冲模里，多余的药粉由刮板刮入大盘中间的料槽内，并由回采匙将料粉回收。

(3) 预压工位和主压工位

最早的压片机只有一个压力工位，由于物料内部会有一些空隙积聚空气，药片压制过程中，空气同时被压缩，形成张力，在药片压制完成以后，在空气张力的作用下，药片容易发生裂片。为了排出药粉中的空气，压片机增加了预压工位，两个工位的结构基本相同，都是由固定的上压轮和由伺服电机驱动可上下移动的下压轮组成的。在设定工艺参数时，预压工位的预压厚度一般要比主压工位的主压厚度多 1mm 左右。

(4) 出片工位

出片工位首先由上冲的上提导轨将上冲从冲模中拔出，然后下冲在上推导轨的作用下，将压制完成的药片从冲模中推出，经药片排出通道排出设备。药片排出通道有正品通道和次品通道两部分，设备在运行过程中会检测每一个药片的压力，压力超过设定范围的片子被判定为次品，从次品通道流出。合格的药片从正品通道流出。旋转压片机的工作原理见图 8-2-27。

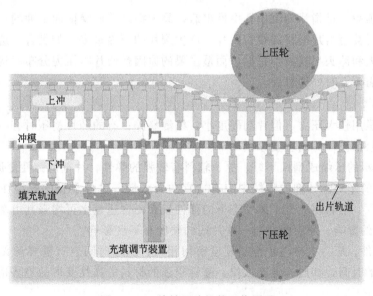

图 8-2-27　旋转压片机的工作原理

研究人员不断改进压片机结构，目前有新型压片机。如压片机的模块化、集成化设计（图8-2-28），压片机上靠近转台所有接触成品的零部件装在一个可以更换的压缩的模块化组件ECM上。产品加工完成之后断开一个ECM，用另一个清洁的ECM来替换它。整个更换过程不超过30min，而传统的压片机需8h；新型压片机可以在线检测片子的硬度、厚度、重量；自动剔除混有金属屑的片子；还有为压制多层片设计的压片机；"冲模内壁润滑系统"以及"冲头表面润滑系统"，用来压制易黏冲的泡腾片及特殊物料；全封闭一体化设计的压片机的防外泄系统使操作者接触药物的水平降低到$0.7mg/m^3$以下。

图8-2-28 压片机的模块化、集成化设计

8.2.9.2 压片过程中的常见问题

由于片剂的处方、生产工艺技术及机械设备等方面的综合因素影响，在压片过程中可能出现某些问题，需要具体问题具体分析，查找原因，加以解决。常见问题如下：

(1) 裂片

裂片又称顶裂，是指片剂由模孔中推出后，易因振动等而使面向上冲的一薄层裂开并脱落的现象；有时甚至由片剂腰部裂为两片。产生裂片的原因很多，如黏合剂选择不当、细粉过多、压力过大和冲头与模圈不符等，而最主要的原因是压片时压力分布不均匀和片剂的弹性复原，因此需要及时处理解决。

(2) 松片

松片是指虽用较大压力，但片剂硬度小，松散易碎；有的药片初压时有一定的硬度，但放置不久即变松散。松片的主要原因如下：

① 原、辅料的压缩成型性不好。原、辅料有较强的弹性，片剂的弹性复原大。

② 含水量的影响。片剂的颗粒中应有适宜的含水量，过分干燥的颗粒往往不易压制成合格的片剂。原、辅料在完全干燥状态下的弹性较大，含适量水可增强其可塑性。

③ 润滑剂的影响。硬脂酸镁对一些片剂的硬度有不良影响。

④ 压缩条件。压力大小与片剂的硬度密切相关，压缩时间也有重要意义。塑性变形的发展需要一定的时间，如压缩速度太快，塑性很强的材料的弹性变形的趋势也会增大，导致松片。

(3) 黏冲

黏冲是指冲头或冲模上黏着细粉，导致片剂表面不平整或有缺损的现象。刻有药名和模线的冲头更易发生黏冲。其原因是：冲头表面粗糙，原、辅料的熔点低，颗粒含水量过多、润滑剂使用不当和工作场所湿度过大等，应查找原因，及时处理解决。

(4) 崩解迟缓

崩解迟缓是指片剂不能在药典规定的时间内完全崩解或溶解。其原因有：崩解剂选用不当、用量不足；润滑剂用量过多；黏合剂黏性太大；压力太大导致片剂硬度过大等，需要对其进行针对性处理解决。

(5) 片重差异过大

片重差异过大是指片重差异超过药典规定的限度。颗粒大小不均匀、在压片时流速不一致、颗粒时多时少地填入模圈、下冲升降不灵活等均能引起片重差异超限，应及时停机检查，若为颗粒的原因，应重新制粒。

(6) 片剂含量不均匀

所有造成片重差异过大的因素，皆可造成片剂中药物含量不均匀。此外，对于小剂量的药物来说，混合不均匀和可溶性成分在颗粒间的迁移是片剂含量均匀度不合格的两个主要原因。

① 混合不均匀。混合不均匀造成片剂含量不均匀的情况有以下几种：主药量与辅料量相差悬殊时，一般不易混匀，可采用将小剂量药物先溶于适宜的溶剂中再均匀喷洒到大量辅料或颗粒中的方法，确保混合均匀；主药粒子大小与辅料相差悬殊，极易造成混合不均匀，应将主药和辅料进行粉碎，使各成分的粒子都比较小并力求一致，可以确保混合均匀；粒子的形态如果比较复杂或表面粗糙，则粒子间的摩擦力较大，一旦混合均匀后不易再分离；而粒子的表面光滑，则易在混匀后的加工过程中相互分离，难以保持其均匀的混合状态。

② 可溶性成分在颗粒间的迁移。这是造成片剂含量不均匀的重要原因之一。

(7) 变色与色斑

片剂表面的颜色发生改变或出现色泽不一致的斑点，其原因有颗粒过硬、混料不均匀、接触金属离子及压片机的油污等，需要针对原因进行处理解决。

(8) 麻点

片剂表面产生许多小凹点。其原因是润滑剂和黏合剂用量不当、颗粒引湿受潮、颗粒大小不匀、粗粒或细粉量多、冲头表面粗糙或刻字太深、有棱角及机器异常发热等，可针对具体情况处理解决。

8.2.9.3 压片岗位操作

适量加料后，转动手动轮，调节片重、压力后开动电机，调到较低的速度，进行试压。调节片重及压力，检查片子硬度、外观，测崩解时限，各项指标均应合格。压片过程中每隔一段时间测一次平均片重，每班检查崩解时限一次，随时检查片子的外观，发现异常情况应及时停车。

8.2.10 包衣

片剂包衣是指在片剂（片芯）表面包上用适宜材料构成的衣层。根据衣层材料以及溶解特性的不同，片剂包衣常分为糖衣片、薄膜衣片及肠溶衣片。包衣可以改善片剂的外观；增强片芯中药物的稳定性；掩盖片剂中药物的不良臭味；特定 pH 下溶解的衣材可以控制药物在胃肠道的释放部位；可以对两种有化学性配伍禁忌的药物进行隔离等。

8.2.10.1 高效包衣机的结构及原理

目前制药行业中常用的是网孔式高效包衣机，国际上常用的是连续包衣机，但其在国内还不成熟。包衣机（图 8-2-29）主要用于片剂生产线中，对素片进行包衣，可以包薄膜衣，也可以包糖衣。

包衣机主机由包衣腔体、喷液系统、进风单元、出风单元等部分组成。在包衣滚筒回转作用下，素芯在滚筒内连续运动。蠕动泵将包衣介质输送到喷枪喷覆在素芯表面，在负压条件下，进风空气处理单元按设定的程序和工艺参数向片床内供给洁净的热风，对素芯进行干燥；热风通过素芯层底部经排风空气处理单元排出，使喷覆在素芯表面的包衣介质快速形成坚固、细密、光整、圆滑的表面薄膜，完成包衣（图 8-2-30）。包糖衣的工艺流程：片芯—隔离层—粉衣层—糖衣层—有色糖衣层—打光；包薄膜衣的工艺流程：片芯—喷包衣液—缓慢干燥—固化—缓慢干燥。

图 8-2-29　包衣机

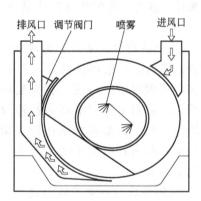

图 8-2-30　包衣机的原理

(1) 包衣腔体

包衣腔体（图 8-2-31）包括由主电机驱动的转鼓，内部呈网状的转鼓是完成片剂包衣的主要空间，转鼓内部有挡板，可将内部的片剂均匀翻转。包衣过程中，片剂在转鼓内缓慢转动，由喷枪将包衣液均匀地喷洒在片床上。

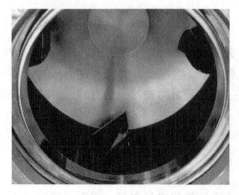

图 8-2-31　包衣腔体

包衣腔体上方有两个进出风管道,用于包衣过程中的送风和出风,进出风管道下端均装有温度传感器及风量传感器,用于检测进出风的温度及风量。

包衣腔体前部(图8-2-32)有可拉出的腔体门以及取样门和喷枪臂。腔体门是片剂进出的通道。腔体门带有气密封和互锁装置,取样门也有互锁装置。

图 8-2-32 包衣腔体前部

(2)喷液系统

喷液系统由蠕动泵和喷枪等组成。蠕动泵由下部电机带动上部泵头,泵头内有均匀分布的转动臂,通过挤压压在泵头上的硅胶软管,将包衣液输送至喷枪,转动臂的转动速度决定了喷液量的大小。喷枪上共有四种管路,三种为气管,另外一种安装在喷枪顶部的管路为包衣液供液管。

喷枪主要由喷枪体、喷头、喷针、压簧、顶帽等结构组成(图8-2-33),喷液时,开枪使能气路推动喷针后移,喷液通道打开,雾化压将喷出的包衣液雾化,形成一个圆形喷面,再由扇面压将圆形喷面压成椭圆,平铺在片床上,三个喷枪在片床上形成的喷面边缘应相切。

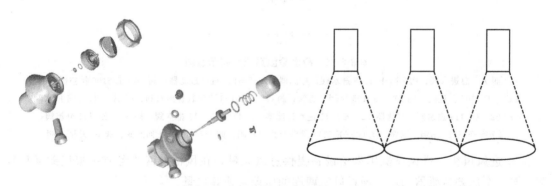

图 8-2-33 喷枪的构成

(3)CIP(clean in place)系统

CIP系统主要由循环管路、循环泵、喷淋头等组成。

对于清洗区域的控制,在清洗过程中每个清洗区域是自动循环转换的,以保证水压和清洗效果。

整个CIP系统有多个喷淋头，分别位于包衣腔顶部、包衣腔底部、喷枪臂、进风管内和排风管内，在排风风围内还有上下两个喷淋头。喷淋头采用水压自旋设计，可将清洗水均匀地喷洒在喷淋头四周。

对于清洗流程的控制，CIP过程中的流程控制有关闭、进水、包衣、保持、排水、循环、漂洗、过滤器反冲、添加洗涤剂、空气反吹、CIP干燥等。

（4）进风单元

进风单元直接从技术间采集新风，新风依次通过初效过滤器、中效过滤器、冷水盘管、风机、蒸汽加热盘管、高效过滤器进入包衣腔体，为包衣和CIP的干燥过程持续提供洁净、干燥、指定温度风量的进风。

① 冷水盘管：冷水盘管主要用于进风空气的除湿。通过控制比例阀调控进入设备冷水盘管的进水量，从而调节进风的湿度。冷水除湿系统管路示意图见图8-2-34。冷水不同于其他媒质，必须要循环起来才能保证持续提供冷量。所以两台设备有同一个总进水阀A和总回水阀I。冷水依次通过总进水阀A和E-5105的进水阀B1，到达过滤器C1。C1为Y型过滤器，用于过滤掉冷水中的粗颗粒杂质，以免堵塞设备冷盘管。通过C1后分为两路，一路进入设备冷盘管以及后面的出水阀G1，另一路经过分流阀E1最后两路汇总到三通比例阀F1。冷水必须要保证循环，F1的作用就是调节冷水通过设备冷盘管和旁通管路的水量比例，以达到控制设备进风湿度的目的。最后通过设备回水阀H1回到总回水管路。两台设备的原理相同。

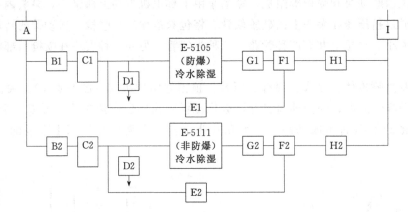

图8-2-34 冷水除湿系统管路示意图

阀A—总进水阀；阀B1—E-5105进水阀；过滤器C1—E-5105进水过滤器；阀D1—E-5105排空阀；
阀E1—E-5105分流阀；阀F1—E-5105比例三通阀；阀G1—E-5105除湿装置出水阀；阀H1—E-5105回水阀；
阀B2—E-5111进水阀；过滤器C2—E-5111进水过滤器；阀D2—E-5111排空阀；阀E2—E-5111分流阀；
阀F2—E-5111比例三通阀；阀G2—E-5111除湿装置出水阀；阀H2—E-5111回水阀；阀I—总回水阀

② 进风风机：进风风机用来给设备提供进风风量，在风机的两端各有一根压差采集气管，与一个压差传感器相连，通过风机两端的压差来换算风量。

③ 蒸汽加热盘管：蒸汽加热盘管用来给进风加热，以调节进风温度。

④ 蒸汽管路：蒸汽管路上也有一个比例阀，用来控制蒸汽的流量，相比冷水而言，蒸汽是不需要循环的，也就没有类似冷水的旁通结构。

（5）出风单元

出风单元把从包衣腔体排出来的夹带有药粉或湿空气的气体通过过滤器过滤并排放出

去。包衣腔体排出的空气通过出风单元有两种途径排出。包衣过程中，排出的空气中含有药粉和干燥的包衣粉，经过除尘单元除去粉尘后排出。CIP 过程中，排出的空气没有粉尘，但含有大量的水分，经过湿风排放过滤器排出。

8.2.10.2 选型的关键点

在选购包衣设备时，主要要考虑以下几个方面。

(1) 工艺要求

根据需要的包衣工艺要求（如糖衣、薄膜衣、肠溶衣）选择合适的机型。

(2) 产能

选择包衣设备时，要根据所要生产的产品的单批产量进行设备的选择。过大和过小都会对包衣质量产生影响。包衣机在生产时，对内部的片床有最低和最高要求，当产量低于最低要求时，喷枪与片床的距离、片床厚度等因素会严重影响包衣效果。

(3) 防爆要求

在选择包衣设备时，要根据产品的包衣液的溶剂性质，来确定是否需要选择防爆型包衣设备。如果包衣液为水溶剂，则可选择非防爆型包衣设备。如果包衣液为有机溶剂（如乙醇），则必须选择防爆型包衣设备。

(4) 转鼓内部桨叶的选择

转鼓内部均匀分布四块桨叶，其用途是在转鼓转动过程中，对片床进行更有效的翻滚。桨叶一般有鱼鳍型和桶型两种。鱼鳍型桨叶对片床的翻滚效果相对较弱，对片子的伤害较小。桶型桨叶对片床的翻滚效果更好一些，但对片子的伤害较大。可根据药片的硬度、脆碎度以及包衣工艺进行转鼓内部桨叶的选择。

8.2.10.3 包衣过程中可能出现的问题及解决方法

包衣质量直接影响包衣的外观和内在质量。素芯的大小要适中，有适宜的弧度；硬度要符合要求（中药片 $5kg/cm^3$，西药片 $4kg/cm^3$）；脆碎度达到最小。如果由于包衣片芯的质量较差、所用包衣材料或配方组成不合适、包衣工艺操作不当等，致使包衣片在生产过程中或贮存过程中可能出现一些问题，应当分析原因，采取适当的措施加以解决。

(1) 糖衣片吸潮

包糖衣片有时防潮性不好，尤其是中药浸膏包糖衣后，在空气相对湿度高时易吸潮、发霉等。糖衣片的糖衣层和粉衣层的防潮性并不好，起到防潮作用的关键衣层是隔离层，一般认为玉米朊等水不溶性材料包隔离层的效果较好，但用量等应适宜，否则会影响其崩解性。

(2) 糖衣层龟裂

当包衣处方不当时，糖衣片常因气温变化等而出现糖衣层龟裂现象。其原因可能是衣层太脆而缺乏韧性，必要时应调节配方，加入塑性较强的材料或加入适宜增塑剂。糖衣层龟裂多发生在北方严寒地区，可能是片芯和衣层的膨胀系数有较大差异，低温时衣层收缩程度大，衣层脆性强而致。

(3) 起泡

工艺条件不当、干燥速度过快所致。应控制成膜条件，降低干燥温度和速度。

(4) 皱皮

选择衣料不当、干燥条件不当所致。应更换衣料，改变成膜温度。

(5) 剥落

选择衣料不当、两次包衣间隔时间太短所致。应更换衣料，延长包衣间隔时间，调节干燥温度和适当降低包衣溶液的浓度。

(6) 花斑

因增塑剂、色素等选择不当，干燥时溶剂将可溶性成分带到衣膜表面。操作时应改变包衣处方，调节空气温度和流量，降低干燥速度。

(7) 包肠溶衣容易出现的问题和解决办法

① 不能安全通过胃部。由衣料选择不当、衣层太薄、衣层机械强度不够造成。应注意选择适宜衣料，调整适当的衣层厚度，调整包衣过程中的喷浆量，避免出现片面粘连。

② 肠溶衣片肠内不溶解（排片）。由衣料选择不当、衣层太厚、酸条件下渗入液体、贮存变质造成。应查找原因，合理解决。

③ 片面不平、色泽不均匀、龟裂和衣层剥落等，产生原因及解决办法与糖衣片相同。

8.2.11 包装

药品生产过程中，选用适宜的包装材料和容器，采用先进的包装技术和方法，对保护药品、方便贮运、促进销售具有重要作用。

8.2.11.1 包装分类

药品包装主要分为单剂量包装、内包装和外包装三类。

(1) 单剂量包装

对药品按照用途和给药方法进行分剂量包装的过程称为单剂量包装。如将颗粒剂装入小包装袋，注射剂的玻璃安瓿包装，将片剂、胶囊剂装入泡罩式铝塑材料中的分装过程等，此类包装也称分剂量包装。

(2) 内包装

将数个或数十个药品装于一个容器或材料内的过程称为内包装。如将数粒成品片剂或胶囊包装入泡罩式铝塑包装材料中，然后装入铝塑复合袋、纸盒、塑料袋、金属容器等，以防止潮气、光、微生物、外力撞击等因素对药品造成破坏和影响。

(3) 外包装

将已完成内包装的药品装入箱中或袋、桶和罐等容器中的过程称为外包装。进行外包装的目的是将小包装的药品进一步集中于较大的容器内，以便药品的贮存和运输。

8.2.11.2 药品包装材料及容器的分类

常用药品包装材料及容器按化学成分可分为五类，即玻璃、塑料、橡胶、金属及复合材料。按所使用的形状可分为四类，即：① 容器（口服固体药用高密度聚乙烯瓶等）；② 片、膜、袋（聚氯乙烯固体药用硬片、药用复合膜、袋等）；③ 塞（药用氯化丁基橡胶塞）；④ 盖（口服液瓶撕拉铝盖）。

8.2.11.3 常见的固体包装设备

(1) 药用铝塑泡罩包装机

药用铝塑泡罩包装机（图 8-2-35）又称热塑成型泡罩包装机，是将 PVC 硬片加热软化、模吹成型、药品、充填、覆盖铝箔并热封合、打字（批号）、压断裂线、冲裁和输送等多种功能在同一台机器上完成的高效率包装机械。可用来包装各种几何形状的口服固体药品如素片、糖衣片、胶囊、滴丸等。目前常用的药用泡罩包装机有滚筒式泡罩包装机、平板式泡罩包装机和滚板式泡罩包装机。

平板式铝塑泡罩包装机铝塑卷筒包括铝箔卷筒和塑片卷筒两部分。卷筒主要由筒体、里外定子、制动圈和调节螺母等组成，筒体两端用滚动轴承支承，其为卷筒的转动部分，当牵引塑料薄膜或铝箔时，即带动装在卷筒上的卷料自由转动。定子分里外定子，滑套在筒体外圆柱面上，并借固定螺钉固定在筒体的任意位置，用以安装固定不同宽度的卷料。制动圈套装在筒体的里端外圆柱面上，并固定在支板上，为卷筒的静止部分，用以制动筒体。拧紧或退出制动圈外圆周上4只调节螺钉，可增加或减少对筒体的制动力，使被牵引的薄膜或铝箔获得必要的张紧力。调节螺母旋装在支承轴并套装在筒体的外端内圆柱面上，并用1台轴承与筒体连接，在筒体旋转的情况下，转动调节螺母，可使筒体实现轴向移动，用以调节卷料的横向位置。支承轴固定在支板上，支板固定在机身上，构成卷筒的支承主体。

平板式铝塑泡罩包装机的性能特点：具有加热板温控检测、主电机过载保护，PVC和PTP包材料位检测；机械摩擦轮减速、调速，优于机械定比减速机变速与传动；采用四模具箱箱体同（花键）轴传动，提高传动刚性和工作绝对同步性；整体采用开式布局结构，可视性好，机器维护、调整简单、方便；用模块化模具、更换安装与调整方便，同机多规格生产、模具费用低；采用PLC微机控制，触摸屏操作，中文和数字显示、故障诊断中文提示，操作简便可靠，维修方便。

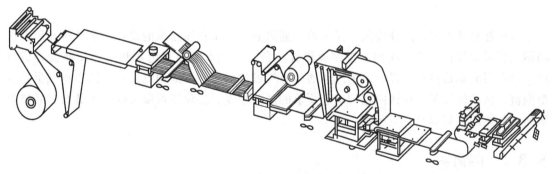

图 8-2-35　药用铝塑泡罩包装机

(2) 双铝箔包装机

双铝箔包装机全称是双铝箔自动充填热封包装机，所采用的包装材料是涂覆铝箔，产品的形式为板式包装。涂覆铝箔具有优良的气密性、防湿性和遮光性，因此双铝箔包装对要求密封、避光的片剂、丸剂等的包装具有优越性，效果优于黄玻璃瓶包装。双铝箔包装机除可包装圆形片外，还可包装异形片、胶囊、颗粒、粉剂等。双铝箔包装机也可用于纸袋形式的包装。

除此之外，还可以有瓶装、袋装等多种包装形式及相应的包装设备。

8.2.11.4　日常维护

对设备运动部位，包括轴、轴承及弹簧等部件按照说明书规定小时数加润滑油维护。按说明书规定小时数对皮带进行外观和胀紧度检查，检查电机、减速箱的温度及噪声是否正常。

8.3 隔离及密闭技术

国际上对高毒性、高活性和高致敏性的药物有职业暴露限度（occupational exposure limit，OEL）的要求，OEL是职业性有害因素的接触限制量值，指劳动者在职业活动过程中长期反复（每天工作8h，每周40h，终生工作）接触对机体不引起急性或慢性有害健康的容许接触水平。对此产生了职业暴露等级（occupational exposure band，OEB）的概念，基于药物活性、药理作用、副作用/毒理作用等因素，将OEL按危险类别划分为5个等级，即OEB1~5。

表 8-3-1　OEB 与 OEL 的对应关系

OEB	OEL/(μg/m³)	OEB	OEL/(μg/m³)
1	≥1000	4	1(包含1)~10
2	100(包含100)~1000	5	<1
3	10(包含10)~100		

生产中应用了一些控制技术来减少药物暴露量。

8.3.1　排风

排风有总体排风、局部排风、层流罩和通风橱。对于总体排风的设计，要针对高风险房间做全新风设计；工艺房间相对走廊要设计成负压，气淋间相对走廊和工艺间要设计成负压。洁净层流罩是将空气以一定的风速通过高效过滤器后，形成均流层，使洁净空气呈垂直单向流，从而保证了工作区内达到工艺要求的高洁净度。层流罩可以将操作人员与产品屏蔽隔离，与负压称量罩有一定区别。

8.3.2　隔离器

采用不同的物理和/或动态隔断可以提供不同级别的隔离保护，在操作区域和操作人员

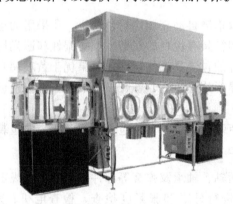

图 8-3-1　RABs 的隔离器

之间建立屏障，操作人员能物理介入而与生物环境隔离。这种解决方案的优点是：以最小的空调负荷对人员和产品进行保护。投资和运作成本很大程度上取决于预期的目的。一般而言，这种隔离装置的投资成本高于传统的洁净室运行成本。隔离器有硬体和软体之分，软体在操作上更加方便。限制进出隔离系统（RABS）的隔离器见图8-3-1。

8.3.3 密闭传输技术

(1) 袋进袋出和连续袋

袋进袋出（图8-3-2）和连续袋（图8-3-3）用于传输物料、工具、废弃物和过滤器。

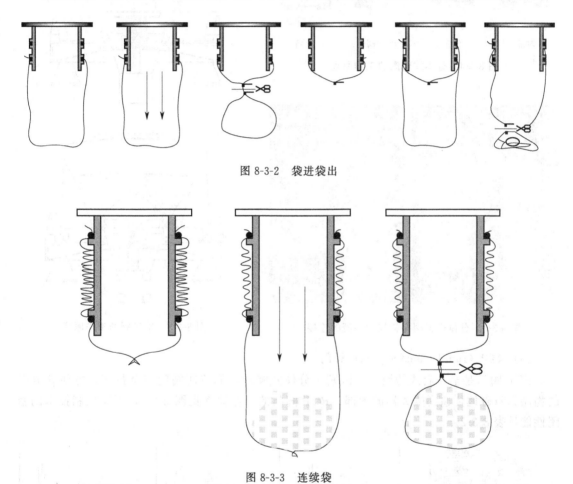

图 8-3-2　袋进袋出

图 8-3-3　连续袋

(2) 分体式蝶阀（αβ 阀）

分体式蝶阀（αβ 阀）可以最大限度提升流动性不佳和高价值产品的输送量，免除成本高昂的二级防护屏障和烦琐的 PPE（personal protective equipment）；能够快速传输，并实现自动化；使用灵活，可与 IBC（intermediate bulk container）料桶、料罐、PE 袋联合使用。分体式蝶阀的工作原理见图8-3-4，分体式蝶阀与料袋和料筒的连接见图8-3-5。

(3) 锥形阀

锥形阀可实现与 IBC 料仓自动密闭对接，内部设置清扫装置，防止粉尘残留；活动部件及连接紧固件均设计在阀体内部，无掉落风险。锥形阀可以反复上下运动，打破物料架桥，起到助流作用。锥形阀的工作原理见图 8-3-6。

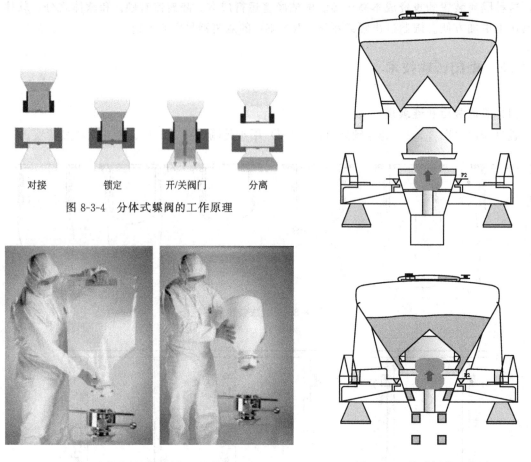

图 8-3-4　分体式蝶阀的工作原理

图 8-3-5　分体式蝶阀与料袋和料筒的连接

图 8-3-6　锥形阀的工作原理

（4）RTP（rapid transfer port）阀门

RTP 阀门是全开启式的设计，区别于分体式蝶阀，能够使阀门完全打开，方便 β 方向的物品无障碍地传递到隔离器的内部。RTP 阀门的工作原理见图 8-3-7，不同控制技术的密闭性能见表 8-3-2。

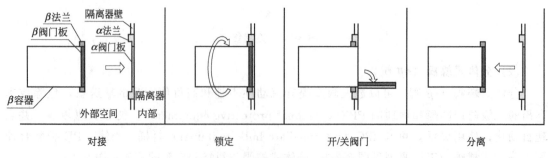

图 8-3-7　RTP 阀门的工作原理

表 8-3-2 不同控制技术的密闭性能

控制技术	密闭性能/(μg/m³)	控制技术	密闭性能/(μg/m³)
总体排风	100～10000	软体隔离器	1～10
局部排风	100～5000	硬体隔离器	0.1～10
层流罩	25～1000	分体式蝶阀	1～10
通风橱	10～200	高密闭阀	<0.1
排风屏障	1～100	快速传递口	<0.1
连续袋	1～50		

8.3.4 工艺设备

设备的大小应能满足产品生产批量的要求；设备的设计和结构应易于生产过程的操作；设备可保持密闭生产状态，将固体制剂生产过程中的粉尘降至限度要求内；设备参数的精度应能满足生产工艺所要求控制的精度范围；设备材料符合要求；润滑剂、冷却剂不污染物料和容器；便于清洗和维护，尽量避免死角；确保安全。

如固体制剂车间的高密闭制粒联线，可以达到 OEB4 级。设备仓门可采取气动密封形式，加强密封效果；沸腾干燥机的捕集室和扩散室采取一体化设计，减少泄漏；与物料接触的气流要经特殊处理，高剪切制粒机的呼吸器加装高效过滤器。沸腾干燥机料仓设计成翻转出料结构，便于密闭运输等。密闭制粒生产线见图 8-3-8。

图 8-3-8 密闭制粒生产线

8.3.5 生产线搭建

生产线搭建的总原则是采用密闭操作形式，采用合理有效的方式控制粉尘，最大限度避免污染、交叉污染、混淆和差错。具体到合理安排人流、物流，生产设备按工艺流程合理布局；前后工序衔接顺畅；整线产能匹配、运行稳定，消除瓶颈环节；实现密闭化生产；自动化、少人化；符合 cGMP 法规要求；符合 EHS 对生产线的要求；应用过程分析技术（process analytical technology，PAT）等。

(1) 配料

表 8-3-3 对负压称量罩、隔离器和自动配料系统进行了对比。

表 8-3-3　负压称量罩、隔离器和自动配料系统的对比

主要设备	配料方式	密闭性	适用
负压称量罩	人工计量	垂直单向流,负压,控制粉尘扩散	适用于柔性生产,多品种;小体积、小批量;难清洗物质
隔离器	人工计量	物理隔离,高密闭	高活性、高毒性、高致敏性,小批量
自动配料系统	自动配料	管道或其他形式的密闭传输和处理	大体积、大批量;单一或不常换批品种;易于清洗;可实现自动化

(2) 物料输送

表 8-3-4 对口服固体制剂车间常见的几种转运方式进行了对比。

表 8-3-4　口服固体制剂车间常见转运方式的对比

项目	IBC 转移	负压传输	重力传输
布局	水平分布平面布局操作,需考虑人流、物流	水平或垂直分布的空间布局	垂直布局,需要有层高较大的分隔间或多层设计
空间	需要运输和暂存空间	不需要很大空间	不需要很大空间
公用工程	无	压缩空气或真空	无
密闭性	密闭性好,可通过分体式蝶阀等实现高活性物料的转运	管道密闭,如使用负压传输需考虑真空端粉尘处理	管道密闭
其他	生产灵活,但需要一定数量 IBC 容器存放、转运物料,另外在厂房整体设计时综合考虑运输、储存、装料、卸料、混合和清洁等要求。高活性药品生产的主要转运方式	粉尘密闭性好,但清洁是限制因素。不适合远距离输送	粉尘密闭性好,受布局和设备位置影响大

设计时,需考虑物料特性,如堆密度、流动性、吸湿性、是否易燃易爆、可清洁性等;传递的频率;物料量;换产频率、时间要求;传递能耗、工序位置和距离。生产中,通常将几种传输方式联合使用,尽量减少物料输送距离和步骤。V 型混合机直接对接压片机见图 8-3-9,料桶通过 $\alpha\beta$ 阀直接与隔离器对接见图 8-3-10。

图 8-3-9　V 型混合机直接对接压片机

图 8-3-10　料桶通过 $\alpha\beta$ 阀直接与隔离器对接

8.4 固体制剂车间设计要点

8.4.1 物料净化系统

物料与载体自身附着尘埃粒子和微生物，物料的运动及转化过程等都会导致空气扰动的变化并产生尘埃粒子，所以，进入洁净室的物料应该经过净化。洁净室需设立独立的物料净化用室，一般包含外包装清洁、脱外包、缓冲气闸（传递窗或缓冲间）。

8.4.2 辅助间

容器具清洗间、容器具存放间、洁具清洗间、洁具存放间、中间化验室、模具存放间、除尘间、防爆间要在主要工作间布置合理的条件下，尽量靠近其应用地。这些辅助间与药品接触密切，所以其空气洁净度应与其使用场所的空气洁净度相同。清洗间、存放间的设置应能避免设备、器具的二次污染，可以采用单向流动布置。

8.4.3 排风除尘

固体制剂车间生产过程中易产生大量的粉尘，如果处理不当会对药品质量产生很大的影响。发尘量大的粉碎、过筛、制粒、干燥、整粒、总混、压片、充填等工段，都需设计必要的捕尘、除尘装置。

产尘室内同时设置回风及排风，排风系统均与相应的送风系统连锁，即排风系统只有在送风系统运行后才能开启，避免不正确的操作，以保证洁净区相对室外正压。工序产尘时开除尘器，关闭回风；不产尘时开回风，关闭排风。

铝塑包装机工作时产生 PVC 焦臭味，空调排风应设计成直排。

8.4.4 前室

配浆、容器具清洗等散热、散湿量大的岗位，除设计排湿装置外，也可设置前室，避免由于散湿和散热量大而影响相邻洁净室的操作和环境空调参数，如湿法制粒间、包衣间。

8.5 GMP 相关法规要求

8.5.1 厂房相关

我国 GMP（2010 年修订）中对固体制剂厂房相关法规要求如下：

第四十六条　为降低污染和交叉污染的风险，厂房、生产设施和设备应当根据所生产药品的特性、工艺流程及相应洁净度级别要求合理设计、布局和使用。

第四十七条　生产区和贮存区应当有足够的空间，确保有序地存放设备、物料、中间产品、待包装产品和成品，避免不同产品或物料的混淆、交叉污染，避免生产或质量控制操作发生遗漏或差错。

第四十八条　口服液体和固体制剂、腔道用药（含直肠用药）、表皮外用药品等非无菌制剂生产的暴露工序区域及其直接接触药品的包装材料最终处理的暴露工序区域，应当参照"无菌药品"附录中D级洁净区的要求设置，企业可根据产品的标准和特性对该区域采取适当的微生物监控措施。

第五十三条　产尘操作间（如干燥物料或产品的取样、称量、混合、包装等操作间）应当保持相对负压或采取专门的措施，防止粉尘扩散、避免交叉污染并便于清洁。

8.5.2　设备相关

设备的设计、选型、安装、改造和维护必须符合预定用途，应当尽可能降低生产污染、交叉污染、混淆和差错的风险，便于操作、清洁、维护，以及必要时进行消毒或灭菌。

8.5.3　生产管理相关

我国GMP（2010年修订）中对固体制剂生产管理相关规定要求如下：

第一百八十四条　所有药品的生产和包装均应当按照批准的工艺规程和操作规程进行操作并有相关记录，以确保药品达到规定的质量标准，并符合药品生产许可和注册批准的要求。

第一百八十七条　每批产品应当检查产量和物料平衡，确保物料平衡符合设定的限度。如有差异，必须查明原因，确认无潜在质量风险后，方可按照正常产品处理。

第一百八十八条　不得在同一生产操作间同时进行不同品种和规格药品的生产操作，除非没有发生混淆或交叉污染的可能。

第一百九十一条　生产期间使用的所有物料、中间产品或待包装产品的容器及主要设备、必要的操作室应当贴签标识或以其他方式标明生产中的产品或物料名称、规格和批号，如有必要，还应当标明生产工序。

第一百九十九条　生产开始前应当进行检查，确保设备和工作场所没有上批遗留的产品、文件或与本批产品生产无关的物料，设备处于已清洁及待用状态。检查结果应当有记录。生产操作前，还应当核对物料或中间产品的名称、代码、批号和标识，确保生产所用物料或中间产品正确且符合要求。

第二百条　应当进行中间控制和必要的环境监测，并予以记录。

第二百零一条　每批药品的每一生产阶段完成后必须由生产操作人员清场，并填写清场记录。清场记录内容包括：操作间编号、产品名称、批号、生产工序、清场日期、检查项目及结果、清场负责人及复核人签名。清场记录应当纳入批生产记录。

思考题

1. 试述人员进入 D 级洁净区的净化程序。
2. 绘制固体制剂车间的工艺流程图。
3. 什么是物料平衡?怎样计算物料平衡?
4. 常用的制粒设备有哪些?每种制备方法有哪些特点?
5. 固体车间有哪些功能间要求保持相对负压以及保持相对负压的意义是什么?

第9章 典型发酵生物制品生产线

9.1 典型发酵生物制品生产工艺流程

9.1.1 生物制剂概述

生物制剂是以微生物、动植物等生物体或其组成部分为起始材料，采用传统或现代生物技术制成的，可用作治疗药物、预防药物、诊断药物和其他生物医药用品（生化试剂、保健品、化妆品等）。生物制剂具有可治疗疑难疾病、见效快、特异性高，但药物稳定性差、给药方式受限等特点。

生物制剂生产线主要基于发酵生产工艺，一般工艺路线包含菌株的培育、培养基的配制、过程发酵以及发酵产物的分离提取和产品加工。

下面以酶制剂 L-天冬酰胺酶的生产工艺为例，进行步骤详解。

9.1.2 L-天冬酰胺酶生产工艺流程

L-天冬酰胺酶可作为医用酶用于治疗某些癌症，如急性淋巴细胞白血病。其作用机制是快速消耗血循环中的 L-天冬酰胺，从而消耗肿瘤细胞生存所需的外源 L-天冬酰胺，以达到抑制肿瘤细胞生长的目的。L-天冬酰胺酶在抑制癌细胞增殖的过程中不会破坏正常细胞，实现了酶的特异性抗癌作用，应用日趋广泛。但该酶可产生多种副作用，如凝血功能障碍、肝功能损害等。其工业化大规模生产的主要障碍是菌种退化问题，产酶效率需提高，且产品需达到药典酶活力要求（250U/mg）。

产此酶的微生物很多，其中大肠杆菌的产酶活性较高且易于大量生产。L-天冬酰胺酶的工业生产主要包括菌种培养、种子培养、发酵罐培养、提取精制。其生产工艺流程见图9-1-1。

L-天冬酰胺酶的生产工序如下：

(1) 菌种培养

将大肠杆菌接种在牛肉汤培养基中，置于恒温培养箱（37℃）培养48h。先以试管培养24h，再移至茄形瓶培养8h，随后于锥形瓶中培养16h。

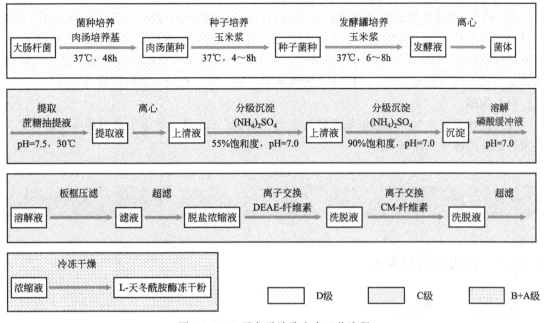

图 9-1-1　L-天冬酰胺酶生产工艺流程

(2) 种子培养

在种子罐中添加 16% 玉米浆作为培养基，控制接种量为 1%～1.5%，在 37℃ 的环境下通无菌空气搅拌培养 4～8h。

(3) 发酵罐培养

在发酵罐中加入玉米浆培养基，控制接种量为 8%，在 37℃ 的环境下通无菌空气搅拌培养 6～8h。离心分离所得发酵液，得到菌体。

(4) 提取

以蔗糖溶液提取法对菌体中酶进行提取。准备蔗糖抽提液，即加入了溶菌酶（200mg/L）和 EDTA（10mmol/L）的 pH 值为 7.5 的 40% 蔗糖溶液。向菌体中加入 5 倍体积的蔗糖抽提液，在 30℃ 的环境下振荡 2h 后，以 8000 r/min 离心 30min，收集上清酶液。

在大肠杆菌中提取 L-天冬酰胺酶的方法包括蔗糖溶液提取法、冷丙酮干燥破壁法、反复冻融法和超声破壁法等，其中蔗糖溶液提取法的提取收率最高。大肠杆菌中存在两种天冬酰胺酶，一种是位于细胞质中的无抗癌活性的 L-天冬酰胺酶Ⅰ，另一种是分泌至细胞周质中的有抗癌活性的 L-天冬酰胺酶Ⅱ。蔗糖溶液提取法主要是提取细胞周质中的酶，提取后大部分细胞未发生破裂，故提取液黏稠度不大，可利用高速离心法除去细胞。冷丙酮干燥破壁法使用时需注意丙酮属易燃易爆品。

(5) 纯化

纯化过程分为沉淀、过滤和透析。

① 沉淀。对上清酶液进行两次分级沉淀。第一次沉淀，加入硫酸铵直至饱和度达 55%，pH 值调至 7.0，在室温中混合搅拌 1h，离心除沉淀得上清液。第二次沉淀，在上清液中加入硫酸铵至饱和度达 90%，搅拌后离心收集沉淀。

② 过滤。沉淀物以 50mmol/L、pH=7.0 的磷酸缓冲液溶解，将溶解液以板框压滤的

方式进行粗滤。滤液经膜系统精滤得脱盐浓缩液。

③ 透析。将脱盐浓缩液进行透析。DEAE-纤维素层析柱经 10mmol/L、pH=7.6 的磷酸缓冲液平衡后，上脱盐酶液，以流速 40mL/h 用 30mmol/L 磷酸缓冲液洗涤至基线平稳。再将洗脱液调至 pH=4.8，通过预先用 50mmol/L、pH=4.9 的磷酸缓冲液平衡的 CM-纤维素层析柱，以 50mmol/L、pH=5.2 的磷酸缓冲液洗脱，收集显示酶活性的组分。

(6) 浓缩

使用超滤系统将洗脱酶液浓缩至酶活性为 10000U/mL 后，冷冻干燥制成冻干粉，成为 L-天冬酰胺酶冻干粉原料药。

9.2 单元设备工艺原理

9.2.1 公用系统的准备

9.2.1.1 空气系统

压缩空气系统是由空压机、冷冻干燥机、油雾过滤器、微油雾过滤器、空气减压阀组成的提供恒温的干燥空气的系统。空压机需定期进行排污。冷冻干燥机（油雾过滤器、微油雾过滤器）通过降温降低空气湿度，并除去空气中的油。

9.2.1.2 蒸汽发生器

蒸汽发生器，又称蒸汽锅炉，是利用燃料或其他能源的热能把水加热成为热水或蒸汽的机械设备。

蒸汽发生器的启停压力分别设定为 0.2MPa 与 0.35MPa，当蒸汽发生器内压力高于低限时开始工作，当蒸汽发生器内压力达到高限时停止工作。在开启前，需确保排污阀、出蒸汽阀关闭，补水阀开启。开启后，需开蒸汽总管尾端的排污阀，待管道中冷凝水排尽后关闭此排污阀。此外，蒸汽发生器需定期进行排污。

9.2.1.3 冷却水

本系统采用自来水作为冷却水，确认自来水总管上的压力表有读数，即可待用。在使用自来水作为冷却水时应注意停水无法控温、水压过低会使控温异常。

9.2.1.4 热水

热水来自热水罐，由控制面板设置工艺所需温度。开启热水循环泵，并确认热水总管上的压力表有读数，待用。

9.2.2 种子（发酵）罐

种子罐适用于制药、化工及真菌培养，其作用有加热、保温及冷却，为全封闭卫生型发酵专用设备。发酵罐是指工业上用来进行微生物发酵的装置，其主体一般为用不锈钢板制成的柱式圆筒，在设计和加工中应注意结构的严密与合理。发酵罐能耐受蒸汽灭菌、有一定操作弹性、内部附件尽量减少（避免死角）、质量传递与能量传递性能强，并可进行一定调节以便于清洗、减少污染，适合于多种产品的生产以及减少能量消耗。种子罐与发酵罐的用途不同，但结构差异小，操作步骤相似。

9.2.2.1 种子（发酵）罐的种类

发酵罐的种类有很多，可按微生物的生长代谢需要、材质、发酵量的大小和发酵方式、使用范围等进行分类（表9-2-1）。发酵罐最常用的分类方式是按使用范围进行分类，主要可分为四种：机械搅拌通风发酵罐、自吸式发酵罐、气升式发酵罐、塔式发酵罐。

机械搅拌通风发酵罐，又称通用式发酵罐、标准式发酵罐，是工业中使用最为普遍的发酵罐。自吸式发酵罐无需空气压缩机，于搅拌过程中自动吸入空气。其原理是通过罐内叶轮的高速旋转将空气吸入罐中，由于高速转动会形成真空状态，故只适用于对氧气含量要求不高的菌种。常用于乙酸发酵和酵母增殖的发酵生产。气升式发酵罐无搅拌传动装置，利用培养液的密度差进行液体循环，可进一步分为气升环流式、鼓泡式、空气喷射式等。常用于生产单细胞蛋白产品及处理废水。塔式发酵罐可视为无机械搅拌器的延伸，径高比较大，通常在1∶6以上，是一种多层塔式结构。其原理是通过气体的分散作用，将氧气导入罐中。常用于啤酒发酵。

表 9-2-1 发酵罐的种类

分类依据	名称(及特点)	
微生物的生长代谢需要	好气型发酵罐	
	厌气型发酵罐	
材质	碳钢制发酵罐	
	不锈钢制发酵罐	
发酵量的大小和发酵方式	小型发酵罐	(一般在实验室中使用)
	单批发酵罐	(具有一次性投入少、人工投入大、批量小、污染率高的特点)
	连续发酵罐	(具有一次性投入大、人工投入少、实现自动化、污染率低等特点)
使用范围	机械搅拌通风发酵罐	(适用性强，应用最普遍)
	自吸式发酵罐	(只适用于对氧气含量要求不高的菌种)
	气升式发酵罐	(目前用于培养基稀薄、供氧量要求不高的环境。具有结构简单、污染率低、溶氧效率高、能耗低等优点)
	塔式发酵罐	(若条件适宜，发酵水平与通风发酵罐相近，造价较低)

其中，标准式发酵罐（机械搅拌通风发酵罐）兼具通气与搅拌功能，最为常用，被广泛应用于抗生素、氨基酸、柠檬酸等生物发酵产品的生产。

标准式发酵罐是利用机械搅拌，将发酵液与无菌空气充分混合，使其均匀溶解，为微生物的生长、繁殖和代谢提供所需氧气。这类发酵罐适用性强，是目前生产中重要的反应容器。其主要结构包括：发酵罐体、通气装置、搅拌器、换热装置、轴封、中间轴承、消泡器和管路等。小型机械搅拌通风发酵罐与标准式发酵罐的结构如图9-2-1和图9-2-2所示。

(1) 发酵罐几何尺寸

发酵罐罐体通常由圆柱体和椭圆形或碟形封头焊接而成，发酵罐的几何尺寸主要包括容积和高径比。发酵罐容积分为公称容积 V_0、筒身容积 V_c、底封头容积 V_b，其中底封头容积 V_b 可依据封头直径在手册中查得，或以下式得到近似计算结果。

$$V_0 = V_c + V_b = \frac{\pi}{4} D^2 H + 0.15 D^3$$

式中　H——筒体高度；
　　　D——筒体直径。

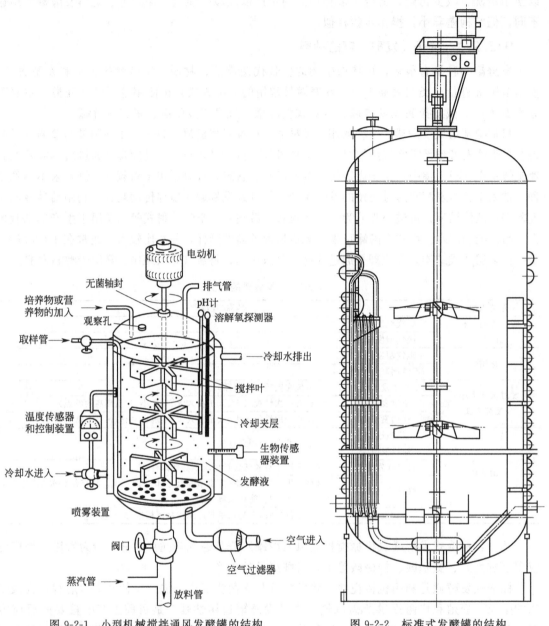

图 9-2-1 小型机械搅拌通风发酵罐的结构　　　图 9-2-2 标准式发酵罐的结构

发酵罐高径比 H/D 是罐体最主要的几何尺寸,其数值的确定需考虑工艺要求、车间经费和工程造价等因素。由于罐体高度与容积传氧系数 K_{La} 之间的非线性关系,罐体高度与液柱高度增加,氧气的利用率随之增加, K_{La} 亦随之提高,但随着罐体高度增加, K_{La} 的增长速率减缓。此外,在增大罐体容积的过程中会遇到能耗增加、通气效果减弱、发酵过程受抑制和建筑限制等问题:

① 能耗:由于罐体容积增大、液柱增高,进罐空气所需压力提高,空压机的出口压力提高且能耗增加。

② 通气效果:由于压力提高,罐底气泡受压后体积易缩小,使气-液界面的面积受影响,传质速率减小,通气效果减弱。

③ 发酵过程：液柱过高会增加溶氧分压，同时也增加了溶解二氧化碳的分压，而二氧化碳浓度的增加会对部分发酵产品的生产产生抑制作用。

④ 建筑设计：厂房高度受多种因素影响，且与罐体高度密切相关，故需综合考虑后设计罐体高度。

依据实际应用数据，部分发酵罐的参考高径比数值如表 9-2-2 所示。

表 9-2-2　发酵罐的参考高径比 H/D

发酵罐类型	H/D	发酵罐类型	H/D
一般标准式发酵罐	1.8～2.8	放线菌发酵罐	1.8～2.2
常用标准式发酵罐	2～2.5	小容积发酵罐（$V_0 < 80 \text{m}^3$）	宜取上限
细菌发酵罐	2.2～2.5	大型发酵罐（$V_0 > 100 \text{m}^3$）	宜取下限

(2) 通气装置与搅拌器

对于好氧发酵过程，良好的供氧条件与培养基的混合十分重要，故兼具通气与搅拌的标准式发酵罐在生化工程领域应用最为普遍。空气中的氧是通过培养基传递给微生物的，传递速率主要取决于气-液相的传质面积，即气泡大小与气泡停留时间。气泡越小、越分散，微生物获得的氧气越充沛。欲强化气泡的粉碎效果，需注意两个方面：一是改善气体分布器的型式和结构；二是在发酵罐内加入叶轮。通气装置的设置与叶轮的搅拌作用，使培养基在发酵罐内得到宏观及微观上的充分混合。同时，良好的搅拌也有助于将发酵产生的热量传递给冷却介质。

① 通气装置。通气装置是指将无菌空气导入培养基中的装置，可分为单孔管、多孔环管、多支管环管等。单孔管出口位于罐底部中央，开口向下或向上。多孔环管有压力损失与小孔堵塞的问题，且未能被证明传氧效果有明显改善。多支管环管是将空气管在罐内分散成 3 个或 4 个对称的口，使气体在罐底部中央均匀分布。这一设计是为了适应发酵罐容积增大带来的问题。罐容积增大，为保证搅拌系统稳定运行，于罐底设置底轴承，占据了空气管的位置。但若供气的气流不对称，则会造成搅拌器受到径向的偏力，造成轴承严重磨损的后果。

在大型发酵过程中，上述通气装置虽可达到所需气体粉碎效果，但往往靠近通气口最近的轴密封易磨损，需经常维修更换。这是由于进气管处空气通入量大，导致空气在几何对称的装置中喷出时，出现出口速度低于进口的现象。当通气量较大时，可能会形成对搅拌轴的一个径向偏力，导致轴密封易磨损的现象。

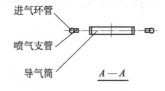

目前国内最佳的通气装置为空气二次分配通气装置。其关键结构与原理图如图 9-2-3 所示。空气由进气总管至进气环管，再由多个喷气支管径向喷出，高速气体碰撞到圆筒后，转向为轴向气流向上流动。上升的气体经叶轮搅拌粉碎，均匀分布于罐中，既提高了空气利用率，又改善了轴密封的磨损问题，很好地解决了 300～500 m³ 的发酵罐的通气装置放大问题。

② 搅拌器。搅拌器的作用是分散气泡，使空气与溶液均匀接触，阻止其聚并，得到尽可能高的 K_La 值。此外，还需使被搅拌的发酵液循环以增加气泡的平均停留时间。搅拌器可分为轴向式和径向式两种。目前，发酵罐多采用轴-径流组合搅拌系统，即

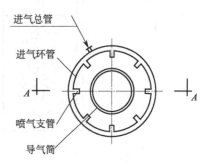

图 9-2-3　空气二次分配通气装置的关键结构与原理

在罐底部装有一个用来分散空气的带圆盘的径向流叶轮，在其上部安装一组轴向流叶轮。径向搅拌器承担初始气体分散的作用，轴向叶轮则能产生从顶部到底部的总体轴向流动。这种系统有利于培养介质的循环、气泡的均匀分布、热量传递的强化，并防止罐内上、下部出现溶氧梯度差。

轴-径流组合搅拌系统往往有更好的气-液分散和气-液传质效果。纯径流搅拌系统不能实现富氧区、富营养区和富菌群区的"三区重合"。故发酵罐下部发酵液中营养成分不足，影响发酵过程；上部发酵液则菌群浓度不够，影响氧的利用率。此问题会使发酵液中溶氧浓度较高，减小了溶氧浓度与饱和氧浓度的浓度差，减小了气-液传质的推动力。目前的组合系统利用轴流搅拌器的轴向循环与泵送流体作用，将罐顶加入的营养成分迅速送至罐底，基本消除了罐内的流动死区，提高了耗氧代谢速率，克服了局部溶氧富集现象，保证了气-液传质的推动力。

同时，这个系统强化了混合效果，有助于提高发酵生产过程的新陈代谢水平，对提高产率和质量以及降低成本都是有益的。此外，随着这个系统对流动死区的消除，传热系数也随之提高。据悉，传热系数与搅拌器直径正相关，与容器直径负相关。组合系统的各层搅拌器直径均大于纯径流系统，较大的搅拌器直径减小了搅拌器边缘到罐壁的距离，减少了流体速度衰减量，提高了罐内换热器表面的流体更新速度，减薄了滞留层，提高了传热系数，提升了换热效率。

轴-径流组合搅拌系统在气-液相界面更新和避免发生气泡聚并方面有优势。上述传质动力的保证和气泡快速破碎、分散都有利于气-液传质过程。

气-液反应器的流动形式决定分散的均匀度，并影响气体的截留率、传质速率和溶氧浓度。在整个罐体流型变化的同时，围绕搅拌叶轮的流型也在发生变化。在气体流速较低时，气体在叶片后部形成涡流。当气体流量增加时，空穴逐渐加大，直至空穴依附到桨叶后缘。若气流速度更高，则形成一系列大的空穴。图 9-2-4 展示了装有单个径向涡轮搅拌器的通气搅拌罐中的流动方式，其中 Q_g 为通气量，n 为转速。

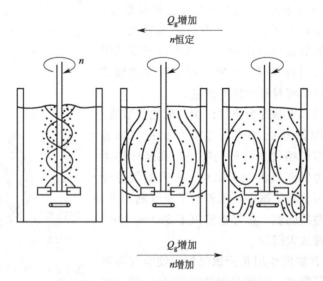

图 9-2-4　装有单个径向涡轮搅拌器的通气搅拌罐中的流动方式

图 9-2-5 是先前普遍使用的 Ruston 带圆盘的径向流叶轮与轴-径流组合叶轮的搅拌流型

对比图。Ruston 带圆盘的径向流叶轮的问题在于其流型为循环式，整个罐内形成多个混合区域，造成整个罐内的宏观混合效果差，并易于近壁处形成死区，使此处的传质条件不佳，影响了整体发酵水平的提高与发酵罐的放大设计。轴-径流组合叶轮则改善了宏观混合效果，减少了死区，提高了发酵单位，并降低了搅拌功率。

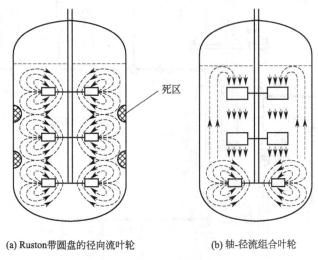

(a) Ruston 带圆盘的径向流叶轮　　(b) 轴-径流组合叶轮

图 9-2-5　两种发酵罐搅拌流型

(3) 换热装置

换热装置是利用冷却介质将生化反应及高温消毒产生的热量带离罐体的装置，主要类型包括夹套式、立式蛇管、半圆形外盘管等，冷却介质通常为低温水和循环水。温度的升高会影响发酵的培养条件，引发微生物发酵的中断，故传热面的布置与计算十分重要。发酵罐的冷却，主要是考虑微生物发酵过程的发酵热、机械搅拌消耗的功率移送给培养基的热量和培养基实消后的冷却时间。发酵罐的传热面积应满足正常发酵所产生的热量和培养基经消毒后的高温所需冷却的热量传递，一般后者所需面积大于前者，工程上后者所需面积可近似计算为 1.3～1.6 倍的前者所需面积。

夹套式换热装置通常用于小型罐（$V_0<5m^3$），具有结构简单的优点，但传热系数较低、设备重量大。多组立式蛇管常用于传统的大型发酵罐，具有传热系数高的优点，但存在占据发酵罐容积较大、清洗不便及泄漏后果严重的缺点。近年来，多采用转向半圆形外盘管换热技术。该技术将装置移至罐外，传热系数高，罐体易清洁，增强了罐体强度并使罐体壁厚得以大幅降低，降低了发酵罐的造价。随罐体容积增加，若出现传热面积不足的情况，可考虑在封底加设外盘管，或在罐内设置挡板式蛇管、直立式蛇管等。

9.2.2.2　种子（发酵）罐的操作规程

下面以一个罐体为例，介绍种子（发酵）罐的操作规程，其工艺流程见图 9-2-6。

(1) 准备阶段

① 空气精过滤。空气经预过滤、精过滤后待用。关闭精过滤器前后阀门，半开启空气精过滤器蒸汽阀，微开排污阀，使空气过滤器上压力表读数达 0.11～0.12MPa，维持 30min。灭菌时，流经空气过滤器的蒸汽压力不得超过 0.12MPa，蒸汽流量也不能太大，否则会损坏空气过滤器滤芯，使其失去过滤能力，要控制好空气精过滤器蒸汽阀的开度，使之

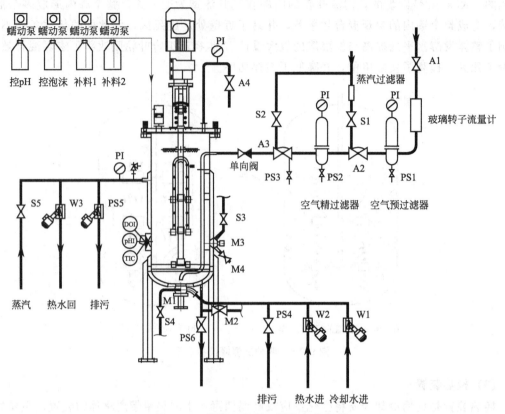

图 9-2-6　种子（发酵）罐的工艺流程

有少量的蒸汽流出即可。灭菌完成后，让空气替代蒸汽，保持空气精过滤器正压，并用压缩空气吹干滤芯，10min 后可依次关闭排污阀，保压待用。需注意保压待用过程中不可关闭隔膜阀。

空气精过滤器灭菌后只要正确操作，维持其正压状态，若发酵正常，则下一次发酵可尝试不对精过滤器灭菌，若生产状态稳定，精过滤器灭菌一次最多可发酵 3~5 次。

② 空消。空消是指清除空间内不好的或不需要的杂质，使之达到无害化的洁净程度或在一定空间范围内，将空间内的微粒子、挥发性有害物质、细菌等污染物清除。发酵罐空消根据生产工艺的要求决定，空消不是每批发酵的必要操作。

保持罐子密封完好，打开夹套排污阀，进行空消。需注意，螺栓与接口螺母不可拧得过紧，防止损坏螺栓和硅胶密封圈。分别通过空气管道、出料管道、取样管道向罐内通入蒸汽，将罐压稳定在 0.11~0.12MPa 之间，空消一般需要 30~50min，过程中压力不可超过 0.15MPa。结束后，通入空气放出热水，并通入冷凝水冷却后再排尽冷凝水。整个空消过程都必须有人看守，随时注意压力和温度的变化。需注意，在排汽的过程中，若排气口附近有电磁阀等电子设备，应采用硅胶管将蒸汽引出，远离电子设备。

③ 其他准备工作。需准备种子、培养基和补料（消泡剂、酸、碱等）。对补料瓶的进口和出口进行包裹处理，其中进气口需先于硅胶管上额外安装呼吸器再包裹。处理好后，将整个补料瓶放入灭菌锅灭菌。

(2) 灭菌阶段

① 进料操作。卸去罐内压力后，将标定好的 pH 电极和未标定的 DO 电极装入电极护

套，并安装盖紧。配料、进料，待液位达到规定位置时停止进料，盖上接种口盖，并检查补料针是否已上堵头，开始实消。

加液量需考虑蒸汽冷凝水使液面上升，以及接种时种子带入的液体体积，因此培养基配制时应减少水的加入量。一般应补水至培养液重量的65%~75%。此外，固体粉末状物料和流体状物料均需使用漏斗加入，防止物料洒出在接种口外形成干结难清洗的污渍。

② 实消。以低转速开启上搅拌，待罐内物料温度达到90℃时，停止搅拌进行实消。通过空气管道、出料管道、取样管道向罐内通入蒸汽，发酵液升温时间应控制在40min左右，如果升温时间太短，发酵罐罐顶温度有可能达不到灭菌温度，造成灭菌不彻底。罐温到达灭菌温度后，使罐压维持在0.11~0.12MPa之间（对应温度121℃），不可超压。实消时间需控制在30~40min之间，若不足无法灭菌彻底，但时间过长会过多破坏培养基。实消结束后，降低并维持压力至0.05MPa进行搅拌，然后进行夹套降温。在降温过程中需注意罐压，防止压力跌零，否则极易吸入外界空气造成染菌。

(3) 发酵过程控制与操作

① 控温操作。修改需要的目标温度，确认控温处于自动加热、自动冷却状态。发酵罐冷却介质采用的是自来水，根据季节的不同，自来水温会有很大的差异。在温度的控制策略上，夏天"冷却时间"填入数字稍大，"冷却间隔"填入数字稍小，冬天则相反。

② 接种操作。当罐内培养液温度达到接种温度时即可进行接种。操作需在超净工作台进行，用75%酒精棉擦洗罐顶接种口，并将火环中塞入棉花，倒上95%酒精。接种者的双手也需要用75%酒精棉擦洗消毒。

减少进气量，观察并调节罐内压力在0.01MPa以下，点燃火环上的酒精棉。拧下接种口盖，并将其放入预先准备好的盛有75%酒精的培养皿中。在此过程中进气阀不能关闭，否则可能有外界空气进入罐内引起污染。在火焰上拔下接种瓶塞，在火焰上灼烧瓶口，迅速将菌种倒入罐内。盖上接种口盖，拧紧，熄灭火焰，用75%酒精棉将接种口四周清洗干净。

③ 通气量和罐压操作。通气量是通过安装在进气口的流量计来检测的。通气量的调节是通过配合调节进气阀和排气阀的开启程度进行的。如果要增大通气量，则两者均要开大，反之则两者均要关小。

罐压的控制也是通过配合调节进气阀和排气阀的开启程度进行的。如果要增高罐压，则要开大进气阀和（或）关小排气阀；反之则要关小进气阀和（或）开大排气阀。

④ 搅拌转速。搅拌转速可通过控制面板调整。

⑤ DO电极的标定。将通气量、罐压、转速设置为整个发酵过程中用到的最大值，稳定1~2min后，将DO电极标定为100%。

⑥ 补料操作。将预先灭过菌的装有酸液、碱液、消泡剂、补料液的补料瓶上的硅胶管卡在蠕动泵上。用75%酒精棉擦洗接种口周围，接种者的双手也需要用75%酒精棉擦洗消毒。

减少进气量，观察并调节罐内压力在0.01MPa以下，拧下补料口堵头，然后在补料口周围点上95%酒精棉，并迅速拆开被包裹的补料针，在火焰的保护下插入补料口，并旋紧。

⑦ 取样操作。排尽管道中的冷凝水后，对取样口进行灭菌。弃去最初流出的一段发酵液后，用取样瓶接取部分发酵液完成取样。排尽管道中的冷凝水后，对取样口进行灭菌。

(4) 发酵结束阶段

当200L发酵罐中的发酵液灭菌结束，并降温至发酵温度后，可将20L种子罐内的发酵成熟的种子液移至发酵罐内。

① 移种管路灭菌。微开200L发酵罐上排污阀，使其有少量蒸汽流出即可，开始移种管路灭菌，计时30min。灭菌结束后依次关闭阀门上的排污阀，快速打开发酵罐的移种阀，使发酵罐内的压力对移种管路保压。移种管路灭菌结束后，应尽快将种子罐内的种子液移入发酵罐，不要等移种管路冷却后再移，否则可能会引起染菌。

② 移种。移种通过两罐之间压差实现，移种前需确认发酵罐的温度、搅拌转速、pH值等各项参数适合移种。

停止种子罐的搅拌，调节其进出空气阀，使种子罐罐压保持在0.08MPa左右，调节200L发酵罐进出空气阀，使发酵罐罐压保持在0.03MPa左右。开启种子罐阀门和50L发酵罐阀门，种子罐中的菌种因为压力差流入200L发酵罐内。

③ 移种管路再灭菌。操作同步骤①。

④ 清洗及其他。关闭种子罐的控温阀和空气阀，将种子罐及时清洗干净。如果暂时不用，则需进行空消，并排尽罐内及管道内的水。

9.2.3　高压纳米均质机

由于许多发酵产物为胞内产物，分离提取此类产物时必须将细胞破碎，使产物释放到液相中，才能进行提取和纯化。细胞破碎的方法可分为机械法与非机械法两大类。机械法包括高压匀浆破碎、超声波破碎、研磨破碎等方法；非机械法包括化学破碎、冻融破碎、酶溶破碎等方法。下面以高压匀浆破碎法为例，介绍高压纳米均质机的机械结构、工作原理与操作步骤。

高压纳米均质机是一种往复泵，其中柱塞往复泵最为常见，其各个组件如图9-2-7所

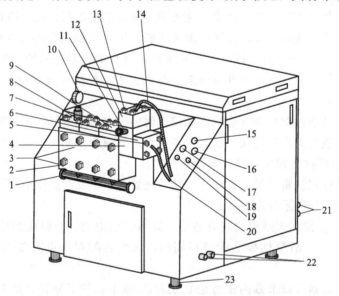

图9-2-7　高压纳米均质机

1—进料管；2—泵体螺母；3—泵体；4—阀体；5—高压油缸螺母；6—高压油缸；7—表座压盖；8—压盖螺母；9—压盖；10—压力表组件；11—出料管；12—低压油缸；13—低压油缸螺母；14—低压油管；15—润滑油压力表；16—液压系统高压压力表；17—液压系统低压压力表；18—高压上卸压旋钮；19—低压上卸压旋钮；20—高压油管；21—冷却器进出水管；22—柱塞冷却进出水管；23—可调底脚

示。高压纳米均质机的主要组成部分包括传动系统、柱塞泵、均质阀等，其基本结构如图 9-2-8(a) 所示。传动部分由电动机、皮带轮、变速箱、曲轴连杆、柱塞等组成。电动机的高速旋转运动通过变速箱和曲轴连杆转变为低速往复直线运动。实际生产中常采用两级变速，即皮带轮及齿轮变速。通常将柱塞往复运动的速度控制在 130~170r/min，此时的机器运转稳定、噪声低，柱塞及其密封耐用性好。柱塞泵由活塞带动柱塞，在泵体内做往复运动，在单向阀配合下，完成吸料与加压过程，随后进入集流管。均质阀则是接受集流管输送过来高压液料，一般通过二级均质阀及调压装置，完成超细粉碎、乳化、匀浆任务［图 9-2-8(b)］。阀中接触料液的材质需无毒、无污染、耐磨、耐冲击、耐酸碱、耐腐蚀。常见的三柱塞往复泵的柱塞泵是由 3 个工作室、3 个柱塞、3 个单向的进料阀和 3 个单向的出料阀等组成。3 个工作室互不相连，但进料管和排料管相通，在设计上曲轴使连杆相位差为 120°，它们并联在一起，使排出的流量基本平衡［图 9-2-8(c)］。

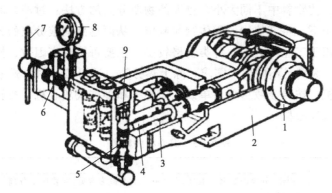

1—传动轴；2—机体；3—密封垫料；4—柱塞；5—吸入阀；
6—均质阀；7—阀杆；8—压力表；9—排出阀；

(a) 高压纳米均质机的基本结构

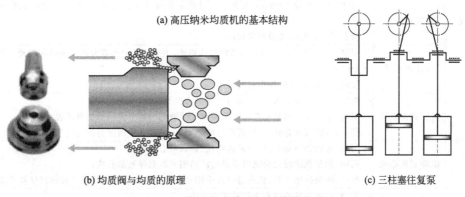

(b) 均质阀与均质的原理　　　　　　(c) 三柱塞往复泵

图 9-2-8　高压纳米均质机的结构与原理

高压纳米均质机的工作原理是通过柱塞的往复运动，使泵体单向阀芯、阀座开启闭合，并在其内部形成高压液流，高压液流在通过均质阀的狭小间隙时，受对流冲击、挤研、高速剪切、空穴和湍流等复合力作用，达到均质乳化和破碎的功效。冲击效应主要应用于细胞破碎，通过可调节限流缝隙的物料，高速撞击到用特殊材料制成的冲击环上，造成物料粉碎。剪切效应主要应用于乳化，高速液流通过泵腔内通道和阀口狭缝时会产生剪切效应。空穴效应是指被柱塞压缩的物料内积聚了极高的能量，通过可调节限流缝隙时瞬间失压，造成高能释放引起空穴爆炸，致使物料强烈粉碎细化，主要应用于均质。

高压纳米均质机的操作步骤分为检查、开启、加压、关闭、切断电源。检查各系统连接无误，接通总电源。开启冷却水阀门，喷口水量以积水量低于骨架密封圈为准。先将高压手轮顺时针方向旋转至压力表指针点动，然后按先低压后高压的顺序调整至所需要的工作压力（根据工艺要求自定）。关闭时，需逆向先放松高压，后放松低压，然后用清洗液或水通入泵体无压力运转 10min 左右，达到泵内清洗的目的。其中，手轮反转不宜太多，一圈为宜，否则会损坏手轮内顶杆的轴密封圈。最后，切断电源。

9.2.4 管式离心机

发酵液大部分为水，代谢产物浓度很低，且杂质含量很高，为了获得合格的产物，首先必须对发酵液进行固液分离。

发酵常用的固液分离方法主要分为离心分离和过滤。离心分离是利用离心机高速旋转所产生的强大离心力，使物料中不同大小、密度的物质分离的方法；过滤是利用过滤介质，在一定的压力差的作用下，将液体中的固体颗粒截留，从而达到固液分离的方法。

离心机广泛应用于工业生产中，种类规格较多，主要可按分离因数、操作原理、操作方式分类（表9-2-3）。为满足不同生产需求，除上述分类，还可按卸料方式分为人工卸料离心机和自动卸料离心机；按转鼓数目分为单鼓式离心机和多鼓式离心机；按转鼓轴线的方向分为立式离心机和卧式离心机。

表 9-2-3 离心机的种类

分类依据	名称	特点
分离因数	常速离心机	用途：分离因数 $K<3000$，以 400～1200 最为常见，主要用于分离颗粒较大的悬浮液或物料的脱水。 特点：转速较低、转鼓直径较大、装载容量较大
	高速离心机	用途：分离因数 $3000 \leqslant K \leqslant 50000$，通常是沉降式和分离式，适用于分离乳浊液和细粒悬浮液。 特点：转速较高、转鼓直径较小
	超速离心机	用途：分离因数 $K>50000$，通常是分离式，主要用于分离难分离的超微细粒悬浮液和高分子胶体悬浮液。 特点：转速高、转鼓为细长管式
操作原理	过滤式离心机	类型：三足式离心机、卧式刮刀卸料离心机等。 用途：适用于晶体悬浮液和较大颗粒悬浮液的过滤分离以及物料的脱水。 特点：转鼓鼓壁有孔，内壁覆有过滤介质，依过滤介质的筛分作用实现分离
	沉降式离心机	类型：螺旋卸料离心机、管式离心机、碟式离心机等。 用途：用于乳浊液的分离或不易过滤的细颗粒悬浮液的分离。 特点：转鼓鼓壁无孔，依靠悬浮液中固相和液相的密度不同或两种液体密度差异实现分离
操作方式	间歇式离心机	类型：三足式离心机和上悬式离心机等。 特点：加料、分离、卸渣等过程均是间歇进行，需停车后卸料，并可根据需要调整过滤时间，满足物料最终湿度的要求
	连续式离心机	类型：卧式刮刀卸料离心机、活塞推料离心机、螺旋卸料离心机等。 特点：加料、分离、卸渣等操作过程是在全速运转条件下连续进行的，整个操作连续化。操作方式与物料的流动性有关，如用于液-液分离的离心都是连续式的

管式离心机被广泛用于食品、制药、化工、生物制品等多个行业，属于精密分离设备，用于固液两相、液液固三相的分离，可分离各种难分离的悬浮液，特别适用于浓度小、黏度大、固相颗粒细、固液重度较小的固液分离。其原理是利用离心力将不同比重的物料进行分离。依据不同的分离原理，管式离心机可分为澄清型（GQ）和分离型（GF）两种。澄清型

管式离心机的主要功能是处理固液两相的分离；分离型管式离心机的主要功能是处理液液两相或者液液固三相的分离（图9-2-9）。

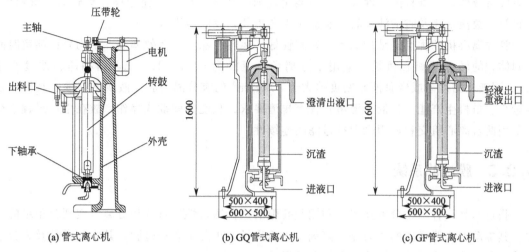

(a) 管式离心机　　(b) GQ管式离心机　　(c) GF管式离心机

图9-2-9　管式离心机的分类（按分离原理）（单位：mm）

管式离心机主要由机身、传动装置、细长无孔转鼓、集液盘、进液轴承座组成，转鼓上部是挠性主轴，下部是阻尼浮动轴承，主轴由连接座缓冲器与被动轮连接，电机通过传动，从而使转鼓绕自身轴线超速旋转，在转鼓内部形成强大的离心力场。物料由底部进液口射入，离心力迫使料液沿转鼓内壁向上流动，且因料液不同组分的密度差而分层（图9-2-10）。

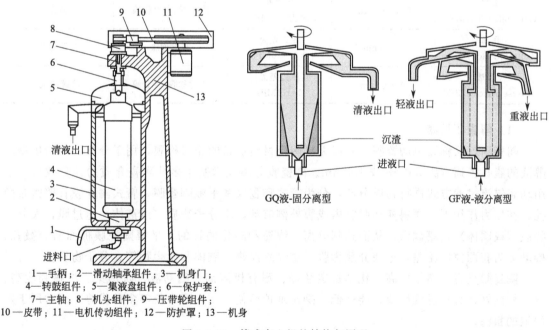

1—手柄；2—滑动轴承组件；3—机身门；
4—转鼓组件；5—集液盘组件；6—保护套；
7—主轴；8—机头组件；9—压带轮组件；
10—皮带；11—电机传动组件；12—防护罩；13—机身

图9-2-10　管式离心机的结构与原理

管式离心机的操作步骤分为检查、开启、加压、停止、清洗消毒。开机前需检查集液盘、保护螺套，如用冷却系统，打开冷却套。检查完成后，开启离心机，先点动1~2次，每次点动间隔为2~3s，然后启动稳定运转2~3min后即可通入被分离介质。将被分离的液体进入机器的压力加至 1.5m 液柱。离心结束后,切断供料,当出料管没有液体排出后方可停机。当转速降到较低数值时,转子内液体通过下轴承底部出口溢出,用预先准备好的器具收集残余液体。机器只能惯性停车,不能用任何强制方法停车。完全停止运转后,进料管、出料管、集液盘需及时清洗,转鼓按规定工艺拆装,及时清洗或消毒。

管式离心机的优点是结构简单、密封性好、运转可靠、分离效率高、平均允许滞留时间比同体积的转鼓式离心机长,适用于分离颗粒直径为 0.01~100μm,固相体积浓度小于 1‰、固液相密度差或轻重液相密度差大于 10kg/m³ 的难分离的乳浊液或悬浮液。其缺点是容量小、单机生产能力较低、澄清过程有排渣要求、只能为间歇式操作,故在生产过程中往往采用两台离心机交替使用来保持过滤的连续性。

9.2.5 膜过滤系统

膜过滤是一种精密分离技术,利用膜孔隙的选择透过性进行两相分离以实现分子级的过滤。其推动力为膜两侧的压力差,溶剂、无机离子、小分子等透过膜,其中的微粒及大分子会被截留,从而达到分离、浓缩和纯化的目的。

膜过滤系统的过滤包括陶瓷膜粗滤、微孔过滤、超滤、反渗透等。常见膜分离过程及基本特性见表 9-2-4。

表 9-2-4 常见膜分离过程及基本特性

分离过程	膜孔径	推动力	膜类型	传递机理
微滤 (microfiltration,MF)	0.02~10μm	压力差 约为 0.1MPa	均相膜、非对称膜	筛分
超滤 (ultrafiltration,UF)	1~20nm	压力差为 0.1~10MPa	非对称膜	微孔筛分
反渗透 (reverse osmosis,RO)	0.1~1nm	压力差为 1~10MPa	非对称膜、复合膜	溶解-扩散

(1) 陶瓷膜粗滤

陶瓷膜,又称无机陶瓷膜,是以无机陶瓷材料制备的非对称膜,用于分离、澄清生物发酵液的膜孔径通常为 50nm 或 100nm。陶瓷膜分离技术基于多孔陶瓷介质的筛分效应,采用动态错流过滤方式进行物质分离,分为管式陶瓷膜和平板陶瓷膜。管式陶瓷膜管壁密布微孔,在压力作用下,原料液在膜管内或膜外侧流动,小分子物质(或液体)透过膜,大分子物质(或固体)被膜截留,从而达到分离、浓缩和纯化的目的。平板陶瓷膜板面密布微孔,推动力为膜两侧的压差,过滤介质为膜,滤除悬浮物、胶体和微生物等大分子物质。

陶瓷膜具有分离效率高、化学稳定性好、耐有机溶剂、耐高温、抗污染、机械强度高、再生性能好、分离过程简单、能耗低、操作维护简便、使用寿命长等多种优势,故常用于发酵液的粗滤。

(2) 微孔过滤

微孔过滤属于精密过滤,分为表面型和深层型。工业中,微滤操作使用错流过滤方式对料液进行除菌过滤澄清,膜需要进行定期在线清洗,从而再生恢复膜的过滤性能。错流过滤是通过将均质海绵状多孔结构和多层不同的交错筛网作为过滤介质而实现的。微孔膜通过吸附效应将颗粒和微生物截留并集中在滤膜表面。膜孔径达 0.45μm 的过滤效果可达餐饮级除菌过滤、微生物检测和质量控制的标准。0.22μm 的微孔滤膜可达 GMP 或者药典规定的除菌 99.99% 的要求。

(3) 超滤

超滤是利用一定截留分子量的超滤膜进行溶质分子的分离或浓缩。小于截留值的分子通过分子膜，大于的则被截留在膜表面（图 9-2-11）。过滤精度为 1~20nm，截留分子量为 1000~50000Da（$1Da=1u=1.66054\times10^{-27}kg$），可有效去除滤浆中的微粒、胶体、细菌、热原及高分子有机物质。超滤过程无相转化，常温下操作，

图 9-2-11　超滤系统

对热敏性物质的分离尤为适宜，并具有良好的耐温、耐酸碱和耐氧化性能，能在 60℃ 以下、pH 值为 2~11 的条件下长期连续使用。超滤膜是采用聚乙烯、聚丙烯等材料制成的非对称膜，按结构可分为板框式、中空纤维式、管式等。

超滤膜具有回收率高、能耗低、无相变等优点，在医药和生物化工生产中常用于分离浓缩，同时作为反渗透的预处理。

(4) 反渗透

渗透是水从稀溶液一侧通过半透膜向浓溶液一侧自发流动的过程。浓溶液随着水的不断流入而被不断稀释。当水向浓溶液流动而产生的压力足够用来阻止水继续净流入时，渗透处于平衡状态，即达到动态平衡。当在浓溶液上外加压力，且该压力大于渗透压时，则浓溶液中的水就会克服渗透压而通过半透膜流向稀溶液，使得浓溶液的浓度更大，这一过程就是渗透的相反过程，称为反渗透。

反渗透又称高滤，是渗透的一种逆过程，通过在待过滤的液体一侧加上比渗透压更高的压力，使得原溶液中的溶剂压缩到半透膜的另一边。反渗透通常使用聚丙烯酰胺制成的非对称膜或复合膜，涉及的膜分离设备主要有中空纤维式、卷式等。

反渗透膜能截留水中的无机离子、胶体和大分子溶质等，从而达到脱盐浓缩的效果。其过滤粒径为 0.1~1.0nm，操作压力为 1~10MPa，具有效率高、能耗低等优点。

9.2.6　色谱系统

色谱（层析）是利用目的产物在固定相与流动相之间的分配差异，达到分离目的的技术。色谱对混合物中的生物大分子如蛋白质和核酸等复杂的有机物有极高的分辨力。生物大分子的分离一般遵循分级分离、先粗后细的原则，上述 0.22μm 和 0.45μm 微孔滤膜主要用于滤掉样品中一些可能导致液相色谱仪液路和色谱柱堵塞的微小固体颗粒，这是因为高效液相色谱仪液路极为细小，管路和色谱柱内是密封的高压液路系统，任何微小的固体颗粒都可以导致色谱柱及单向阀等关键组件磨损或者堵塞，因此对一般的样品需要做预处理，防止损伤。

亲和色谱是用于生物大分子分离且分离度很好的方法，该方法的关键是选择适宜的配体与色谱条件。亲和色谱最常用的基质是琼脂糖凝胶，需根据目标蛋白质的分子量大小选用凝胶，并需根据分离对象选择合适的配体，配体应对某一个样品或某一类样品有特异性吸附。

其原理是生物大分子对亲和色谱配体（某些基团或分子）有特异性作用，形成特殊的分子间作用，如疏水力、静电力等。配体对溶液中分子的作用是有选择性的，只对一类或一种生物大分子起作用而使其保留，对其他物质不起作用。如酶与底物的识别结合、受体与配体的识别结合、抗体与抗原的识别结合等。这种特异、可逆结合被称为亲和力，也称锁钥作用。亲和色谱的基本过程见图 9-2-12。

色谱系统如图 9-2-13 所示，其操作步骤主要分为装柱、上样和洗脱。装柱是根据目的产物性质的不同，选择合适的柱子，装填合适的介质。上样是对于胞外产物，将经过管式离心机离心后获取的上层清液，通过色谱系统中的蠕动泵输送至色谱柱中，经过吸附，将生物大分子截留下来。洗脱是选择合适的洗脱液将目的产物洗脱下来。

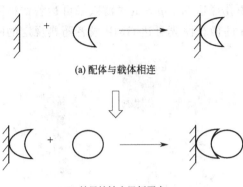

(a) 配体与载体相连

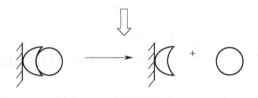

(b) 特异性结合目标蛋白

(c) 分离已结合蛋白

图 9-2-12　亲和色谱的基本过程

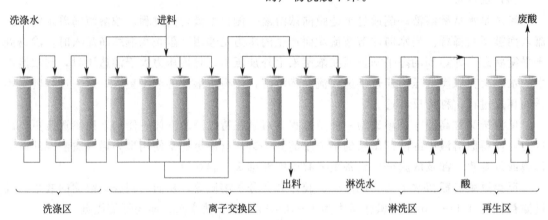

(a) 多柱组合色谱

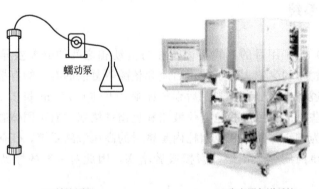

(b) 输液原理　　(c) 生产用色谱系统

图 9-2-13　色谱系统

9.2.7 冻干设备

冻干机系统相关知识参照本书第 10 章或其他章节内容。

9.3 典型岗位操作事项与车间设计要点

9.3.1 发酵罐的管理

看罐人员要保证发酵罐的"三正常",即风量、温度、转速正常,定时做记录,发现异常应及时向有关人员反映,采取有效措施。

9.3.2 发酵罐操作的注意事项

① 在进行操作前必须完全熟悉整个操作过程。
② 在进行操作前需做好防护措施,如穿工作服、戴手套。
③ 发酵系统在使用前应检查各连接部位有无松动现象,如有应立即紧固。
④ 需定时查看设备是否正常运行,并做好相关记录。
⑤ 在排汽的过程中,若排汽口附近有电子设备,应使用硅胶管将蒸汽引出至远离电子设备的地方,切不可让其被蒸汽淋湿。
⑥ 在发酵过程中的任何阶段的罐压、夹套压力不得高于规定压力范围。
⑦ 发酵系统长时间不使用,需将发酵罐排空、洗净,将热水罐内污水排空,需关闭所有相关电源。
⑧ 在使用过程中蒸汽发生器需一周排污一次。

9.3.3 发酵过程应注意避免危险的操作

① 罐内有压力时不可开启接种口盖,有可能会引起罐内物料喷出(接种过程在罐内低压情况下例外)。
② 发酵过程中应通过调节阀门来调节空气流量或关闭空气;实消过程中通过空气管给罐内通入蒸汽时应注意阀门关闭。目的是防止空气、蒸汽倒流入空气滤芯,破坏或污染滤芯,因为空气滤芯中气体的流动具有方向性。
③ 罐内没有物料时不可开启搅拌,搅拌空转有可能会使搅拌轴弯曲。特别注意在放料或移种前应停止搅拌。
④ 罐内没有物料或水时不可开启控温系统,这个操作会使发酵系统一直处于加热状态,有可能会损坏设备。
⑤ 空消过程中,灭菌完成后在发酵罐降温冷却的过程中,不可关闭排气阀门,防止造

成罐内真空，损坏设备。

9.3.4 车间设计要点

9.3.4.1 车间布置原则

严格遵循《药品生产质量管理规范》（2010年修订）及其附录的要求，车间布置紧凑、功能齐全、管理方便。总体布置主人流和主物流分开，避免交叉污染，使物流顺畅以节约物流输送能耗。

9.3.4.2 车间布置说明

典型非最终灭菌小容量注射剂生产车间一般分三部分：生物发酵生产区、制剂生产区和辅助设施区域。

(1) 生物发酵生产区

该区包括发酵生产区和纯化生产区。发酵生产区为D级洁净区，纯化生产区为C级洁净区。进入发酵生产区和纯化生产区的物料和人员各自有独立的净化设施，原辅料经外清、气锁进入洁净区；洁净区操作人员经换鞋、脱外衣、穿洁净衣、气锁进入洁净区；发酵生产区和纯化生产区分别有独立的洗衣间用于洁净衣的洗涤、整衣；同时发酵生产区和纯化生产区分别有独立的工器具清洗间、存放间和洁具间。

发酵生产区布置有：种子库、接种间、摇瓶培养间、发酵培养间、菌体分离间、菌体破碎、包涵体收集、包涵体洗涤和分离、包涵体变性。

纯化生产区布置有：包涵体复性、粗提、精提、浓缩、原液暂存、制程控制。

发酵生产区和纯化生产区各自均布置有原料暂存、称量间、配液。

(2) 制剂生产区

非最终灭菌小容量注射剂生产主要工序有配液、灌装、轧盖、内包材清洗灭菌、灯检、包装。配液、西林瓶/胶塞/铝盖洗涤、轧盖区为C级洁净区，灌装、胶塞接受区为B级洁净区。B级洁净区使用的工器具、无菌衣在C级洁净区清洗，灭菌至B级洁净区使用；进入B级洁净区的操作人员有单独的净化设施且进出分开；进入配液、工器具清洗、洗衣、洗瓶、洗胶塞岗位（C级洁净区）的操作人员设一套的净化设施；进入轧盖、铝盖清洗岗位（C级洁净区）的操作人员设独立的净化设施；上述两个C级洁净区各自设有独立的物流净化设施。

(3) 辅助设施区域

车间辅助设施主要包括主人流通道、主物流通道、公用工程。主人流通道包括门厅、换鞋、男女更衣、缓冲、值班、参观更衣，同时布置有办公室、茶水间、卫生间；主物流通道有原辅料/包材通道、成品通道，分别布置有原辅料进货大厅、成品出货大厅；公用工程包括纯化水、注射用水制备系统，纯蒸汽制备系统、变配电室、空调机房、压缩空气及氮气制备系统等。

9.3.4.3 车间布置特点

① 依据建设规模和生产工艺特点，合理布置各生产区，各工序顺应工艺流程布置，相对独立，便于管理，既满足了生产和GMP的要求，又节省了厂房占地面积，相应减少了投资。

② 做到了人流、物流相对分开，有效地避免了人物流交叉污染所带来的风险。

③ 发酵、纯化工序各个功能间相邻，可以通过传递窗进行物流传递，浓缩后的原液用传递窗传至制剂配液岗位，避免通过一般区走廊物料传递带来的风险与不便。

④ 温度较高、湿度较大的房间单独隔间，以改善生产环境。

9.4　GMP 相关法规要求

9.4.1　厂房与设备

我国 GMP 生物制品附录（2020 年修订）对厂房与设备有如下要求：

第十三条　生物制品生产环境的空气洁净度级别应当与产品和生产操作相适应，厂房与设施不应对原料、中间体和成品造成污染。

第十五条　生物制品的生产操作应当在符合下表中规定的相应级别的洁净区内进行，未列出的操作可参照下表在适当级别的洁净区内进行：

洁净度级别	生物制品生产操作示例
B 级背景下的局部 A 级	附录一无菌药品中非最终灭菌产品规定的各工序 灌装前不经除菌过滤的制品其配制、合并等
C 级	体外免疫诊断试剂的阳性血清的分装、抗原与抗体的分装
D 级	原料血浆的合并、组分分离、分装前的巴氏消毒 口服制剂其发酵培养密闭系统环境（暴露部分需无菌操作） 酶联免疫吸附试剂等体外免疫试剂的配液、分装、干燥、内包装

第十六条　在生产过程中使用某些特定活生物体的阶段，应当根据产品特性和设备情况，采取相应的预防交叉污染措施，如使用专用厂房和设备、阶段性生产方式、使用密闭系统等。

第二十二条　无菌制剂生产加工区域应当符合洁净度级别要求，并保持相对正压；操作有致病作用的微生物应当在专门的区域内进行，并保持相对负压；采用无菌工艺处理病原体的负压区或生物安全柜，其周围环境应当是相对正压的洁净区。

第二十六条　管道系统、阀门和呼吸过滤器应当便于清洁和灭菌。宜采用在线清洁、在线灭菌系统。密闭容器（如发酵罐）的阀门应当能用蒸汽灭菌。呼吸过滤器应为疏水性材质，且使用效期应当经验证。

9.4.2　生产管理

我国 GMP 生物制品附录（2020 年修订）对生物制品生产管理有如下要求：

第三十五条　生产和检定用细胞需建立完善的细胞库系统（细胞种子、主细胞库和工作细胞库）。细胞库系统的建立、维护和检定应当符合《中华人民共和国药典》的要求。

第三十六条　生产和检定用菌毒种应当建立完善的种子批系统（原始种子、主种子批和工作种子批）。菌毒种种子批系统的建立、维护、保存和检定应当符合《中华人民共和国药典》的要求。

第三十九条　应当在适当受控环境下建立种子批和细胞库，以保护种子批、细胞库以及操作人员。在建立种子批和细胞库的过程中，操作人员不得在同一区域同时处理不同活性或具有传染性的物料（如病毒、细胞系或细胞株）。

第四十九条　应当对产品的离心或混合操作采取隔离措施，防止操作过程中产生的悬浮微粒导致的活性微生物扩散。

第五十三条　应当明确规定层析分离柱的合格标准、清洁或消毒方法。不同产品的纯化应当分别使用专用的层析介质。不同批次之间，应当对层析分离柱进行清洁或消毒。不得将同一层析分离介质用于生产的不同阶段。层析介质的保存、再生及使用寿命应当经过验证。

9.5　灭菌方法

9.5.1　概述

灭菌（sterilization）是指用强烈的理化方法杀灭物体内部和外部的一切微生物的生物学技术。该技术是获得纯培养的必要条件，是食品工业和医药领域的必需技术。在生物制药工艺中，需杀灭或去除培养基和发酵设备、过滤设备等中的微生物，以保证过程无菌。

灭菌、无菌、消毒的概念区分如下所述。

① 灭菌：杀灭或者消除传播媒介上的一切微生物（包括细菌芽孢和真菌孢子），灭菌是用来使产品无存活微生物的过程。经过灭菌处理后未被污染的物品和区域，即称为无菌物品和无菌区域。

② 无菌：它是指完全不含微生物的状态，是灭菌的结果。目前，无菌评价中的无菌概念是指概率意义上的无菌，而非绝对无菌。无菌产品需在最终灭菌后达到残存微生物污染概率小于等于 10^{-6}。

③ 消毒：通常是指杀灭环境中的微生物，对传播媒介上的致病微生物进行无害化处理，使其被去除或丧失活性，从而阻断外部污染，使产品不会在环境中受到微生物污染。消毒程度可分为高效、中效、低效。高效消毒可杀灭一切致病微生物；中效消毒可杀灭除芽孢以外的致病微生物；低效消毒可杀灭部分病毒和细菌繁殖体。

医药领域主要包含以上3种概念。除此之外，在食品工业领域还有"杀菌"的说法。不同于杀灭一切微生物，杀菌是指将危险性高且耐热性差的致病微生物含量减少至食品微生物污染标准之下。

9.5.2　专业术语与灭菌参数

(1) SAL

无菌保证水平（sterility assurance level，SAL）指一项灭菌工艺赋予产品无菌保证的程度。SAL 的作用是对灭菌制剂的无菌程度进行数学性评估，根据 ChP 2010、USP 35-NF32、EP 7.0，最终灭菌产品 SAL 不得高于 10^{-6}。SAL 为 10^{-6}，表示一百万瓶最终灭菌产品中存在活菌的数量不超过一瓶。

(2) 灭菌程序

灭菌程序是使物体成为无菌的一系列运行参数（如时间、温度、压力）和条件组成的程序。

(3) 空气增压灭菌程序

空气增压灭菌程序是指在大于饱和蒸气压的控制压力下运行的湿热灭菌程序,通常用压缩空气使灭菌腔室达到所需的压力。

(4) 过热水

过热水指在100℃以上且需一定压力才能保持液态的水。

(5) BI

生物指示剂(biological indicator,BI)指对特定灭菌处理有确定的抗力,并装在内层包装中、可供使用的染菌载体。按结构可分为自含式和孢子片,按用途可分为湿热灭菌用、干热灭菌用、辐射灭菌用、环氧乙烷灭菌用等。蒸汽灭菌常用的BI菌种为嗜热脂肪芽孢杆菌。

(6) D 值

D 值是指基于一个固定温度下微生物数量降低一个数量级(或90%)所需的时间(min)。D 值越大,说明该微生物的耐热性越强。D 值需注明参照温度,即以 D_T 表示,如 $D_{121℃}=1.5min$,指在121℃条件下,杀灭90%的微生物需要1.5min。

D 值的测定方法包括阴性分数法和存活曲线法,自然界存在的微生物的 $D_{121℃}$ 一般小于0.5。嗜热脂肪芽孢杆菌是目前已知最具热抵抗力的微生物,其 $D_{121℃}$ 值为1.5~3.0;葡萄球菌是常见的引起洁净室污染的菌种之一,其 $D_{121℃}$ 值约为0.25。微生物的 D 值随温度和溶剂的改变而改变。

(7) Z 值

Z 值是指使某一种微生物的 D 值变化一个对数单位,灭菌温度应升高或下降的温度度数。常用于累计一个灭菌程序在加热和冷却阶段随温度变化的杀灭时间,Z 值越小,升高温度所取得的灭菌效果就更好。

$$Z=(T_1-T_2)/(\lg D_2-\lg D_1)$$

(8) L 值

L 值是指在某一温度 T(℃)下灭菌1min所获得的标准灭菌时间。Z 值不同,升高或降低相同灭菌温度时,所获得的 L 值是不同的。

$$L=10^{(T-T_0)/Z}=F_0/F_T=D_0/D_T$$

式中,T_0 指标准灭菌温度;F_0 指标准灭菌时间;D_0 指标准耐受参数。

(9) F_0 值

F_0 值是指标准灭菌时间,即 $T_0=121℃$ 及 $Z=10℃$ 情况下所获得的灭菌时间。

(10) F_H 值

一个使灭菌品处于170℃的干热灭菌程序的等效灭菌时间。干热灭菌时 Z 值取20℃,干热除热原时 Z 值取54℃。

(11) F_{PHY} 值

物理杀灭时间,即以灭菌程序的物理参数计算的杀灭时间。F_{PHY} 是灭菌率 L 对时间的积分值。

$$F_{PHY}=\Delta t \sum 10^{(T-T_0)/Z}$$

(12) F_{BIO} 值

生物杀灭时间，即生物指示剂挑战试验系统中微生物实际杀灭效果的量度。

$$F_{BIO}=D_T(\lg N_0-\lg N_F)$$

式中，N_F 为灭菌 F 分钟后微生物存活数量；N_0 为灭菌前微生物数量；D_T 为温度 T 下的 D 值。

以上概念的关联本源是灭菌操作，故下面对不同灭菌方法的原理及适用范围进行介绍（表 9-5-1）。

表 9-5-1 灭菌方法的分类、原理与用途

灭菌方法	原理	用途
干热灭菌法	快速高温（干热空气）	用于小部分药品、设备器械、包装的灭菌。如小容量注射药剂的西林瓶/安瓿瓶等的灭菌
湿热灭菌法	快速高温（高温饱和水蒸气）	用于材料器具、包装的灭菌。如胶塞、无菌原料药的分装桶、小针剂等的灭菌
除菌过滤法	筛除，滤材吸附	用于原料、药物产品的灭菌。如药液、注射用水、压缩空气的灭菌
辐射灭菌法	射线和粒子辐射，紫外线杀灭，高频光热量杀灭	用于药物、原料、材料器具的灭菌。放射线灭菌法：不耐热物品（可包装后灭菌）。紫外线灭菌法：对紫外线耐受性良好的玻璃、橡胶、塑料制品等。高频灭菌法：对高频照射耐受的培养基、液体药品等
化学灭菌法	氧化反应	用于车间、药物、包装材料的灭菌。臭氧：水、材料器具、空间灭菌等。环氧乙烷：对湿热环境不稳定的药物，对环氧乙烷稳定的塑料制品、注射针头等。甲醛：第一次用，后续不使用。过氧化氢：空间灭菌，目前最新、最佳

9.5.3 常用灭菌方法

(1) 按灭菌工艺设计方法分类

根据灭菌工艺设计方法，灭菌方法可分为过度杀灭法和残存概率法。两种方法都可以使被灭菌物品达到相同的无菌保证水平，方法的选择主要取决于被灭菌物品的热稳定性。过度杀灭法要求的热能较大，被灭菌物品降解的可能性较大，而残存概率法要求的热能较小，有利于被灭菌物品的稳定性。

① 过度杀灭法。过度杀灭法的目标是确保灭菌程序赋予被灭菌物品达到一定程度的无菌保证水平，而不管被灭菌物品在灭菌前的微生物含量以及污染菌的耐热性。设计过度杀灭法时，通常假设初始菌的数量及其耐热参数如下：$N_0=10^6$，$D_{121℃}=1\min$，$Z=10℃$，为达到 $SAL=10^{-6}$，F_0 值需达到 $12\min$。

$$F_0=F_{PHY}=F_{BIO}=D_{121℃}(\lg N_0-\lg N_F)=12(\min)$$

因此，一个用过度杀灭法设计的灭菌程序可以定义为"一个被灭菌物品获得的 F_0 至少为 $12\min$ 的灭菌程序"。欧盟定义过度杀灭为"湿热灭菌 121℃ 下 15min"，EP 7.0 规定：BI 孢子含量大于 5×10^5，$D_{121℃}$ 值不小于 $1.5\min$。

在自然环境中，很少发现微生物的 $D_{121℃}>0.5\min$。在过度杀灭法中所假设的污染菌含量及其耐热性都高于实际数，已对微生物含量及耐热性做出最大程度的估计，因此从无菌保证的设计角度看，没必要对被灭菌物品进行常规的灭菌前污染菌监控。

② 残存概率法。不耐热产品或物品的灭菌不能使用过度杀灭法，这就需要所建立的灭菌程序必须能恰当地杀灭微生物，但不能导致产品或物品的降解。这样的灭菌周期的建立依赖于研究产品或物品上的微生物数量和耐热性。一旦确定了微生物的数量和耐热性，就可根据产品特性设计 SAL$\leq 10^{-6}$ 的灭菌程序。设计时，N_0 和 D_T 的取值基于产品或物品在灭菌前污染菌含量检测数据，并另需依据专业判断、生物负荷数据的范围，对产品生物负荷常规测试的程度留出安全量。

按 GMP 规范生产的产品，实际微生物初始数量应该很低，通常每个容器 1~100 个菌。通常说来，只有环境中形成的芽孢或从产品分离的芽孢才需要测试 D 值。将产品在 80~100℃下加热 10~15min，可以筛选掉耐热性差的微生物。D_T 值的选择应将初始微生物试验中检出的最耐热菌的安全系数考虑在内。所选定的安全系数反过来又与初始微生物的数量和耐热性测试的频率和程度相关。

假设产品中含菌量为 100cfu/支，$D_{121℃}$ 值为 1min，$Z=10℃$，为达到 SAL$=10^{-6}$，F_0 值需达到 8min。

$$F_0 = F_{PHY} = F_{BIO} = D_{121℃}(\lg N_0 - \lg N_F) = 8(\min)$$

残存概率法设计的灭菌工艺，通常要求对每批产品灭菌前进行微生物含量及耐热性测试，积累微生物污染的数据。若长期数据可证明在实际 GMP 控制条件下，污染水平很低、检测不到耐热菌，则污染菌监控的方案可作适当调整。

(2) 按灭菌机理分类

除可按工艺划分，灭菌方法还可按灭菌机理分为物理灭菌法和化学灭菌法。其中物理灭菌法是基于蛋白质与核酸遇热、射线等物理条件改变时不稳定的特性，利用加热、过滤和射线来去除微生物，包括干热灭菌法、湿热灭菌法、除菌过滤法和辐射灭菌法等。化学灭菌法指化学药品直接作用于微生物而将其杀灭的方法，化学灭菌剂分为气体灭菌剂和液体灭菌剂。

① 干热灭菌法。干热灭菌法是指在火焰、干热空气等干燥环境中对物品进行高温灭菌的灭菌方式，是利用高温使微生物或脱氧核糖核酸酶等生物高分子产生非特异性氧化而杀灭微生物，需要较高的温度条件。通常灭菌温度要高于 160℃，高于 250℃能用于除去热原。火焰灭菌法是利用火焰直接灼烧，适用于耐火材料及用具的灭菌，不适用于药品的灭菌。干热空气灭菌法一般用于干燥粉末、油脂等物质和耐高温物品（如玻璃、金属设备、器具等不需要湿气穿透的物品）的灭菌，不适用于橡胶、塑料及大部分药品的灭菌。

其优点包括灭菌后器械干燥无水分不易引起污染、不易致金属器械生锈、升温过程平稳不易致玻璃器材损坏、可灭菌隔绝蒸汽的物质。

② 湿热灭菌法。湿热灭菌法是指利用沸水或高压蒸汽加热对物品进行高温灭菌的灭菌方式，是使微生物的蛋白质及核酸变性而杀灭微生物。湿热灭菌法所需的温度较低，如 115℃、121℃、134℃等。根据不同的灭菌物品，可选择不同的灭菌程序，如脉动真空灭菌程序、混合蒸汽-空气灭菌程序、过热水灭菌程序等。对于饱和蒸汽灭菌，115℃×30min 方案适用于培养基等热敏性物品；121℃×15min 方案适用于大部分物品；134℃×3min 方案适用于不锈钢部件等耐高温物品，此方案具有更短的灭菌时间、更少的残留水、更少的氧化。

该法具有穿透力强、灭菌速度快、无残留、不污染环境等优点，是制药行业推荐的灭菌方法。

热力灭菌是制药行业使用最广的灭菌方式。当温度超过细胞最佳生理活动的温度范围时，随着温度的升高，细胞代谢减缓，细胞的生长及繁殖最终停止。每种细胞对温度的耐受性均有上限，一旦温度超过上限，起生命作用的蛋白质、酶及核酸会被永久性破坏，从而导致细胞发生不可逆转的死亡。

在恒定的热力灭菌条件下，同一种微生物的死亡遵循一级动力学规则（或称存活曲线）（图 9-5-1）。微生物死亡速率是微生物的耐热参数 D 和杀灭时间的函数，它与灭菌程序中微生物的数量无关。存活曲线可以用下面的半对数一级动力模式来表示：

$$\lg N_F = \lg N_0 - F(T,Z)/D_T$$

式中，N_F 为灭菌 F 分钟后微生物存活数量；N_0 为灭菌前微生物数量；$F(T,Z)$ 为灭菌程序在确定的温度系数 Z 下的 T 等效灭菌时间；D_T 为温度 T 下的 D 值。

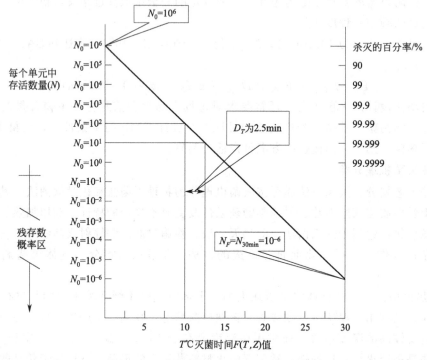

图 9-5-1 半对数模型的微生物存活曲线

③ 除菌过滤法。除菌过滤法是利用筛除或滤材吸附的方式对液体物料进行灭菌的方式。过滤器是该法的关键设备，可分为深层型和过筛型。深层型过滤器依靠滤材的深度，通过机械性捕获或随机吸附进行过滤，而过筛型过滤器利用滤膜进行物理筛选及滤除。除菌过滤器除了要保证能够达到 10^{-6} 的无菌保证水平外，还需要保证制备材料的安全性、与料液的相容性、细菌截留效率、使用前后的结构完整性等。通常认为滤膜孔径小于等于 $0.45\mu m$ 才能作为除菌过滤器使用。

该法是不耐热液体的唯一实用灭菌方法，适用于不稳定物质的培养基、气体、液体药品的灭菌。

④ 辐射灭菌法。辐射灭菌法包括放射线灭菌法、紫外线灭菌法和高频灭菌法。放射线灭菌法利用 γ 射线、X 射线和粒子辐射处理装置来杀灭微生物，适用于不耐热物品的处理，而且可以包装后进行灭菌。目前多采用 ^{60}Co 源放射出的 γ 射线，其具有能力高、穿透力强、无放射性污染和残留、冷灭菌等特点。紫外线灭菌法利用紫外线杀灭微生物，适用于对紫外

线耐受性良好的玻璃、橡胶、塑料制品等。通常使用 200～300nm 的紫外线。高频灭菌法利用高频光传递热量的方法杀灭微生物，适用于培养基、液体药品等高频照射耐受的物质。通常使用 915 或 2450 兆周的频率。

辐射灭菌法受限于物料材质，且所需设备复杂，难以广泛使用。

⑤ 化学灭菌法。化学灭菌法是一种低温灭菌方法，适用于不宜用其他方法灭菌的、热敏感的产品或者部件如塑料瓶、橡胶管、狭窄空间的灭菌等。化学灭菌剂可分为气体灭菌剂和液体灭菌剂两种。气体灭菌剂常用臭氧、环氧乙烷、甲醛等，其中环氧乙烷灭菌法是最主要的低温灭菌方法之一，但环氧乙烷易燃易爆、有毒，需在密闭环境下进行灭菌。液体灭菌剂常用过氧化氢、乙醇、甲酚等。过氧化氢属于高效消毒剂，可杀孢子，有腐蚀性，需稀释后谨慎使用。醇类灭菌剂易挥发、无残留，但不能杀孢子且可燃。酚类灭菌剂对结核杆菌有效，对阴离子/中性表面活性剂有良好的清洁能力，但不能杀灭孢子且有残留。

大多数化学药剂在低浓度下起抑菌作用，高浓度下起杀菌作用，可用作优良的化学治疗剂。常用 5％石炭酸、70％乙醇和乙二醇等。化学灭菌剂需有挥发性，以便清除灭菌后材料上残余的药物。其优点包括杀菌谱广、灭菌温度低等。

9.5.4 典型灭菌设备

(1) 辐射式隧道干热灭菌设备

干热灭菌设备包括间歇式设备和连续式设备。间歇式设备，如干热灭菌柜，用于器具及部件的灭菌和除热原；连续式设备，如隧道烘箱，用于西林瓶和安瓿瓶的灭菌和除热原。

辐射式隧道干热灭菌的原理通常有热空气层流和远红外加热两种。辐射式隧道干热灭菌设备如图 9-5-2 所示。设备整体结构可分为预热段、高温灭菌段、冷却段三部分，主要用于盛装小容量注射剂药品的西林瓶和安瓿瓶的灭菌及干燥操作，灭菌后瓶所含微粒达百级洁净要求。

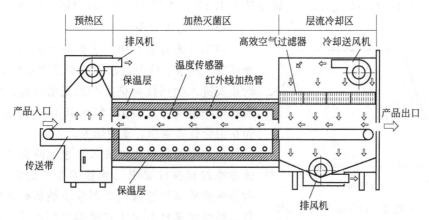

图 9-5-2 辐射式隧道干热灭菌设备

(2) 蒸汽灭菌设备

湿热灭菌设备包括饱和蒸汽灭菌设备和空气加压灭菌设备。饱和蒸汽灭菌设备有脉动真空蒸汽灭菌柜、重力置换蒸汽灭菌柜、在线灭菌系统（如罐体及冻干机 SIP 功能）等。空气加压灭菌设备有过热水灭菌柜、蒸汽-空气混合灭菌柜等。

高压蒸汽灭菌器由灭菌室、控制系统、过压保护装置等组成。利用高温饱和水蒸气使微生物的蛋白质变性导致微生物死亡，达到对耐湿、耐热物品进行灭菌的目的。由于高压蒸汽灭菌器是密闭的，锅内蒸汽积累致压力上升，故水的沸点会随之提高，从而快速高温杀灭各种微生物。蒸汽灭菌设备系统如图9-5-3所示。

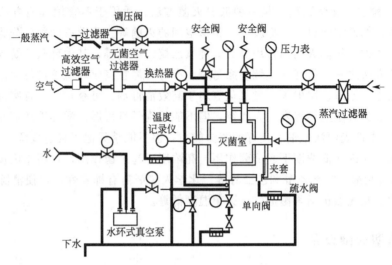

图 9-5-3　蒸汽灭菌设备系统

灭菌温度和时间的设定以"既能保证微生物全部灭活，又不过分浪费能源"为标准。根据不同的设定温度，维持时间有所不同，另外还需考虑所灭菌的物品种类、灭菌设备的大小和被灭菌物料的多少。灭菌过程可分为加热段、灭菌段和冷却段，灭菌设备的操作过程为：检查设备气密性，加水至灭菌水位，打开灭菌设备放入需灭菌设备和物料，关紧设备，排空灭菌层空气，升温升压后开启灭菌层，监测程序运行过程，灭菌完成后等待设备内外压力平衡后取出灭菌物品。下排气式压力蒸汽灭菌器是普遍应用的灭菌设备，其灭菌常用参数为压力升至103.4kPa（1.05kg/cm^2），温度达121.3℃，维持15～20min（图9-5-4）。

(3) 膜过滤设备

除菌过滤器是利用比表面积大的微滤滤芯，过滤空气、药液、注射用水等原料或产品中的微生物，防止其进入生产线污染生产的无菌环境。常用微孔孔径过滤精度为0.22μm和0.45μm，滤芯可用材质包括混合纤维素酯、聚丙烯等。

生产用无菌空气主要采用过滤除菌法制得，气体过滤过程往往要求过滤器的处理量大、压差小，故传统的金属烧结管过滤器逐步被折叠式膜组件代替。折叠式膜材料主要有聚偏二氟乙烯、聚丙烯和聚四氟乙烯。

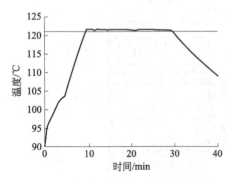

图 9-5-4　蒸汽灭菌过程温度-时间曲线

微滤除菌被广泛应用于药液制备、药瓶洗涤和瓶塞洗涤用的注射用水制备过程中。在制药领域，采用微滤膜可有效脱除药物中的微粒、杂菌，可解决无法用热压法灭菌的热敏性药物、部分组织培养用培养基的除菌任务。热敏性药物包括胰岛素、ATP、辅酶A、人体转移因子、激素、血清蛋白等。为保证药物内在质量，各国药典中会规定微粒物质的限度，以注射液为例，通常需使用预过滤和微滤结合的方法。预过滤用于除去大部分的微粒和微生物，减轻微滤负担，预滤膜公称孔径常为 0.5μm 和 1.5μm。预过滤介质包括活性炭、烧结材料、超细纤维、预滤膜。微滤膜孔径一般在 0.22~0.45μm，常用的材料有乙酸纤维素、聚氯乙烯、聚酰胺、聚四氟乙烯、聚碳酸酯等。

依据药液的要求，微滤膜孔径的大致设计要求如下：要求不那么严格的口服药，采用公称孔径为 0.45μm 的滤膜；要求稍严的口服药，采用 0.3μm 的滤膜；要求完全除菌的，采用 0.22μm 的滤膜。药瓶、瓶塞的洗涤过程为用纯水粗洗、用注射用水精洗、用压缩空气吹净。且为保证产品的净化要求，纯水需经 0.45μm 微滤器过滤，注射用水和压缩空气则需经 0.22μm 微滤器过滤。

常用的微滤膜组件分为平板式滤器和筒式滤器，多为不锈钢滤器。产量小用平板式滤器，产量大用筒式滤器。滤膜和滤器本身的消毒采用煮沸消毒、流动蒸汽消毒、热压消毒、化学消毒等。

微滤除菌的优点包括不改变药物的原性质（适用于热敏性药物）、细菌尸体可截留于膜面上、易于生产线的机械化和自动化。

（4）臭氧与过氧化氢灭菌设备

① 臭氧灭菌设备。臭氧是一种强氧化剂，灭菌过程属于生化反应。其灭菌原理为臭氧能氧化分解细菌内部葡萄糖所需的酶，使细菌灭活死亡；或作用于外膜的脂蛋白和内部的脂多糖，使细菌发生通透性畸变而溶解死亡；也可直接与细菌、病毒作用，破坏它们的 DNA、RNA 或细胞器，使细菌的新陈代谢受到破坏，导致细菌死亡。

臭氧在常温、常压下分子结构不稳定，很快自行分解成氧气（O_2）和单个氧原子（O），后者具有很强的活性，对细菌有极强的氧化作用。臭氧氧化分解了细菌内部氧化葡萄糖所必需的酶，从而破坏细胞膜，将它杀死，多余的氧原子则会自行重新结合成为普通氧分子（O_2），不存在任何有毒残留物，故称为"无污染消毒剂"。它不但对各种细菌（包括肝炎病毒、大肠杆菌等）有极强的杀灭能力，且对杀死霉菌也很有效。

臭氧灭菌的操作方式可分为两种：一是将臭氧发生器［图 9-5-5(a)］产生的高浓度臭氧直接引入管道；二是将臭氧发生器直接引入空调净化系统的风道中。第一种操作方式具有操作简便、消毒效果稳定、可流动使用等特点，第二种操作方式则常用来代替传统的甲醛熏蒸。第二种操作方式所用的臭氧发生器可分为内置式臭氧发生器和外置式臭氧发生器，内置式臭氧发生器是将臭氧发生器直接放在空调净化系统的风道中，臭氧随着风道的气流送入洁净区，对洁净区进行消毒灭菌，剩余臭氧吸回风口，由中央空调带走；外置式臭氧发生器是将臭氧发生器放在中央空调风道的外面，将臭氧引入中央空调的风道中，再送至洁净区。内置式和外置式灭菌效果大致相同，外置式具有安装维修方便、但制造成本略高的特点。依据《消毒技术规范》及实际生产经验，100 万级车间消毒需保持的臭氧浓度为 20mg/L（约为 40mg/m³），30 万级车间消毒需保持的臭氧浓度为 2.55mg/L（约为 5mg/m³），10 万级车间消毒需保持的臭氧浓度为 5mg/L（约为 10mg/m³），万级车间消毒需保持的臭氧浓度为 15mg/L（约为 30mg/m³）。依据公式：$W=CV/S$，式中，W 是需选用的臭氧发生器的产量，g/h；C 是消毒车间需保持的臭氧浓度；V 是实际臭氧消毒体积；S 是臭氧的衰退系数，0.4208。该公式用于选择某一消毒需求的相应规格的臭氧发生器。

臭氧灭菌具有杀菌作用强、灭菌速度快、无残留、设备操作维护方便等优点。但臭氧为强氧化剂，对多种物品有损坏，浓度越高对物品损坏越严重，如使铜片产生铜锈、使橡胶老化变色、使织物漂白褪色等。另外，臭氧虽为无毒物质、安全气体，但有强氧化性，故当浓度高于1.5mg/L时，人员须离开现场，否则呼吸系统会受到刺激，甚至会被伤害。

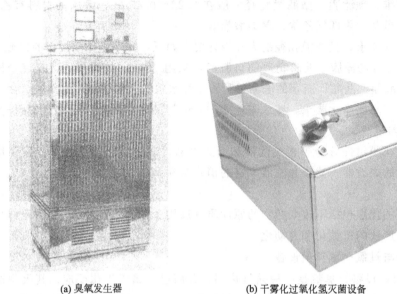

(a) 臭氧发生器　　　　　　　(b) 干雾化过氧化氢灭菌设备

图 9-5-5　臭氧与过氧化氢灭菌设备

② 过氧化氢灭菌设备。随着制药企业对灭菌要求和控制成本要求的提高，以及人们对气体消毒剂不良影响的关注，制药企业引进了过氧化氢灭菌技术。过氧化氢在气相态下只需较低浓度即可达到高浓度液态过氧化氢所具备的杀孢子能力。该技术有汽化过氧化氢灭菌技术和干雾化过氧化氢灭菌技术两种。

汽化过氧化氢灭菌是利用闪蒸技术，将高浓度（>30%）的过氧化氢溶液滴加至加热的光滑金属物体表面使其瞬间汽化为 $2\sim6\mu m$ 的颗粒，再喷射到环境中进行消毒灭菌。气态过氧化氢的优点是穿透性较强、灭菌能力高（达到 lg6），适用于管路、传递仓、小空间（$200m^3$）等，但在大空间（如无菌制剂车间）中运用效果不佳。这是由于气态过氧化氢在空间内以浓度差进行扩散，由高浓度中心向四周梯度扩散，扩散后的均匀性差，且在喷射区域附近的腐蚀风险高，而远端可能由于浓度达不到而出现灭菌效果不佳的情况。目前汽化过氧化氢灭菌法已成为各国药典、药品生产质量管理规范（GMP）、消毒灭菌技术规范所推荐的方法。

干雾化过氧化氢是指人们通过设备将消毒液雾化为小于 $10\mu m$ 的小液滴，其特点是在空气中进行无规则运动（布朗运动），在大空间中（$200m^3$ 以上）扩散均匀性较好，不会沉降，不会聚合产生大液滴，会在与物体表面接触后反弹，但不会破裂造成湿润。故其在大空间中做空间消毒杀灭浮游菌和沉降菌效果更好，适用于大型空间如 GMP 洁净车间、医院手术室等。此方法扩散性好、消毒无死角、不湿润表面、不腐蚀设备，但在管路和空调高效灭菌中穿透性很弱，使其运用在小空间中的灭菌效果有限。干雾化过氧化氢灭菌设备如图 9-5-5(b) 所示。

过氧化氢灭菌技术用于空间的消毒灭菌，环保、安全、可靠，可用于可密闭空间（如GMP车间、传递窗、生物安全柜和各类风管及管道等），具有广阔的发展前景，是今后空间消毒灭菌的发展趋势。

9.5.5 灭菌方法决策树

(1) 欧盟溶液剂型产品灭菌方法决策树

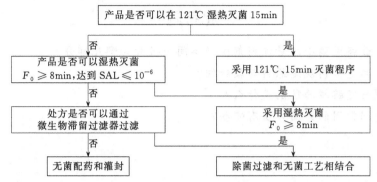

(2) 非溶液剂型、半固体或干粉产品灭菌方法决策树

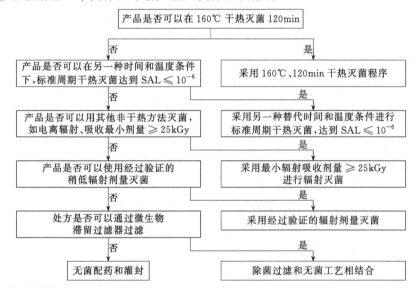

(3) 湿热灭菌程序设计决策树

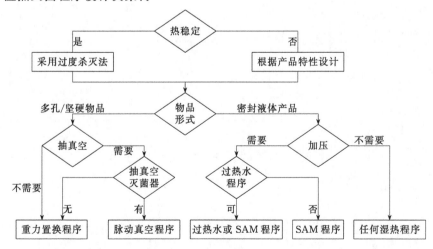

饱和蒸汽灭菌程序通常用于多孔/坚硬物品，包括过滤器、胶塞、软管、工作服、塞子、清洁器具或设备的更换部件。空气加压灭菌（SAM）或过热水程序则通常用于液体产品。

思考题

1. 典型非最终灭菌小容量注射剂生产车间一般分为哪几部分？
2. 生物制品是如何规定原料与辅料的？
3. 种子罐与发酵罐的区别是什么？
4. 生物制剂常用的分离方法有哪些？

第10章 注射用粉针剂生产线

10.1 典型冻干粉针剂生产工艺流程

10.1.1 冻干粉针剂工艺流程

冻干粉针剂工艺流程见图 10-1-1。

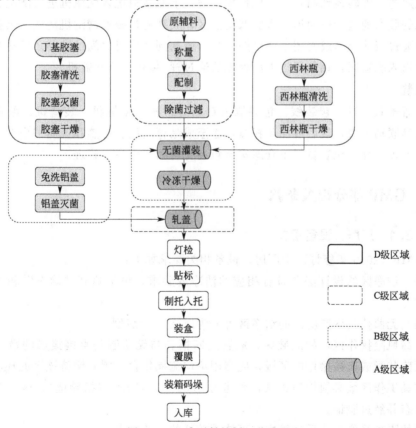

图 10-1-1 冻干粉针剂工艺流程

10.1.2 冻干工序

(1) 称量

原辅料来自仓库，于外清间清洁包装外表面，再由缓冲间送至 C 级洁净区，由电子台秤在层流罩中进行称量，存放待用。

(2) 配液

注射用水通过管路换热器冷却后投入配制罐，称量合格后的物料投入配制罐。液体投料通过泵直接投入配制罐，通过在线罐体称量系统来确定投料量。混合均匀后进行取样检测，待检测合格后进行除菌过滤，过滤液无菌检测合格后暂存于暂存罐。配制罐和暂存罐应具备夹套，可实现温度控制。罐和管道都可进行在线清洗（CIP）和在线灭菌（SIP）。

(3) 灌装与冻干

西林瓶灌装机和自动进出料系统使用 oRABS 技术，冻干制剂的灌装位于 B+A 级区域。料液储存在暂存罐内，可通过输送泵运输至灌装机进行灌装。为了减少物料的损耗，也可使用无菌压缩空气进行压送。灌装结束后的西林瓶，通过自动进出料系统进入冻干机。自动进出料系统分为固定式进出料系统、移动式进出料系统和混合式进出料系统，可根据不同的生产规模以及特定的生产需求进行定制化设计。

(4) 西林瓶、胶塞、铝盖处理

西林瓶通过仓库转运到西林瓶上瓶位置，通过上瓶轨道送入洗瓶机进行清洗、干燥、灭菌。西林瓶的胶塞通过专门通道送入胶塞清洗区，胶塞通过胶塞清洗机清洗、灭菌，在胶塞清洗机出口通过层流小车或密闭落料管路，进行胶塞到灌装机之间的转移。西林瓶的铝盖通过专门通道送入轧盖区，铝盖通过灭菌处理后通过桶/袋转运至轧盖机。

(5) 包装

轧盖后瓶子联动进入包装线。包装线由自动灯检机、贴标机、装盒机、覆膜机、装箱机、码垛机等联动组成，最后成品装托盘，送至成品存放区。标签和说明书由仓库送至标签间，由专人上锁管理。包装材料由仓库送至包装材料间，由专人管理。

10.1.3 GMP 部分相关条款

10.1.3.1 厂房、设备相关

我国 GMP（2010 年修订）中厂房、设备相关要求如下：

第八条　洁净区的设计必须符合相应的洁净度要求，包括达到"静态"和"动态"的标准。

第九条　无菌药品生产所需的洁净区可分为以下 4 个级别：

A 级：高风险操作区，如灌装区、放置胶塞桶和与无菌制剂直接接触的敞口包装容器的区域及无菌装配或连接操作的区域，应当用单向流操作台（罩）维持该区的环境状态。单向流系统在其工作区域必须均匀送风，风速为 0.36～0.54m/s（指导值）。应当有数据证明单向流的状态并经过验证。

在密闭的隔离操作器或手套箱内，可使用较低的风速。

B级：指无菌配制和灌装等高风险操作A级洁净区所处的背景区域。

C级和D级：指无菌药品生产过程中重要程度较低操作步骤的洁净区。

第十四条　高污染风险的操作宜在隔离操作器中完成。隔离操作器及其所处环境的设计，应当能够保证相应区域空气的质量达到设定标准。传输装置可设计成单门或双门，也可是同灭菌设备相连的全密封系统。

第二十七条　洁净厂房的设计，应当尽可能避免管理或监控人员不必要的进入。B级洁净区的设计应当能够使管理或监控人员从外部观察到内部的操作。

第二十九条　无菌生产的A/B级洁净区内禁止设置水池和地漏。在其它洁净区内，水池或地漏应当有适当的设计、布局和维护，并安装易于清洁且带有空气阻断功能的装置以防倒灌。同外部排水系统的连接方式应当能够防止微生物的侵入。

第三十六条　除传送带本身能连续灭菌（如隧道式灭菌设备）外，传送带不得在A/B级洁净区与低级别洁净区之间穿越。

10.1.3.2　生产管理相关

我国GMP（2010年修订）中生产管理相关要求如下：

第五十一条　当无菌生产正在进行时，应当特别注意减少洁净区内的各种活动。应当减少人员走动，避免剧烈活动散发过多的微粒和微生物。由于所穿工作服的特性，环境的温湿度应当保证操作人员的舒适性。

第五十三条　洁净区内应当避免使用易脱落纤维的容器和物料；在无菌生产的过程中，不得使用此类容器和物料。

第五十九条　无菌生产所用的包装材料、容器、设备和任何其它物品都应当灭菌，并通过双扉灭菌柜进入无菌生产区，或以其它方式进入无菌生产区，但应当避免引入污染。

10.2　生产单元

10.2.1　配液系统

10.2.1.1　系统工艺

典型的冻干配液工艺流程是溶剂（通常是水）经计量后进入配液罐，然后将原辅料按工艺要求投入配液灌，通过搅拌过滤，形成均匀的溶液（如有必要，可能通过添加额外的溶剂以达到所需的浓度），并经除菌过滤降低微生物负荷后输送至灌装工序。其功能通常主要包括加热功能、冷却功能、控温功能、CIP功能、SIP功能等。

10.2.1.2　设计考虑因素

① 对于有细胞毒性的产品应考虑操作者的安全，控制粉末处理时可能产生的粉尘以及交叉污染，通常这种情况应考虑在隔离器保护下进行配制。

② 保护低温产品，储罐应设有低温控制功能，并低温输送，缓冲罐也应设计成夹套结构，达到低温控制，以保证产品的低温灌装。

③ 除菌过滤是指溶液不能耐受加热处理灭菌时（即热不稳定溶液）所采取的一种除菌

方式，除菌过滤使药液中微生物负荷按照规定的标准降低，使其达到无菌状态。但是除菌过滤降低的药液的内毒素含量有限，所以必须确保过滤前的溶液具有较低的微生物负荷，以最大限度地减少内毒素的形成。因此只有当料液不能采用最终灭菌，并经证实可采用除菌过滤时才可以选用除菌过滤。

④ 药液的输送方式应考虑产品的特性，通常有两种方式，一种是采用不锈钢卫生级泵输送，这种方式的残液量会比较大，一般用于大输液的循环或者活性炭的脱炭循环；另一种是采用气体压料输送，如无菌压缩空气、氮气等，这种方式由于残液量小、成本低，逐渐为业内所接受。

10.2.1.3 配液系统组成及配置

典型的配液系统主要由配液罐、预过滤单元、储液罐、除菌过滤单元、CIP/SIP 系统以及控制系统等组成。

(1) 配液罐及储液罐

配液罐为原辅料的混合溶解提供洁净环境。配液罐配有夹套，夹套内可通蒸汽和冷却水，进出口设有压力和温度检测仪器，以满足工艺的加热和冷却要求，用于加热或冷却的介质在夹套内处于一个封闭回路系统中，不会对配液及环境产生污染。

(2) 搅拌装置

搅拌装置主要起到促进原辅料快速溶解、混合均匀的作用。搅拌通常分为上搅拌和下搅拌。可以依据生产的工况，如料液的总体积、黏度、相对密度、容器（罐体）的长径比等因素，选择合适的搅拌形式，上机械搅拌由于使用机械密封，存在泄漏与磨屑的风险，在无菌制剂配液单元逐渐被下磁力搅拌所取代。

(3) 称重模块

目前多在罐底支脚安装称重模块，对药液进行精确计量。称量模块的精度可达到 0.6%，为了保证计量的准确性，与罐体连接的管路均采用软管连接，减小误差。

(4) 罐体呼吸器

在配液罐顶部应安装呼吸过滤器，用于药液配制、CIP/SIP、保压时平衡罐体内外压力，并保证罐内的环境。通常选择上进下出式过滤器套件。为了保证呼吸器的正常使用，避免在线灭菌时过滤器表面结露，导致过滤器空气通道堵塞，造成罐内负压，过滤器应配有干燥功能，如采用加热装置或气体吹干方式。同时进入罐内的任何气体，应满足无菌及相关标准规范的要求，如压缩空气洁净度、含油量、含水量等。

(5) 取样阀及罐底阀

配液过程中的取样通过罐体取样阀来完成，其通常安装在罐体中下部位，安装位置应满足最低配液量的取样要求。罐底阀用于配制后药液的排放，应有一定的倾斜角度，通常采用无死角的隔膜式罐底阀并将其与罐体焊接在一起。取样阀和气动罐底阀如图 10-2-1 所示。

(6) 预过滤及除菌过滤单元

通常配液后需对药液进行预过滤，以除去药液中的杂质。常用方式有：①粗滤，如钛棒过滤、板框过滤、离心分离等；②精滤，如超滤以及以各类滤膜为介质的膜过滤方式。滤膜常用规格有 $1.0\mu m$、$0.8\mu m$、$0.45\mu m$ 等。除菌过滤通常配置 2 级过滤，以膜过滤为主，滤材的选用以料液兼容性为主要依据，以 $0.22\mu m$ 或 $0.1\mu m$ 的膜为主。

(a) 取样阀　　　　　　　　　　　　(b) 气动罐底阀

图 10-2-1　取样阀和气动罐底阀

(7) CIP/SIP 系统

配液系统的在线清洗（CIP）通过喷淋装置实现，喷淋覆盖范围应全面、无死角。喷淋球数量可根据罐体的开孔数量、尺寸和位置的不同，进行个性化的配置和选型（固定式喷淋球或旋转式喷淋球）。在线灭菌（SIP）温度计通常放在每个支路、管路末端的位置。除菌过滤器应采用正向灭菌的方式进行在线灭菌。

CIP 和 SIP 过程中，应对影响清洗和灭菌效果的关键参数进行监控，如清洗水流速、压力、温度等。管道坡度应满足 0.5%～2.0% 和 3D 原则的要求。为了防止 CIP/SIP 过程的倒灌，污染已清洁或已灭菌的管路，排水系统需设计隔离措施，如单向阀和空气阻断装置，对于带压介质的排放通常采用先冷却后排放。清洗和灭菌后，通常采用压缩空气空吹和正压保持的措施，保证管道内无残液和不被污染。

与药液直接接触的 CIP 和 SIP 的管道及相关管道配件，无特殊要求时，应使用卫生级的 316L 不锈钢材料，管道焊接应尽量采用自动焊，如果采用手动焊，应对焊点进行 100% 检查，管道的垫片及软管应使用卫生级的材质，并能耐受高温灭菌的要求，所有的管道连接应采用快卡式连接，便于拆卸和清洗，并对必要的管路进行酸洗钝化，为了保证储罐及相关管道系统安装后的完整性和密封性，应进行相关的压力测试和气密性测试。

10.2.2　西林瓶洗烘灌联动生产线设备

冻干药品生产过程中的内包材（如玻璃瓶、胶塞等）应经过处理，如清洗、灭菌以及除热原。工艺控制如下污染类型：①生物负荷，即活性微生物的计数；②内毒素，即由微生物生长和降解而产生的细胞壁物质的热原；③外来微粒，即固体颗粒物质，通常产生于包材的生产、包装及储存过程；④外来化学物质，如过量的表面处理化学品。通过清洗和淋洗，可以去除外来微粒和外来化学物质，然后再对容器等进行灭菌以实现生物负荷的降低和内毒素的降解。

大多数的内包材容器为玻璃材质，对冻干制剂中玻璃瓶的处理，在大规模的生产中，通常采用传送带自动输送玻璃瓶的一体化洗瓶机和隧道烘箱进行清洗和除热原。洗瓶/隧道烘箱设备如图 10-2-2 所示。

10.2.2.1　洗瓶设备操作单元

(1) 分类

洗瓶设备的作用主要是去除外来微粒和外来化学物质，按照机械机构可以分为立式（也

图 10-2-2 洗瓶/隧道烘箱设备

称转毂式）洗瓶设备［图 10-2-3(a)］和直线式洗瓶设备［图 10-2-3(b)］。立式洗瓶设备结构布置合理、紧凑，占地空间小，适合中试及高产规模生产，设备清洗采用内外壁交替水气

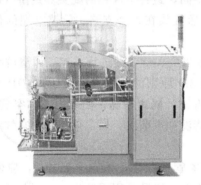

(a) 立式洗瓶设备

(b) 直线式洗瓶设备

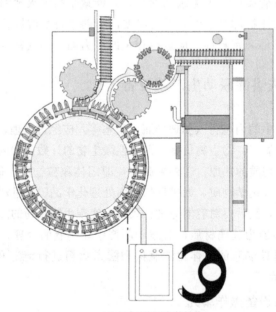

(c) 立式洗瓶设备的结构

图 10-2-3 洗瓶设备

冲洗的工艺，各清洗介质相互独立。直线式洗瓶设备进瓶通道多，产量大，适合规模化生产，设备清洗采用静态式的内外壁交替水气冲洗的工艺，清洗区域与维修区域隔离，减少了交叉污染，多排平缓出瓶，减少了瓶子之间的碰撞磨损，降低了破损率。超声波清洗均可作为可选项。

(2) 洗瓶设备的设计考虑因素
① 对清洗水温度、压力等关键的参数应设低温、低压报警。
② 设备和管道的设计应有适当的坡度和排水口，便于设备和管道内残水的排尽。
③ 根据实际情况考虑是否需要配置超声波水浴。
④ 最后一次清洗水的质量须符合药典的注射用水质量要求。
⑤ 容器清洗后应在洁净空气保护下进入隧道烘箱。

(3) 超声波立式洗瓶设备的工艺
玻璃瓶由操作人员去除外包装，放置到不锈钢的进料网带上并输送至洗瓶机的进料口（图 10-2-4），通过喷淋板预注水后至超声波水箱进行预清洗，然后由进瓶绞龙输送至提升鸟笼，并由提升拨块将玻璃瓶提升至大盘工位机械手处，机械手夹住瓶子并翻转 180°使瓶口朝下，机械手随转盘转动，针架随转盘做跟踪冲洗动作，使用纯化水或注射用水降级水（一次注射用水清洗后收集起来经过过滤器循环利用的水，也称循环水）一次清洗小瓶的内外壁→二次清洗小瓶内壁→压缩空气吹干内壁→注射用水淋洗内外壁→压缩空气吹干小瓶的内外壁，清洗后的瓶子被机械手再次翻转 180°使瓶口朝上，然后被传送至出瓶系统，玻璃瓶通过出瓶星轮和栅栏被输送至烘箱。

图 10-2-4　立式洗瓶机进料

(4) 超声波立式洗瓶设备的组成
超声波立式洗瓶设备由进料系统、清洗系统、循环水系统、过滤系统、出瓶系统和控制系统组成。

① 进料系统的作用是通过人工上瓶、网带传输方式完成自动进瓶送至清洗水槽，主要由进料网带、喷淋板、传感器、超声波装置、进瓶绞龙、提升鸟笼组成。

进料网带有一定的坡度以保证正常进瓶，在网带上设有传感器，用于网带上小瓶数量的检测，低于一定数量会停机报警，同时网带分上瓶网带和水槽网带两段送瓶，避免上瓶网带运输过程中产生的污垢和玻璃屑进入水槽，导致后续清洗负荷增大。进入水槽前通过喷淋板对小瓶进行预注水，避免瓶子的漂浮（图 10-2-5）。

图 10-2-5　喷淋板

② 清洗系统按照设定的程序对小瓶进行吹洗。清洗系统由回转支撑、回转盘、摆动针架、机械手、传动装置和机架组成。

a. 回转支撑的作用是支撑清洗站的回转盘的基座。

b. 目前机械手主要有两种形式，一种为单开夹机械手，另一种为双开夹机械手。单开夹机械手分为单开夹不锈钢机械手和单开夹塑料机械手（图 10-2-6），喷针材质通常为不锈钢。

c. 通过瞄准器的配合，实现机械手准确夹瓶、喷针精确定位；通过调整喷针高度，可满足瓶子内外壁工艺需要，实现 2~10mL 规格瓶子的清洗。

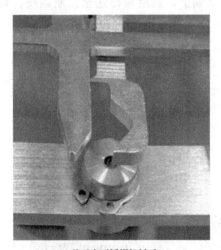
(a) 单开夹不锈钢机械手

(b) 单开夹塑料机械手

图 10-2-6　单开夹机械手

③ 循环水系统主要由接水盘、超声波水箱、循环水箱、加热管、液位计、温度计、水泵等组成，主要用来收集注射用水并将其用于循环水清洗，以达到对小瓶预清洗的目的，循环利用的同时节约用水。

循环水箱中配置有加热管，水通过加热管和温度计可实现保温控制，通常温度控制在 40~60℃，当水温和液位低于设定值时，设备自动报警停机。接水盘、上水箱、循环水箱内表面采用圆弧设计，并抛光处理，易于清洁。

④ 过滤系统分为循环水过滤系统和进水气过滤系统。循环水过滤系统对循环水进行过滤，保证预清洗水质，一般预过滤采用 $3\mu m$ 的过滤器滤芯，精过滤采用 $0.45\mu m$ 的过滤器

滤芯。为保证清洗用的注射用水及压缩空气的质量，进水气过滤系统均采用 0.22μm 的除菌级过滤器滤芯。

⑤出瓶系统是通过星轮转动，小瓶在保护罩的保护下传送至烘箱，并配置有计数传感器，同时出料高度可调，保护外罩常采用聚碳酸酯材质。

10.2.2.2 烘瓶操作单元

(1) 分类

除热原隧道烘箱（图 10-2-7）有单向流隧道烘箱和热辐射型隧道烘箱两种。单向流隧道烘箱的效率更高，对玻璃的温度控制更精确，设备尺寸更紧凑，业内用得较多。

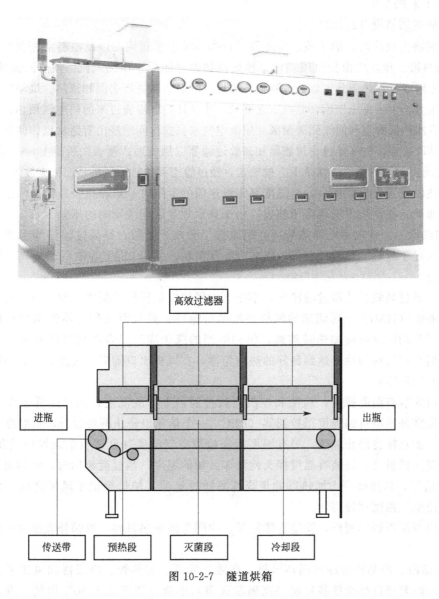

图 10-2-7 隧道烘箱

(2) 设计考虑因素

① 隧道内高效过滤器选型：耐高温、高效材质及密封垫片。
② 冷却方式、冷却段灭菌方式以及隧道烘箱回风方式。

③ 房间隧道烘箱辐射对空调系统的影响。
④ 风冷式隧道烘箱取风方式及对空调系统风量的影响。
⑤ 关键的参数的记录和报警,如温度、压差等。
⑥ 异常停机时对隧道烘箱的冷却措施,如压缩空气空吹降温。
⑦ 高效密封的方式,如负压密封。
⑧ 温度、传送带速度与暴露时间的设计。
⑨ 出瓶温度。
⑩ 灌装区与隧道烘箱冷却区的压差。
⑪ 上下游的互锁。

(3) 隧道烘箱设备的组成

隧道烘箱由预热段、加热段、冷却段、传送系统、输送网带以及控制系统等组成。

① 预热段。预热段由预热段箱体、预热段初效过滤器、预热风机、预热段高效过滤器、除湿风机等组成。预热部分主要对洗瓶机传送过来的西林瓶进行去湿和预热。烘箱气压略高于洗瓶区的压力,由于高压作用,西林瓶能够被一些从加热区溢流过来的热空气预热,并且防止预热段来自加热区的空气回流到灭菌区。层流空气来自操作间或经由管路从操作间外采集,然后被风机抽取进来,空气经过预过滤器和高效过滤器以层流形式覆盖在瓶子上,速度在0.5～0.6m/s之间。潮湿的空气从网带下方被抽走,经过管道到达排放风机从而被排放到室外。

在预热段安装有温度探头,当温度高于设定值的上限时,烘箱报警并自动停止加热以保护高效过滤器。在预热段安装有压差表,用于显示预热区与洗瓶间的压差。

② 加热段。加热段由电加热管、高温风机、高效过滤器、补风过滤器等组成。加热灭菌区的小瓶置于封闭的热循环空气中以减少能量消耗,并以320℃左右的热空气层流进行灭菌和去热原。

热空气通过高效过滤器过滤净化,小瓶上方风速应达到设计要求。空气经过输送网带后被在人机界面(HMI)上可调速的风机抽取进行循环,其被引入带有不锈钢加热棒的加热通道。为了节约能源和过加热玻璃瓶,每种类型的瓶子应当以合适的温度和时间完成除热原。为了提高空气均匀性以达到良好的热均匀性,在风机出口到高效过滤器上方和输送网带下方安装有均流装置。

加热段安装有温度探头,检测和控制高效过滤器下方的温度,当温度低于设定值下限时,烘箱报警并发给可编程逻辑控制器(PLC)一个信号以停止网带运行,当温度高于设定值上限时,加热棒将停止加热,另有温度探头检测空气温度并反馈至记录仪记录和在HMI显示。在高温风机之后安装有温度探头检测该区域的温度,当温度超标时,烘箱报警并发给PLC一个信号,加热棒停止加热以避免烧坏高效过滤器。加热棒位于风机之前,可通过风机的旋转使空气温度比较均匀。

腔体由两层不锈钢制作,安装有膨胀节,中间塞满绝热材料,烘箱外表温度一般不超过50～55℃。

③ 冷却段。冷却段由冷却循环风机、高效过滤器、加热管、冷凝器和风压平衡风机等组成。冷却段是通过热交换装置将经高温段灭菌的小瓶冷却至25～30℃出箱,进入下一道工序。空气在一个封闭的回路中循环,小瓶上方的层流冷空气经高效过滤器过滤净化,速度为0.5～0.6m/s。空气经过输送网带后被可在HMI上进行速度调整的风机抽取进行循环,其被引入带有表冷器的冷却通道。通常冷却段需增设单独风机用于冷却段压力平衡。

冷却段配有自动压力平衡控制系统以减小洗瓶间、烘箱和无菌间的压力波动影响，当有压力波动时，避免其对层流和灭菌的影响。烘箱内气体流向为从加热段到预热段、从加热段到冷却段，压力分布为预热段＜加热段＞冷却段。

一些快拆式接口位于风机入口，用于供给检测气体，一些快拆式接口位于风机后过滤器前，用于检测气体的参考浓度值。整个过滤器下表面可以进行扫描。烘箱腔室装有管路（不锈钢快拆接口），用于连接粒子检测装置。

④ 输送网带。来自洗瓶机清洁干燥的西林瓶自动进入烘箱输送网带，网带将瓶子导入整个烘箱各段，网带配有涨紧装置，当网带从冷却段返回时通过一个密封的通道。离开烘箱的小瓶置于与下游连接的板上。输送网带两侧有竖直的挡边，防止小瓶跌落下去和由于热冲击造成小瓶爆瓶，而且气流可以沿腔室内壁流下。在出料处和网带下方有一些碎屑收集口，其便于对烘箱内部进行清洁。

10.2.2.3 灌装操作单元

灌装设备是将经无菌过滤的药液灌入经清洗、灭菌、除热原的小瓶中，经过半加塞后输送至冻干设备。由于冻干产品的特殊性，胶塞应是特制的且半加塞，便于溶剂在冻干过程中升华和脱附。

无菌灌装是冻干制剂制备过程中的关键操作，整个过程产品及产品接触表面暴露在开放的环境中，因此灌装设备的上瓶、灌装、加塞、输送应在 A 级保护下并自动进行，且与周围的环境隔离，人工操作应使用隔离手套。灌装设备如图 10-2-8 所示。

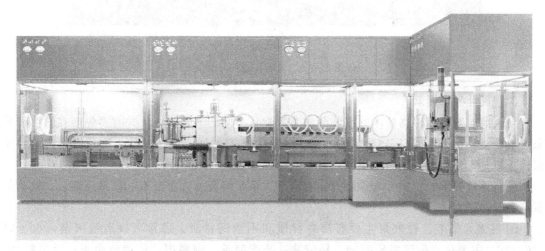

图 10-2-8　灌装设备

（1）分类

灌装设备按照传动方式可以分为机械式灌装加塞机和伺服式灌装加塞机。机械式是指传动的输送轨道、星轮通过变频电机、同步带、链条带动，而伺服式则是通过伺服电机控制来完成，由于伺服式设备结构简单、机械维护较少且无需润滑、控制精度和灌装精度较高，因此业内多用此种方式。

灌装设备按照结构布局可以分为直线式灌装设备和旋转式灌装设备。直线式灌装设备除了典型的桌板式，还有新型阳台式，如图 10-2-9 所示。两者的不同之处在于阳台式将大部分的维护置于非无菌区。

(a) 旋转式

(b) 直线式

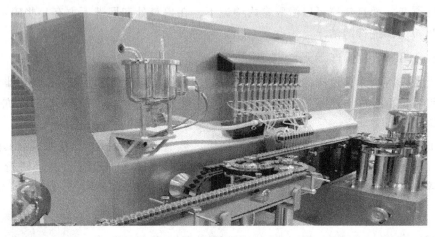
(c) 阳台式

图 10-2-9　灌装设备的分类

(2) 设计考虑因素

灌装半加塞机可根据具体的灌装药液参数配备不同的灌装系统，并有多种形式的容积泵来实现灌装，整机可扩容 IPC、CIP/SIP 功能，并设有取样、风速、微生物预留测试口，加塞及止塞方式多样，可以满足不同产量和速度要求。

灌装装量要求的精确度与灌装方式有直接关系，灌装方式主要有：柱塞泵灌装、蠕动泵灌装和时间压力法。

① 柱塞泵灌装。柱塞泵主要有陶瓷材质和不锈钢材质，通常可以离线灭菌，也可以 CIP/SIP。主要优点是活塞易拆卸、易清洗，装配简单，耐磨损，使用寿命长，无易耗品，灌装精度高（精度普遍是≤±1%，最高可达到±0.3%）。但是灌装适用性较差，适用于类似水的药液，现有技术下的 CIP/SIP 泵管路复杂，易产生死角，单规格泵对应的装量范围有限。

② 蠕动泵灌装。蠕动泵可以不用灭菌，但需对更换的软管清洗、灭菌。主要优点是药液与泵的其他部件不接触，可以避免药液受到污染。蠕动泵适用于侵蚀性强的流体，具有自吸能力，可干运行，无阀门和密封垫片，可以防止倒流。但泵管是易耗品，使用一段时间后会对灌装的精度有影响，且泵头内部有运动部件，易产生微粒。此泵适用于高黏度、易结晶、对剪切力敏感的药液，精度可达≤±1%。

③ 时间压力法。通常灌装过程中的管径恒定，只需通过控制保证压力恒定，从该管内

流出的流体的流速恒定，进而通过调整时间，以达到稳定灌装量的目的。时间压力法的优点是药液不受污染、无机械摩擦、无微粒产生、可以实现 CIP/SIP、可对回吸量进行调整、可灌装对剪切力敏感及侵蚀性强的药液、最后一批药液通过程序补偿后可进行灌装且管道残留量少、灌装范围广（0.1～20mL）、快速拆装、可根据不同需求选择不同的时间控制方式，但是需要配合在线称重使用，灌装精度的影响因素较多，不适合高黏度产品（黏度通常应低于橄榄油），需加强对操作人员和维护人员的培训，需要大量的灌装装量测试。

设计时除了根据药液特性考虑灌装方式外，还需考虑以下内容：

① 灌装环境：应位于 A 级 RABS（限制进出隔离系统）或隔离器中，限制操作人员与产品、产品接触面、容器、胶塞等的接触；

② 胶塞接触的表面应能采用不锈钢，表面抛光度应适当，以防止产品、容器和胶塞产生的生物污染；

③ 设备应易于清洁、无死角，尽量避免使用螺纹接头；

④ 传动部件应有密闭外壳防止暴露在无菌环境中，应尽量减少润滑剂的使用，如使用应使用食品级的润滑剂；

⑤ 设备应有取样设计，并在取样时不干扰操作；

⑥ 关键区域设计有助于实现最佳的单向流模型；

⑦ 设备的安装方式适当考虑从灌装区外对其进行日常的维护；

⑧ 设备的操作应考虑人机工程学，如手套的位置和数量；

⑨ 设备的设计应采用手套操作，限制操作人员对灌装环境的干扰；

⑩ 辅助系统应考虑能防止颗粒污染，如胶塞漏斗；

⑪ 胶塞漏斗及输送盘应易于拆卸并可以高压灭菌；

⑫ 灌装环境应为 A 级环境（ISO 5 级）；

⑬ 灌装半加塞后容器应在 A 级单向流的保护下，采用传送带或转运小车送入冻干机内。

(3) 典型灌装设备工艺流程

经隧道烘箱灭菌除热原的小瓶在理瓶台上经过单排整列变成有序的小瓶，在变频传送带的作用下，输送至进瓶星轮并送至灌装工位。灌装工位通过灌装泵、伺服控制等对输送过来的小瓶自动灌装，灌装后的小瓶在传送带的作用下输送至加塞星轮。然后振动料斗通过输送通道将胶塞输送至加塞盘，对加塞星轮输送过来的小瓶进行半加塞，然后通过在 A 级保护下的输送网带送至冻干机，流程如图 10-2-10 所示。

(4) 典型直线式灌装设备的组成

典型直线式灌装设备由机架系统、理瓶系统、进料系统、主网带系统、灌装系统、加塞系统、剔废取样系统和出料系统组成。

① 理瓶系统。理瓶系统是隧道烘箱与灌装系统的过渡，与隧道烘箱之间采用不锈钢板连接，通过蛇形轨道，使隧道烘箱出来的瓶子经过整列变成有序的单排，如图 10-2-11 所示。系统通常采用聚甲醛和不锈钢作为制造材质，中间有开口，保护层流，速度可调，并有传感器，用于控制与隧道烘箱的连锁，如当理瓶盘上小瓶足够时，烘箱网带停止输送小瓶，在转盘处装有倒瓶剔除、防倒立装置，可防止西林瓶堵塞。

② 进料系统。理瓶盘上的小瓶在伺服电机的动力作用下通过进料网带和星轮输送至灌装工位，进料后有缺瓶预警传感器和最小积瓶传感器，用于设备的报警和停机控制，进料速度可调。

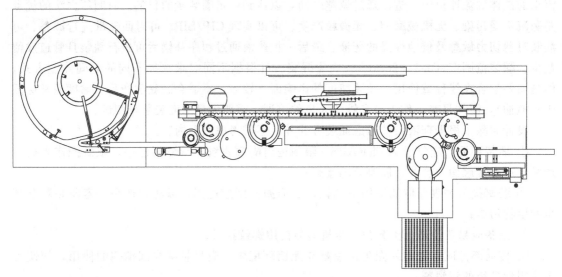

图 10-2-10　灌装工序

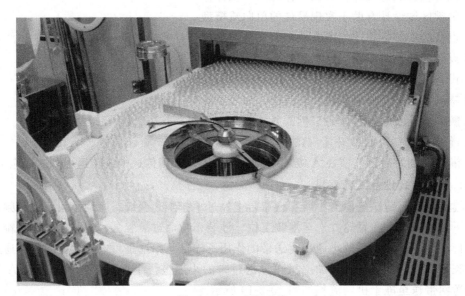

图 10-2-11　理瓶系统

③ 主网带系统。通过伺服驱动输送块将瓶子输送至灌装工位，实现主网带与星轮之间小瓶的输送。主网带上有检测传感器，用于实现"无瓶止灌，无瓶止塞"。

④ 灌装系统。灌装系统主要包括灌装机械手和分装系统。灌装机械手负责完成灌液针连续灌装的功能，它由两个独立的伺服电机驱动，完成灌液针连续跟踪灌装的动作。分装系统可采用柱塞泵或蠕动泵灌装形式，每个柱塞泵或蠕动泵的旋转和行程都由独立的伺服电机驱动。一般根据灌装量的要求和生产速度选择泵的数量和生产能力。可通过称重模块实现装量的检测，对灌装前的空瓶和灌装后含药液的小瓶称重。灌装系统中所有有工艺流直接接触的金属部件均由不锈钢制作，管路内表面抛光、快卡式连接。

⑤ 加塞系统。此系统采用真空加塞，具有无瓶止塞功能，由振动料斗、供料通道和压塞头组成且高度可调，以满足不同高度小瓶。其中供料通道也配有胶塞量检测传感器，可以

声光报警、设备停机及自动恢复运行。与胶塞直接接触的振动料斗、供料通道及压塞头均采用316L不锈钢制作。

加塞有多种方式，如水平加塞和垂直加塞，如图10-2-12所示。

(a) 水平加塞

(b) 垂直加塞

图 10-2-12　加塞方式

⑥ 剔废取样系统。在加塞后配备了取样和剔废装置，对灌装后未加塞的小瓶进行取样及未正确加塞的小瓶进行剔除，取样和剔废共用一个通道。在取样或剔废接收盘处设有传感器对小瓶的堆积进行检测，可报警和自动停机。

⑦ 出料系统。加塞后的小瓶通过出料星轮输送至出料网带，进入转运小车或自动进出料系统。在出料网带上配有出瓶堆积传感器，当检测到出瓶堆积时，可报警和自动停机。

10.2.3　胶塞的清洗、消毒、干燥

在冻干药品生产过程中，需要处理的胶塞内包材，其清洗、烘干、灭菌在同一封闭箱体内完成，消除了交叉污染。

在冻干制剂中常用的是分叉的胶塞，其目的是便于在冻干工艺中将料液中的水分升华出来，给药液中的水分蒸发提供通道。同时胶塞在产品的生产、储存或使用过程中可能与产品直接接触。在药品有效期之内的长时间储存过程中，胶塞与药品会在同一个瓶内空间中，胶塞的水分挥发至空间，将对药品的含水量造成决定性影响。因此要求胶塞必须要经过清洗、灭菌、干燥等处理过程，达到无菌要求，内毒素、不溶性微粒、水分含量等指标达到相应要求。

10.2.3.1　胶塞清洗设备分类

胶塞清洗设备根据滚筒可分为单滚笼胶塞清洗设备、分篮胶塞清洗设备、清洗桶胶塞清洗设备三类。目前国内多采用单滚笼胶塞清洗设备（图10-2-13），该机型的单批次产量大、清洗干净、灭菌彻底、干燥完全。

10.2.3.2　设备系统组成

大产量胶塞清洗机主要由传动系统、清洗灭菌系统、干燥冷却系统、蒸汽冷凝排放系统、过滤器在线灭菌系统、真空泄漏自检测系统、工艺管路系统、控制系统组成。

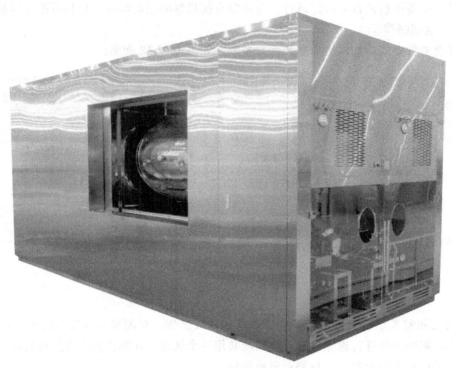

图 10-2-13　单滚笼胶塞清洗设备

(1) 传动系统

传动系统由传动轴、支撑轴承、减速机、滚笼、变频器、检测元件组成，是整个设备的动力部分，通过滚笼的转动，胶塞在清洗过程中不断产生翻滚，分散在清洗水中。在灭菌、干燥过程中，确保胶塞受热均匀、干燥彻底。

(2) 清洗灭菌系统

在线清洗、在线灭菌系统主要用于实现胶塞的清洗和灭菌控制，是胶塞清洗机的最基本功能。清洗灭菌系统主要由水环真空泵、气动隔膜阀、气动角座阀、气动球阀、温度传感器、压力传感器、安全阀等部件组成。

清洗系统的作用是将原料胶塞进行清洗处理，原料胶塞一般分为未清洗硅化的毛坯胶塞和清洗硅化过的免清洗胶塞。对于毛坯胶塞，需要运行全流程清洗工艺，清洗结束，对胶塞进行硅化。对于免清洗胶塞，清洗过程只需要运行漂洗工艺，即可实现胶塞的彻底清洗。

灭菌系统是通过通入纯蒸汽对胶塞实现灭菌，其中主要工艺参数为灭菌温度和灭菌时间。

(3) 干燥冷却系统

干燥冷却系统用于干燥胶塞上的水分，降低胶塞上的温度，确保胶塞能够尽快达到含水量和温度要求，确保胶塞能够尽快使用。干燥冷却系统主要由夹套、水环真空泵、呼吸过滤器、阀门及管道组成。

胶塞灭菌结束后，利用胶塞上的余热，通过真空干燥的方式，快速实现胶塞的初步干燥，使胶塞的含水量降低到 1.0% 以下，对于含水量要求更低的胶塞，需要进行真空置换干燥，将其含水量降低到 0.3%，甚至 0.1% 以下。

10.2.3.3 胶塞的转运方式

胶塞属于内包材,对药品的质量有决定性影响,所以要求胶塞通过合理的转运方式,实现胶塞安全、稳定、快速地转运到分装系统。目前常用的有无菌管路自动落料系统和层流保护提升倒料系统、小桶转运系统、传送带输送系统。

(1) 无菌管路自动落料系统

清洗机直接与分装机对接,通过象鼻口直接将胶塞落料到灌装机的缓冲料斗,实现胶塞直接、自动、全密闭、无污染风险的转运,胶塞没有经过任何中间环节,没有初始设备投资,不需要配置操作人员,后期的运行费用为零,是目前为止最理想的转运方式,如图10-2-14所示。该系统适用于可以靠墙安装的灌装机。

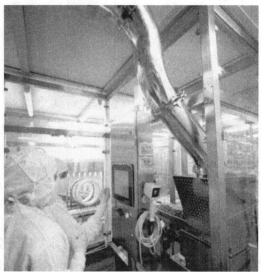

图 10-2-14　无菌管路自动落料系统

(2) 层流保护提升倒料系统

在层流保护下,将胶塞出料到灭菌后的不锈钢桶中,盖好盖子,密封,然后将胶塞桶转移到层流车,通过层流车转运到灌装机隔离器内,通过提升机实现胶塞的自动提升、自动翻转落料等后续落料过程,实现胶塞的无菌转运。层流保护提升倒料系统如图10-2-15所示。

(3) 层流保护小桶转运系统

在出料隔离器保护下,将胶塞分装到小的不锈钢桶中,通过层流车将小桶转移到灌装机的上胶塞隔离器内,由操作人员手动倒入灌装机料斗,实现胶塞转运,此种方式是最传统的胶塞转运方式,控制运行简单,非常适合很小批量产品、中式规模产品的生产应用。

(4) 层流保护传送带输送系统

将胶塞清洗机向灌装机位置平行移动,使胶塞机出料口与灌装机上胶塞缓冲料斗在一条水平线上,通过完整的隔离器系统连接出料口和胶塞料斗,通过传送机构带动不锈钢桶自动往复运动,将胶塞倒入料斗中,实现A级保护下的全自动转运,如图10-2-16所示。

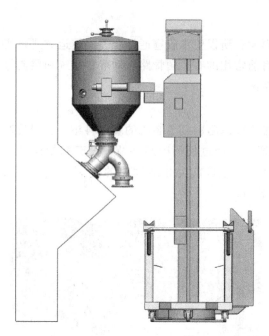
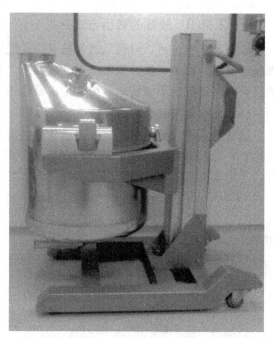

图 10-2-15　层流保护提升倒料系统

10.2.4　冻干设备

10.2.4.1　冻干机进出料

产品从灌装后到进入冻干机内部及冻干全压塞后出料，均认为处于未完全密封状态，其操作和转运应在 B 级背景下的 A 级（ISO 5 级）环境。

进出料方式分为手动进出料、半自动进出料、全自动进出料。全自动进料是首选的进料方式，具有高速、稳定、无人无框、自动化、隔离化、无缝连接等特点，实现灌装机与冻干机、冻干机与轧盖机之间的无缝对接，结合隔离技术使产品、设备及周围环境之间的洁净程度得到维持。但如果采用人工进料，应使用隔离手套箱自上而下操作。全自动进出料可分为固定式 RBR 自动进出料、移动式 AGV 自动进出料以及两者混合式的进出料，AGV 和 RBR 自动进出料方式装载速度均可达 600～700 瓶/分钟，卸载速度均可达 900～1200 瓶/分钟，工艺稳定。

（1）固定式 RBR 自动进出料

固定式 RBR 自动进出料方式，是直接将灌装完毕的小瓶以一排或多排的组合整理至冻干机的板层上，对应单台冻干机传送，可以实现低温进料，满足抗肿瘤及有毒产品进料的工艺需求，可通过桥板的可靠连接，节省 A 级空间，如图 10-2-17 所示。

（2）移动式 AGV 自动进出料

移动式 AGV 自动进出料方式是通过导轨移动，

图 10-2-16　层流保护传送带输送系统

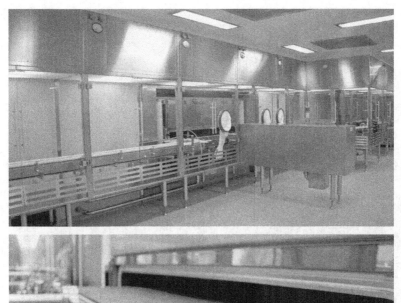

图 10-2-17 固定式 RBR 自动进出料

采用移动小车可对多台冻干机进出料,每次装载或卸载对应一块板层的小瓶,定位准确,如图 10-2-18 所示。

(3) AGV 和 RBR 混合式进出料

移动式（AGV）与固定式（RBR）的组合,主要适用于 Passthrough 冻干机（即冻干机双扉设计,分别具有进料及出料小门）。在有 AGV 的设计中,在冻干机与 AGV 对接的顶部应安装足够的高效空气过滤单元,并在底部设有回风单元,保证必要的环境及流型。

10.2.4.2 冻干机结构

常规的冻干机的结构和组成见图 10-2-19。冻干机的主要结构有冻干箱、搁板、冷凝器。

(1) 冻干箱

冻干箱一般简称为"前箱",通常由冻干箱体和密封门组成,其主要作用是形成一个密闭的空间,制品在冻干箱内,在一定的温度、压力等条件下完成冷冻、真空干燥、全压塞等操作。冻干箱一般为矩形容器,少数采用圆筒形容器。冻干箱采用无菌隔离设计,箱体前采用不锈钢围板与洁净室墙板之间形成密封。箱门与不锈钢门采用特殊形状的硅橡胶密封,箱门内壁与冻干箱内壁的粗糙度相同。同时箱门的平整度也有较高的要求,以确保在真空条件下能与密封条紧密贴合,冻干箱门中央有观察窗,便于在无菌室观察产品状态。多门的冻干

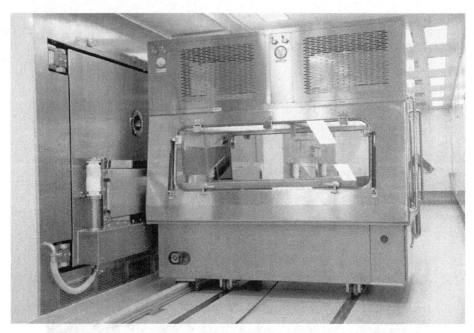

图 10-2-18 移动式 AGV 自动进出料

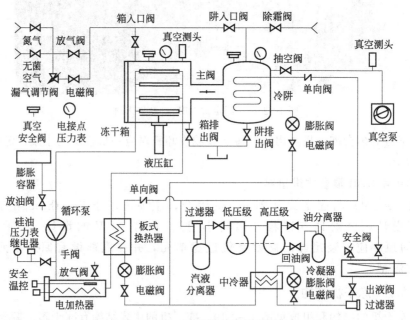

图 10-2-19 冻干机的结构和组成

机,门可互锁。与洁净室相连的门和锁定硬件,伸缩在一般的维修区域。

(2) 搁板

产品的冷冻干燥是在冻干箱中进行的,在其内部主要有搁置产品的搁板。搁板通过支架安装在冻干箱内,由液压活塞杆带动做上下运动,便于进出料、清洗和真空压塞。搁板采用不锈钢制成,表面平整,内设置长度相等的流体通道,搁板的冷却和加热就是通过导热介质在搁板板层内部通道中的强制循环得以实现的,导热介质在搁板内流动,均一地将能量传递给放置于搁板表面的制品容器，贯穿于整个冻干过程。

搁板组由 $N+1$ 块搁板组成，其中 N 块搁板装载制品用，称为有效搁板，如图 10-2-20 所示。最上层的一块搁板为温度补偿加强板，不装载制品，目的是保证箱体内所有板层与板层之间的热辐射环境相同。每一块搁板内均设置有长度相等的流体管道，充分保证搁板温度分布的均匀性。搁板组件上面和下面有刚度很大的支撑板和液压板，目的是使压塞时板面变形很小。搁板组侧面有引导搁板的运动方向的导向杆，搁板间通常用螺栓吊挂，以便根据需要调节其间距。

图 10-2-20　搁板

带动搁板运动的压力活塞缸通过波纹套对其表面覆盖，以使运动部件与冻干箱内环境隔离，保证箱体内的无菌环境。波纹套可伸展，末端密封，一般采用螺栓连接、法兰密封或 O 型圈密封，便于更换和维护。波纹套内部可排放及抽真空，以助于波纹套的伸缩。波纹套配有泄漏测试系统，以保证波纹套的完整性。

(3) 冷凝器

冷凝器内部设置有不锈钢盘管（图 10-2-21），主要作用是用来捕捉冻干机箱体内升华出的水蒸气，对升华出的水蒸气形成从冻干箱到冷凝器的压差推动力使其在冷凝表面结冰，从而使得冷冻干燥得以正常运行，冷凝器又称为"捕水器""冷阱""后箱"。

按照结构冷凝器分为卧式冷凝器和立式冷凝器。若按照放置的位置（以冻干箱为参照物）来分，冷凝器可以分为内置式冷凝器、后置式冷凝器、上置式冷凝器、下置式冷凝器以及侧置式冷凝器。冷凝器箱体有方形体、卧式圆筒体、立式圆筒体三种结构。这三种结构的主要区别是方形体一般和冻干箱连为一体，因此整个冻干机结构比较紧凑，适合厂房有限制的车间，缺点是水蒸气的流动不及圆筒冷凝器流畅。卧式圆筒体占地面积大，水蒸气的流动比较顺畅，但造价比方形体高。而立式圆筒体占地面积小，水蒸气的流动相对方形体来说更顺畅，但是不及卧式圆筒体，其造价是最高的。冷凝器与冻干箱相同，需拥有足够的设计强度和灭菌要求。

图 10-2-21 冷凝盘管

10.2.4.3 冻干机系统的组成

冻干机系统主要由制冷系统、真空系统、循环系统、液压系统、CIP 和 SIP 系统、气动系统、控制系统等组成。

(1) 制冷系统

制冷系统的作用主要是在制品预冻时给液态制品提供冻结成型的冷量，在制品升华时给冷凝器提供捕捉制品溢出的水汽冷量，将其凝结成霜。制冷系统主要由压缩机、冷凝器、蒸发器、膨胀阀构成。除必备的四大部件外，制冷系统还设置有气液分离器、油分离器、干燥过滤器、板式换热器、电磁阀及各种关断阀、继电器等，具有一系列的多重保护，充分保证制冷系统的稳定运行。

(2) 真空系统

真空系统的主要作用是在冻干箱腔体和冷凝器腔体形成一个人为的真空环境，一方面促使冻干箱内制品的水分在真空状态下蒸发（升华），另一方面该真空还会在冻干箱和冷凝器之间造成一个真空梯度（即压力差）环境，使冻干箱内制品中的水汽溢出后更容易流向冷凝器，并被冷凝盘管捕获，实现水分的移除。真空系统主要由冻干箱、冷凝器、真空泵组、小蝶阀、箱阱隔离阀、真空测试装置、放气装置、真空管道及相关辅助装置组成。

为了维持冻干箱内适宜的无菌环境，真空系统通常通过真空挡板阀来实现防倒吸。真空系统的真空度是与制品的升华温度和冷凝器的温度相匹配的，真空度过高或者过低都不利于制品升华干燥，因此，冻干箱内的真空度应维持在一个合适的范围内，方能达到缩短制品升华周期的目的，这个就要通过设备上的小蝶阀动作来配合实现。

(3) 循环系统

循环系统的主要作用是给导热油提供冷、热源及循环的动力和通路，使冷媒在循环管路、电加热器、搁板之间周而复始地循环流动。循环系统主要由循环泵、电加热器、板式换热器、集管、搁板、温度继电器、压力继电器、膨胀桶、温度变送器、冷媒及循环管道等组成。循环系统装有压力表和压力继电器，其主要用于监测冷媒循环系统中的工作压力，当循环系统发生故障时或者循环管路中混入空气形成气塞时，系统的循环压力就会降低，低于压力继电器的设定压力，此时备用泵将会自动投入运行，保证生产。压力表除了以上作用外，还可以作为循环系统打压的观察点。因为打入循环系统的压力不允许超过 0.2MPa（一般控制在 0.15MPa 或以下），如果没有压力表，就无法直接观察打入系统的压力。同时循环系统中还需装有温度控制器，以限制电加热器工作时的上限温度，用以对制品加热时温度的控制。

作为循环系统中最为重要的循环泵，冻干机上常用的循环泵都是双头屏蔽泵或双循环泵备份，充分保证当一台泵在使用过程中发生故障时，就会自动切换到另一台备用泵，保证冻干制品的安全。

(4) 液压系统

液压系统的主要作用是给搁板在压塞和清洗及进出料时提供上下运动的动力；液压系统还给冻干箱和冷凝器间的中隔阀启闭提供前后移动的动力，包括箱门液压锁紧。液压系统主要由液压泵站、油缸和各种阀门集成组件组合而成。

(5) CIP 和 SIP 系统

CIP 系统给前箱、搁板、冷凝器提供清洗水源的启闭和排放，可配备外置清洗站。SIP 系统给设备在位消毒灭菌时提供对纯蒸汽源的启闭以及箱体容器在灭菌时对蒸汽压力、温度和时间的控制，同时 CIP 和 SIP 系统承担了冷凝器捕冰后化霜的功能。CIP 和 SIP 系统主要由水环泵、清洗喷淋架、安全阀、压力变送器、温度变送器、压力表等组成。

喷淋球可选用陶瓷式旋喷，避免出现生锈，连接方式采用快插式连接，避免出现快开卡箍连接带来的清洗死角，排水管路设有一定坡度（如 0.5%～2%），保证排水时无残留；箱体内部的管口采用 3D 设计，保证所有的管口都不会产生积水，并配置水环式真空泵，在清洗结束后，抽取残余的水汽，保证无残留；排水口末端设置防倒吸装置，防止清洗水排尽时造成的地漏空气倒吸。

CIP 主要参数指标：箱体的清洗覆盖率能够达到 98% 和隔板的清洗覆盖率达到 100%，程序运行顺利、CIP 结束后箱体内部无积水，所有区域的核黄素被完全清洗掉（紫外灯检测），CIP 周期符合预设的操作参数。

SIP 主要参数指标：灭菌过程中，最冷点的温度不低于 121℃，所有的热电偶温度波动范围在 ±1.5℃ 内，同一时间所有热电偶温度波动范围在 ±1℃ 内。灭菌后的生物指示剂降低 6 个对数单位，对照品管呈阳性，有微生物生长。

(6) 气动系统

气动系统的主要作用是对设备安装的气动隔膜阀、气动球阀、气密封等提供动力源。气动系统主要由气动先导电磁阀、气动汇流板、油雾过滤器、减压器等组成。

10.2.5 轧盖

冻干压塞后的小瓶通过理瓶装置整理成列，由网带输送至轧盖设备进行轧盖，轧盖的目的是防止胶塞脱落，有助于保证小瓶长时间的密封和无菌。

10.2.5.1 轧盖设备分类

轧盖设备按机械结构可以分为固定单刀式轧盖设备和旋转多刀式轧盖设备。固定单刀式轧盖设备对铝盖尺寸和公差要求较高,细小的公差改变可能影响设备的轧盖效果;而旋转多刀式轧盖设备,由于具有滚刀单元的弹性设计,则不存在这种问题,因此业内多选择此类机型,如图10-2-22所示。

图10-2-22 旋转多刀式轧盖设备

10.2.5.2 设备原理

压塞后的小瓶通过理瓶装置整理成单列并通过网带输送到星轮系统,采用电磁振荡自动理盖和送盖,将铝盖送至星轮系统实现自动挂盖,挂盖后的小瓶通过进料星轮输送至轧盖系统,由轧盖刀滚压卷边从而进行封口密封,轧盖后的小瓶输送到出料星轮,在出料星轮对轧盖效果进行检测,将不合格的西林瓶进行在线剔除,合格的产品通过输送网带输送至后续工位。

10.2.5.3 轧盖设备的组成

轧盖设备由机架系统、进料系统、星轮系统、扣盖系统、轧盖系统、剔废系统、出料系统和控制系统组成,轧盖设备的平面组成如图10-2-23所示。

(1) 机架系统

机架系统主要由框架、台板、台板罩、脚撑及相关附件组成。框架采用304不锈钢焊接而成,框架底部地脚高度可调,以满足生产工艺要求。

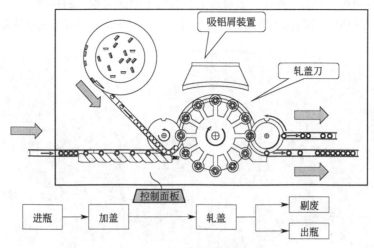

图 10-2-23 轧盖设备的平面组成

(2) 进料系统

进料系统由理瓶盘（图 10-2-24）、网带组成，理瓶盘通过电机驱动，带动圆型盘旋转（速度可调），离心力和理瓶盘护栏的共同作用，将群出的小瓶整理成单列，有序地输送至网带，并由网带将小瓶输送至下道工序。在小瓶单列序输送时，倒瓶可被剔除，可有效防止小瓶拥堵。

图 10-2-24 理瓶盘

(3) 星轮系统

星轮系统分为进料星轮和出料星轮。星轮系统是通过主轴电机带动主轴齿轮转动，通过星轮齿轮将动力传送至星轮系统，带动星轮同步旋转。星轮的主要功能是输送小瓶并使其在运输中保持一定间距，在星轮运输的过程中实现挂盖、检测、剔除功能。

(4) 扣盖系统

扣盖系统（图 10-2-25）是通过振荡器将铝盖整列，由下盖通道输送至进料星轮上方，在小瓶通过星轮时，瓶口就会触碰到悬挂在下盖通道口处的铝盖，从而实现挂盖过程。铝盖振荡器采用高频电磁振动的原理对铝盖进行高频率低振幅的振动，实现自动整列。铝盖振荡器和下盖通道均采用 316L 不锈钢加工而成,并在上盖通道上装有用于铝盖量检测的传感器,当铝盖处于低位时,可自动停机和报警,同时扣盖的高低位置也可调节,以满足不同尺寸的小瓶需求。

图 10-2-25　扣盖系统

(5) 轧盖系统

轧盖系统主要由轧盖头、轧盖刀、压盖头及铝屑收集装置等组成。其主要功能是通过小瓶的自转,轧盖刀逐步靠近小瓶,实现铝盖轧盖的过程。将加有铝盖的小瓶输送至轧盖系统后,通过传动机构带动轧盖系统旋转,并在轧盖刀的作用下滚动旋压铝盖底部边缘,从而完成轧盖密封的功能。

轧盖刀(图 10-2-26)采用柔性固定,当小瓶慢慢靠近轧盖刀时,轧盖刀可根据每个小瓶的瓶颈曲线进行独立调整,确保了轧盖效果,减少铝屑产生并避免破瓶,即使小瓶尺寸及公差有一定变化,仍可适用。

轧盖刀通过悬臂悬挂在小瓶内侧,此过程通过凸轮的作用,使轧盖刀靠近和远离小瓶。铝屑收集装置(图 10-2-27)主要由抽风装置口和抽屑真空泵组成,通过内置的负压吸铝屑结构,在轧盖区域内形成内吸的负压环境,保证了轧盖区域内的环境。

(6) 剔废系统

剔废系统由星轮、收集盘、胶塞检测传感器、铝盖检测传感器、气动系统、真空泵等组成。剔废分为前剔废和后剔废。前剔废是在小瓶经过星轮输送的过程中,通过胶塞检测传感器对缺塞及未全压塞的小瓶进行检测及剔除。后剔废是通过铝盖检测传感器,对轧盖后的无铝盖小瓶的检测及剔除,无铝盖及胶塞检测不合格品,通过星轮上的真空吸盘精准剔除,合格品输送至下道工序,不合格品输送到废品收集盘内,同时在收集盘内配置传感器,用于检测被剔除小瓶的堆积度。

10.2.6　灯检

在冻干制剂中,灯检是无菌产品的最后一道关键检查工序,尤为重要。根据药典规定,

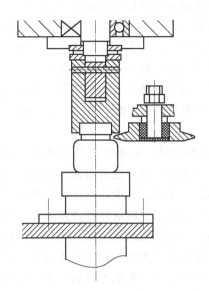

图 10-2-26 轧盖刀

图 10-2-27 铝屑收集装置

产品在出厂前应采用适宜的方法逐一检查并同时剔除不合格品,这就要求药品生产企业必须对此质量指标进行大批量的工业化检查。在现行《中国药典》中,可见异物检查法有灯检法和光散射法两种。灯检法不适用于用深色透明容器包装或液体色泽较深的品种。

10.2.6.1 灯检的方式

灯检的方式有人工灯检、半自动灯检和全自动灯检。

人工灯检应在现行《中国药典》要求下按照一定的照度及背景下进行。半自动灯检是在半自动灯检机的检查区域内，产品输送至检查区域并保持旋转的同时操作人员进行检查，操作人员标记不合格的产品并将其剔除。以上两种方式可能会有照度、产品角度、检查背景、人员熟练程度、检查速度、旋转速度、人员视觉灵敏度及人机工程学等因素的影响。全自动灯检则是利用一个或多个照相工位，对每个冻干产品容器拍摄一张或多张照片，然后利用预先在计算机内输入的缺陷类型及界限进行分析，此方法可以消除人为的错误、效率高，可以检查到 40μm 以上的颗粒，异物检测性能稳定，误检率和漏检率低，可兼容有色泽、高浓度产品的可见异物检查。

目前灯检机领域存在两大技术阵营：一种是 SD 检测法，其检测原理是通过容器和里面的液体被高速旋转，停止旋转容器，里面的液体继续运动，微粒也随着液体而动；通过集光透镜，把容器的异物影子准确无误地投射在传感器上，引起电压变化，进行判断是否存在异物。另一种是机器视觉检查法，其检测原理是通过容器和里面的液体被高速旋转，停止旋转容器，里面的液体继续运动，微粒也随着液体而动；检测相机随着容器的传送而同步运动，相机连续照出图像，传送图像处理器，相互按每个像素进行重叠对比，位置有变化的微粒被认为是异物。视觉检查法对机械平台和视觉检测部分要求高，但能够得到更多的信息，检测更为全面和准确。

全自动灯检利用的原理是光散射法，相比人工灯检其优点有：①对 50μm 以上的微粒可全部检出，符合药典的要求；②成品质量均一稳定，不存在质量波动，可降低质量风险；③可实现大规模工业化生产；④对每支次品均可保存其不合格原因，对其数据分析可更好地对注射剂生产工艺进行优化。

10.2.6.2 设备原理

(1) 检测流程

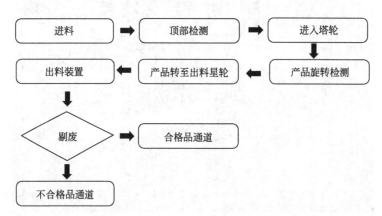

被检测产品从进料系统进料，经过产品头部检查系统首先对产品头部的缺陷进行检测，然后传输到主轴转塔系统，并在主轴内完成一系列项目的检查，对于冻干类产品如可检测瓶内冻干粉饼是否有异物、瓶内冻干粉饼的高度、瓶子本身是否有缺陷等，检测结果会上传到控制系统，控制系统会根据检测结果输出到各执行机构，最终将瓶子通过出料系统分别输出到不同的产品托盘内，完成整个检测工艺。冻干西林瓶智能灯检机系统检测的平面布局如图 10-2-28 所示。

(2) 全自动灯检机的组成

典型的全自动灯检机一般主要由进瓶系统、检测系统、出瓶系统以及控制系统等组成。
① 进瓶系统。轧盖后的小瓶通过输送网带传送至进料螺杆处按序进入灯检机进行灯检。

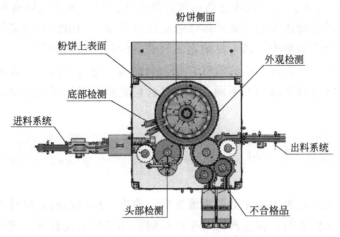

图 10-2-28 冻干西林瓶智能灯检机系统检测的平面布局

进料网带设有倒瓶、倒立瓶剔除装置,并有积瓶光电传感器与轧盖机连锁,当积瓶时轧盖机停止工作,网带运行速度可调,进料螺杆及星轮多采用 POM 材质。

② 检测系统。检测系统由产品头部检测、主轴转塔、跟随拍照以及视觉系统组成,基于视觉检测法通过多个相机对小瓶的头部、粉饼上表面粒子、粉饼侧表面粒子、粉饼底部表面粒子及外观进行检测。检测时采用柔性无底座夹爪,瓶底无检测盲区。

③ 出料系统。通过真空对检测合格与不合格的产品分通道出料,合格品直接进入下游通道,不合格品进入不合格通道复检,并对出料合格品与不合格品进行统计。出料网带上设有积料光电传感器,当积料时自动停机。

④ 控制系统。控制系统主要由电器柜、显示屏及不间断电源组成,用于对系统的控制。在前期需对冻干产品的各种缺陷情况进行分类统计,然后存储进控制系统。缺陷内容包括:头部检测(轧盖不良、易开盖黑点、易开盖颜色不同、易开盖变形及缺失、胶塞有无及高度)、底部检测(底部黑点、底部破瓶等)、外观检测(破瓶、纤维或头发、装量、空瓶等)、粉饼侧面及上表面检测(纤维或头发、黑点等)。

10.2.6.3 检漏方法

检漏设备主要针对产品容器上的毛细裂缝和有无缺陷进行检测。常用的检漏方法为压力衰减法、染色法、顶部空间分析法。

(1) 压力衰减法

压力衰减法是将容器放在一个腔室内,对腔室抽真空或充入压缩空气(保持一定负压或正压),然后保压至平衡状态,如果瓶子不泄漏,腔室内和瓶子内的空间是隔开的,将会检测到一个压力值 P_1;如果瓶子泄漏,腔室和瓶子的空间导通,容器内部平衡之后的压力值为 P_2,$\Delta P = P_1 - P_2$,ΔP 值的大小可以作为判定瓶子泄漏的依据。

(2) 染色法

染色法是将产品容器在加压的染色溶液中放置一段时间,清洗后检查容器内部是否染色,但此测试属于破坏性测试。

(3) 顶部空间分析法

顶部空间分析法利用激光吸收光谱技术检测氧气含量,但该方法仅适用于容器内充氮或抽真空的产品。调制光谱技术是一种被最广泛应用的可以获得较高检测灵敏度的半导体激光吸收光谱（DLAS）技术。它通过快速调制激光频率使其扫过被测气体吸收谱线的一定频率范围，然后采用相敏检测技术测量被气体吸收后透射谱线中的谐波分量来分析气体的吸收情况。在冻干产品的泄漏检测中，最常见的是氧气含量的检测和水蒸气含量的检测。在负压冻干或充氮粉针产品中，无泄漏产品的氧气含量会明显低于空气中的氧气含量，检测氧气的吸收谱线就会得出合格品与泄漏品的不同，水蒸气含量检测原理与氧气含量检测原理相同。

10.3 冻干注射剂车间设计要点

冻干粉针是在无菌环境内将无菌药液灌装后，冷冻干燥而制成的注射用粉末，冻干粉针是一种非最终灭菌无菌制剂，在生产时对生产车间的环境要求比较高。受新版 GMP 实施的影响，在进行冻干粉针车间设计时也面临了一定的要求，需要提高其环境质量，给车间设计带来了一定的难度。为此，设计人员在对冻干粉针车间进行设计时，不仅要满足 GMP 中的相关要求，同时也要考虑到工程造价，因此，冻干粉针车间的设计具有一定的技术含量，同时也是现阶段车间设计人员研究的重要问题。

10.3.1 冻干粉针车间设计遵循的基本原则

① 在进行冻干粉针车间设计时所用到的工艺技术与设备均为先进的，遵循 GMP 中对于工艺设备与厂房的具体要求进行车间的设计。

② 选择低能耗、高效率的生产设备，将人工操作人员减少，有效降低车间中的劳动强度。

③ 对于车间中的现有占地面积，运用时要保证合理性与经济性，以此确保生产进行的有序性。

④ 在设计的过程中要注意遵循国家对环境保护、节能等的相关规定。

10.3.2 冻干粉针车间的设计流程

车间设计的工艺布局应结合 GMP 中的相关要求，设计时要保证工艺流程的通畅，避免工作出现交叉的现象，以此减少交叉污染带来的风险，从而以免影响所生产产品的质量。

冻干粉针车间物料衡算及设备选型较其他类型药物相对简单，下面主要对冻干粉针车间的平面设计进行介绍。一个合理的冻干粉针车间设计是建立在合理的空间设计，合适的人、物流设计，恰当的隔离设施设计和合理的设备选型基础之上的。

(1) 空间设计

概括来讲冻干粉针车间的空间设计就是冻干粉针车间的功能间及其大小、高度、洁净级别的设计。

冻干粉针车间主要围绕联动线（洗瓶、烘箱）、冻干机、轧盖机、包装展开一系列功能间及其辅助区域的设计，常规冻干粉针车间设置 6 个区域：

① 灌装及辅助区：胶塞取出室、消毒液和洁具暂存室、无菌器具暂存室、滤液接受室、

灌装室、冻干暂存室及相应更衣系统等。

② 轧盖室及轧盖辅助区：轧盖室、铝盖暂存室、轧盖出瓶缓冲间、洁具室、铝盖处理间及相应更衣系统等。

③ 配液区：原辅料暂存室、称量室、物器气锁室、配制室、中控室及相应更衣系统等。

④ 瓶、塞洗烘区：消毒液洁具室、洗烘瓶/塞室、胶塞暂存室及相应更衣系统等。

⑤ 辅助清洗区：洁具室、器具清洗室、器具暂存灭菌室、洗衣整衣室、消毒液配制室、弃物暂存室及相应更衣系统等。

⑥ 其他区域：外包装室、成品待验室、灯检室、产品检漏室、拆外包室、备用室、洁具洗存室、包材暂存间、冻干控制室等。

不同功能区的洁净级别设置应遵循 GMP 要求，新版 GMP 对冻干粉针车间的不同区域的洁净级别设置做了明确规定，见表 10-3-1。

表 10-3-1　冻干粉针车间功能区洁净级别

洁净度级别	非最终灭菌产品的无菌生产操作示例
B级背景下的A级	1. 处于未完全密封①状态下产品的操作和转运，如产品灌装（或灌封）、分装、压塞、轧盖②等； 2. 灌装前无法除菌过滤的药液或产品的配制； 3. 直接接触药品的包装材料（西林瓶、安瓿、胶塞）、器具灭菌后的装配以及处于未完全密封状态下的转运和存放； 4. 无菌原料药的粉碎、过筛、混合、分装
B级	1. 处于未完全密封①状态下的产品置于完全密封容器内的转运； 2. 直接接触药品的包装材料、器具灭菌后处于密闭容器内的转运和存放
C级	1. 灌装前可除菌过滤的药液或产品的配制； 2. 产品的过滤
D级	直接接触药品的包装材料、器具的最终清洗、装配或包装、灭菌

① 轧盖前产品视为处于未完全密封状态。
② 根据已压塞产品的密封性、轧盖设备的设计、铝盖的特性等因素，轧盖操作可选择在C级或D级背景下的A级送风环境中进行。A级送风环境应当至少符合A级区的静态要求。

在空间设计时要注意以下几点：

① 在满足生产的前提下，尽可能减少洁净区尤其是无菌生产区的建筑面积。

② 进入无菌操作区的原辅料、包装材料和其他物品都应灭菌，并通过与墙密封的双扉灭菌柜进入无菌操作区，或以其他方式进入无菌操作区，但不得引入污染。

③ 无菌生产的 A、B 区内禁止设置水槽和地漏。在其他洁净区内，机器设备或水池与地漏不应直接相连。在洁净度要求较低级区的地漏应设水封，防止倒流。

④ 为了尽可能减少微粒或微生物的散发或积聚，便于清洁剂和消毒剂的重复使用，洁净区内所有外露表面都必须光滑平整、无渗漏或裂缝。

(2) 人、物流设计原则

① 在满足生产工艺的前提下，分别布置人员和物料的入口通道（气锁设计），其出入口应分别独立设置，避免交叉污染；进入洁净区的物料和运出洁净区的成品，其进出口最好分开设置。

② 操作人员和物料进入洁净区应设置各自的净化用室或采取相应的净化措施。如操作人员可经过淋浴、穿洁净工作服（包括工作帽、工作鞋、手套、口罩等）、风淋、洗手、手消毒等经气闸室进入洁净生产区。应考虑进入洁净区和无菌区的各种更衣间的平面布置、洁净等级、气流组织、温湿度要求、压差控制等。物料可经过脱外包装、风淋、外表清洁、消

毒等经气闸室或传递窗进入洁净区。

③ 洁净等级不同的洁净室之间的人员和物料进出，应设置防止交叉污染的设施。在洁净区内设计通道时应保证此通道直接到达每一个生产岗位、中间物或内包材料存放间。不能把其他岗位操作间或存放间作为物料和操作人员进入本岗位的通道，更不能把双扉烘箱类的设备作为人员的通道。这样可有效地防止因物料运输和操作人员流动而引起的不同品种药品交叉污染。

④ 此外厂房设计时应考虑设计录像监控系统或观察窗，方便管理人员或其他人员从外部观察、指导内部的操作行为。

⑤ 工艺平面应体现出未经过消毒灭菌处理的物料不可能进入无菌室内，消毒灭菌处理后的物料不应再经过非无菌区而受到污染。对进入非最终灭菌的无菌操作区的原辅料、包装材料和其他物品，设置供物料消毒或灭菌用的灭菌室和灭菌设施。

(3) 隔离设计

隔离系统在药品制造业目前已经开始广泛应用，隔离系统代表了药品制造业生产的快速发展技术，但是国内在这块领域很少有技术指南。应合理选择与设计隔离系统，以有效防止车间与周围环境发生交叉污染。广义的隔离器包括限制进入型隔离系统（restricted access barrier system，RABS）和隔离器（isolator）两大类，其中 RABS 又分为开放式 RABS 及封闭式 RABS。RABS 并不是完全密闭的，而是通过形成核心区域与背景区域的气流屏障，对其范围内的无菌器具起保护作用。RABS 的内部气流同样采用垂直单向流，并且控制气流速度和换气次数，这样 RABS 内部的空气进行连续循环并持续维持无菌环境。通过隔离和单向流两种技术的联合使用，可以清除操作间中的颗粒物，避免污染。这样既不必维持完全密闭的空间，又能充分延长无菌环境的维持时间。

① 开放式 RABS（open-RABS）。开放式 RABS 与开放式洁净厂房相比，两者的气流设计和清洁流程基本相似，但是开放式 RABS 在生产过程中的干扰采用手套箱进入，能够尽可能地避免污染。

② 封闭式 RABS（close-RABS）。封闭式 RABS 的气流设计、清洁流程和物料转移方式与隔离器基本一致，如清洁方式一般采用空间灭菌的方式（VHP 熏蒸），物料转移方式可以采用快速传递接口（RTPs）进行，但是对于设备内部压力和密封性的控制，隔离器要严于封闭式 RABS，并且隔离器的背景环境的要求和封闭式 RABS 不同。RABS 的原理见图 10-3-1。

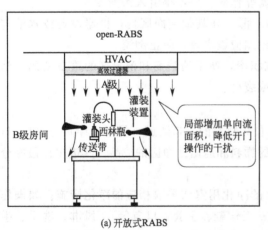
(a) 开放式RABS

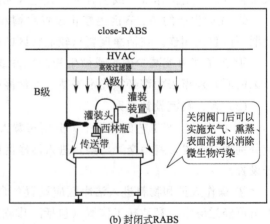
(b) 封闭式RABS

图 10-3-1　RABS 的原理

③ 隔离器（isolator）。隔离器是完全封闭的空间，操作人员不能进入，通过手套进行操作。操作人员只能在停产期间打开设备。去微生物污染方式为隔离器内部表面局部消毒，或者更经常地在隔离器内部进行喷雾或蒸汽消毒。

④ 隔离技术的比较 open-RABS、close-RABS 和隔离器的比较见表 10-3-2。

表 10-3-2　open-RABS、close-RABS 和隔离器的比较

项目	open-RABS	close-RABS	隔离器
与外界环境密封情况	非密闭	密闭	密闭
保护对象	产品	产品和操作者	产品和操作者
气流方向	单向流	单向流	单向流
内部压力	正压	正压或负压	正压或负压
回风形式	直接房间取排风	自循环	自循环
压力控制	不控制	控制	严格控制
灭菌	手动	自动 VHP	自动 VHP
外部环境级别	B 级	B 级	D 级或 C 级

隔离系统的设计及应用取决于隔离器使用的性质，应根据使用场合、生产药物特性，选择合适的隔离系统并设计相应气流、压差、构造材料、环境、类型等。

(4) 设备的选型及设置

进行车间中设备的选型主要应注意以下几点：

① 结合所使用的工艺的要求进行设备的选择，所选择的设备的结构简单，应尽可能降低产生污染、交叉污染、混淆和差错的风险，便于操作、清洁、维护，并优先选择在线清洗和在线灭菌的设备。

② 生产无菌药品的设备与容器不得对药品质量产生任何不利影响。

③ 设备的布局应考虑维护的便捷性，如空间距离等。

思考题

1. 试述人员进入 B 级洁净区的净化程序。
2. 非最终灭菌制剂与最终灭菌制剂的定义及区别是什么？
3. 什么是无菌制剂中的单向流与密封？
4. 无菌药品各工序的生产环境洁净度要求是怎样的？
5. 如何监测生产过程中空气中的微生物？

知识拓展

无菌工艺模拟试验（培养基模拟灌装验证）

一、建立无菌观念

理化检验员最重要的观念是"量"的概念在理化检验工作中的延伸，因此，培训一位理化检验员的基础操作就一定是从称量、移液、标定等包含有"量"概念的化学检验室的基础操作开始的。有别于理化检验员，微生物检验员最重要的是"无菌观念"在微生物检验工作中的延伸，因此培训微生物检验员的出发点，就是从微生物检验员的头脑中树立"无菌观

念"开始,也就是要求在微生物检验的时候,微生物检验员要在微生物检验工作的整个过程中时刻贯穿无菌操作,避免污染和交叉污染。

无菌观念不仅仅只是洗手、穿无菌衣、戴无菌无尘手套、手皮肤消毒等无菌操作中的要求和规程,更重要的是贯穿于整个微生物检测全过程的避免污染和交叉污染的理念和措施,要求在微生物检测过程中持续做到无菌操作,防止一切微生物的侵入,保持对待检品不引入外源性污染,即使对非无菌样品也必须严格遵循无菌操作。

在实际的操作过程中,应明确绝对无菌和相对无菌。例如,洗手前是有菌的,洗手后、消毒手后是相对无菌的,无菌手套是绝对无菌的,戴无菌手套时只能用手接触其内面,按照更衣程序换上无菌衣、戴好无菌手套的手也是绝对无菌的。在整个样品检验操作过程中,提高无菌操作技术的熟练程度,培养无菌观念。只有充分掌握了无菌技术的内涵,才可能养成良好的无菌观念。

培养良好的无菌观念的前提就是必须清楚地了解什么是污染?洁净室的污染有哪些类型?不同类型的污染通过哪些途径传播?洁净室内都有哪些污染源等。很明确的一点是:人是洁净室最大的污染源。因此,洁净室即使已经使用了最好的消毒剂,如杀孢子剂,用到了最好的消毒方式,如干雾熏蒸,但如果不对洁净室操作人员及其行为进行有效控制,都不足以保障洁净室的洁净度。所以,洁净室操作人员及其行为是维护洁净区平衡不可或缺的。

二、无菌工艺模拟原理

无菌药品是指法定药品标准中列有无菌检查的制剂和原料。无菌保障水平(SAL)是指无菌药品中残存活微生物的概率。从严格意义上讲,无菌药品应不含任何活的微生物,但由于目前检验手段的局限性,绝对无菌的概念不能适用于对整批产品的无菌性评价,因此目前所使用的"无菌"概念,是概率意义上的"无菌"。

因此,无菌药品按其无菌工艺,必须符合这样的标准,即终端灭菌工艺,不超过一百万分之一;无菌生产工艺,主要是使用预先灭菌组分并采用无菌加工的工艺和使用除菌过滤,预灭菌容器和无菌加工工艺,必须以培养基模拟灌装零污染为目标。对于非终端灭菌生产工艺,因为药品 API 或其组分中的某成分无法耐受高压蒸汽灭菌或其他灭菌工艺,故不得不先对其药品的每个组成,单独进行灭菌处理,包括装药品的容器、西林瓶、胶塞、铝盖等分别进行其适用灭菌处理,加上无菌 API 和各种原辅料的无菌化处理,最后把这几个无菌的"零部件"组装起来,这个生产过程我们称之为无菌灌装。对无菌灌装这种生产工艺,除了终产品的无菌检查外,GMP 上还规定了更加严格的过程控制措施,主要措施有两种:一是生产过程的动态监测必须是连续监测;二是每 6 个月必须通过一次成功的无菌工艺模拟试验(培养基灌装验证)。

无菌工艺模拟试验(培养基灌装验证)是评价无菌工艺活动能力的有效工具之一。其结果意味着工程设计、生产控制、维护活动、质量体系、人员培训、书面规程、环境控制、环境监测严格地遵守了无菌技术,并且干预也合理进行了控制。无菌工艺模拟试验是从产品和无菌组件到容器密封的整个无菌过程,以有利于微生物生长的培养基来代替无菌产品模拟生产。

无菌工艺模拟评价为无菌操作所做的变更可能会对成品无菌性的影响提供了一种手段。无菌工艺模拟有助于识别在无菌过程中产品可能易于被微生物污染的潜在薄弱环节。

培养基模拟灌装试验是一个风险评价工具,主要用来评估非终端灭菌药品的无菌生产过程,采用的是支持大多数微生物生长的培养基 TSB,而不是实际生产药品时所进行的真实产品的灌装活动。并且，在灌装全部完成后，把灌装了培养基的"成品"，全部当成"样品"进行100％的培养，然后再做100％的目视检查，逐一确认每一个成品容器中是否发生培养基浑浊，而不是按照无菌检查所规定的抽样方法取样检查是否发生污染。药品的检查方法都是抽样检查，制订一个科学的抽样方法，通过对极少量样本的检查来推断整批次产品的质量水平。显然，即使非常科学的抽样方法，也是以极小的样本来推断整批产品的质量，但对于非终端灭菌工艺生产的无菌产品，终产品的抽样检验很难反映无菌药品的生产过程。通过培养基模拟灌装、100％的培养以及100％的检验，能够很直观地得出培养基灌装过程的污染率，也能够评估这个无菌工艺过程的无菌控制是否有效，是否是在最低污染风险下进行无菌生产，同理，没有发现一瓶污染的培养基，就是一次成功的培养基模拟灌装试验，就可以证明这个无菌工艺过程在生产过程中的无菌过程控制是有效的，无菌生产工艺是可靠的，该生产工艺生产的产品是可靠的。

三、无菌工艺模拟起点的选择

《无菌工艺模拟试验指南（无菌原料药）》《无菌工艺模拟试验指南（无菌制剂）》把"培养基灌装验证"更名为"无菌工艺模拟试验"，这就已经明确了无菌工艺的模拟不仅仅是灌装一个环节，而是包括了这个工艺从无菌阶段开始的第一步，因此，无菌工艺模试验必须是从第一步无菌操作开始，直至无菌成品完全密封结束。需要特别说明的是，应该基于风险分析、风险评估的原则来评估无菌工艺模拟起点。

对于常见的化学药品或其他小分子药品而言，无菌工艺模拟起点相对还是好认定的。但对于目前流行的大分子药物，如疫苗、单抗、CAR-T等产品来说，因为其生产工艺通常要几周，甚至一个月，并且工艺的每一步都必须是无菌操作的，这种情况下的无菌工艺模拟试验没有必要，也不可能从无菌工艺的第一步开始模拟。

无菌工艺模拟分为总工艺模拟和单元工艺模拟两种模拟方法。

（1）总工艺模拟

在这种模拟方式中，整个无菌过程的评价是从材料首次被无菌化到分装运输的整个过程来评价的。

（2）单元工艺模拟

在此模拟的方式中，分别进行一系列单个无菌试验涵盖整个无菌工艺的所有步骤。

基于工艺模拟的目的，围绕一个操作或一组操作来进行评估可能比较适当。如果一个无菌生产中所使用的所有操作单元都以适当的方式进行评估，那么分段模拟方法与一个全面的、在一次单独模拟中涉及所有操作单元的测试一样是非常合适的。决定是执行单一的整体工艺模拟测试还是执行基于一个或多个单元操作的工艺模拟测试，必须考虑每种方法的利弊。

四、设备装配

无菌生产的起点是生产设备的组装。已灭菌设备、组件和附属品的拆卸、组装和准备，以及无菌产品的制备和灌装，都必须是无菌操作，即为无菌过程，都应该在B级背景下的A级区域中完成操作。

直接和间接接触的灌装设备、组件和辅助物品必须灭菌。灌装设备、组件和辅助物品置于密封包装或容器内灭菌时，包装密封工艺应经过验证。灌装/组装前和灌装/组装期间灭菌设备、部件和容器的保持时间，应限定在规定的和经过验证的最大限度内。

应建立无菌保护屏障系统的完整性以及灭菌前的最长保存时间和设置已灭菌物品的有效

期。应该特别注意的是，组装设备、拆开无菌包装前，应确认每个灭菌物品的无菌保护屏障系统的完整性。常见的无菌包装灭菌通常是塑料袋包装辐照灭菌或呼吸袋包装高压蒸汽灭菌。

已灭菌物品在灭菌后如没有立即使用，应将其保存于已灭菌的密封包装内，且包装完好，并为其设定最长保存时间。灌装设备、组件和辅助物品用多层呼吸袋包装灭菌时，如果无菌袋包装的完整性得到确认，则方便操作人员转移至高级别洁净区时易于传递。例如，使用多层无菌呼吸袋包装后，每次转移到一个更高级别环境时，脱去一层。这样的话，灭菌后的物品不需要储存在洁净区内。当用密封袋包装来实现保护时，应在灭菌前就对器具实施密封包装。

五、无菌培养基的选择与制备

药品微生物检测，包括无菌检查、限度检查和药品生产中微生物的过程控制，迄今为止依然是培养法占据主导地位。培养法的关键就是对培养基的质量控制，质量稳定、质量均一的培养基对药品微生物的质量控制起着决定性的作用。

目前已认识到的环境中的微生物中绝大多数（90%～99%）是不可培养的，而且也不存在能够支持所有可能微生物，特别是环境中潜在的污染菌生长的所谓"广谱或超广谱"的培养基。药品无菌检查常用到胰蛋白胨大豆肉汤培养基（TSB）和硫乙醇酸盐流体培养基（FTM）两种培养基，无菌工艺模拟试验必须从二者中选择其一。

如果在日常环境监测和产品无菌检测中没有确定发现厌氧菌，无菌工艺模拟试验应该使用胰蛋白胨大豆肉汤培养基（TSB）。如果在日常环境监测中确定发现了厌氧菌，甚至在最终产品的无菌检测中发现了厌氧菌，则应该使用惰性气体和厌氧培养基（FTM）。也就是说，产品充氮（氧气浓度低于0.1%），厌氧的无菌工艺环境中反复发现厌氧微生物，产品无菌检查中发现厌氧微生物，是选择FTM培养基的条件。

制备无菌TSB液体培养基，为无菌工艺模拟试验提供无菌介质。由除菌过滤、辐照灭菌和湿热灭菌三种灭菌方法制备而成的无菌培养基，必须通过无菌生产工艺整个流程，通常用无菌的液体培养基TSB充当无菌工艺的药品来模拟无菌生产工艺的全过程，来验证无菌工艺的过程控制是否有效。

(1) 除菌过滤

单从除菌角度看，TSB培养基采用除菌过滤方式灭菌，无疑是一个最优的选项，室温下除菌过滤下游的无菌培养基无需降温可直接接入无菌生产工艺开始模拟。

但是，除菌过滤灭菌本身存在3个固有缺陷：第一，除菌过滤方法制备的无菌培养基，其无菌保证水平不可能达到$SAL \leqslant 10^{-6}$，而用来模拟无菌工艺的培养基，它的无菌保证水平SAL应与无菌灌装、除菌过滤这两种非终端灭菌生产工艺生产的无菌产品基本相当。采用一个与无菌产品无菌保障水平相当的无菌培养基来验证无菌生产工艺本身，是存有风险的。如果发生染菌事件，污染菌是来自培养基？还是工艺本身？因此，采用无菌保证水平相对较高、无菌保证水平$SAL \leqslant 10^{-6}$的无菌培养基TSB来验证无菌保证水平相对较低的无菌生产工艺是最佳选择。第二，过滤器不是灭菌器，除菌过滤截留的微生物都堆积在过滤器的上游，通常无菌生产工艺的模拟至少要模拟1个班次，也就是1个班次8小时的微生物截留，这对过滤器本身是一个挑战。要知道，过滤器不是灭菌器，过滤器截留的微生物都是活的，是可以繁殖的，随时间的延长，截留在过滤器上游的微生物会不断增殖，无菌工艺模拟过程中随着培养基持续流过滤器，微生物透过过滤器的可能性在逐渐加大，这种情况下过滤器截留微生物的能力是否有数据支持？如何来验证过滤器？这可以说是除菌过滤培养基的致命弱点。第三，因为缺少了培养基在高温下的溶解环节，干粉培养基溶解不充分、不彻底，溶解不彻底的培养基又极易堵塞滤器，直接导致过滤器过滤性能下降，而达不到过滤器设计的性能参数。

基于除菌过滤培养基在无菌工艺模拟中存在的3个固有缺陷，选择除菌过滤方式灭菌来做无菌工艺模拟试验，必须要有特别的考量。

除此之外，对于大分子药物的无菌工艺来说，还需要特别考虑的是支原体的除菌过滤。支原体是无菌药品，特别是在大分子药物生产过程中是必须要严格控制的。

常见的用于除菌过滤的0.22μm级别的过滤器是无法截留支原体的。因此，对于大分子药品的无菌生产工艺来说，如果选择了除菌过滤的生产工艺，必须要配备除菌过滤系统，即涵盖了除菌、除支原体的一套完整的"除菌过滤系统"，而不仅仅是一个除菌过滤器。

(2) 辐照灭菌

辐照灭菌的培养基多是对TSB培养基干粉采用钴^{60}Co辐照灭菌。只有经过超过25kGy辐照剂量照射，才可以得到无菌保证水平SAL≤10^{-6}无菌干粉培养基。

将该无菌干粉培养基脱去外层包装后传入洁净区，加入无菌注射用水，制备成无菌液体TSB，用于无菌工艺模拟试验。

(3) 湿热灭菌

湿热灭菌对培养基来说是各个国家药典首要推荐的培养基灭菌方法。但对于无菌工艺模拟试验用到的无菌培养基，湿热灭菌也存在不足之处。无菌工艺模拟试验用到的无菌液体TSB培养基，少则十多升，多则几百升，如此大量的培养基对于灭菌器而言，采用多大的容器装载？灭菌器最大装载是否经过验证？都是需要提前解决的问题。用于无菌工艺模拟试验的灭菌器的验证是有别于微生物实验室检验培养基验证内容的，在单瓶装载容器体积和最大装载设计方面肯定是不一样的。

无菌工艺模拟试验用到的高压蒸汽灭菌TSB培养基，一定是经过特别设计的、具有TSB培养基所有特性的无菌液体培养基，而不是微生物实验室配制的用于药品微生物检查的实验室级别的培养基。实验室级别的小装量培养基（通常单瓶最大配制容积是400毫升/瓶）灭菌后向高级别洁净区依次传递，实验室级别的小装量无菌培养基转移到混合罐极易发生污染。

无菌液体成品培养基，在SFDA发布的《无菌工艺模拟试验指南（无菌原料药）》和《无菌工艺模拟试验指南（无菌制剂）》中都提到了"无菌工艺模拟试验可以采用液体成品培养基"。这里提到的液体成品培养基就是采用湿热灭菌方式灭菌的，且采用了一次性无菌袋包装的无菌培养基。

无菌液体成品培养基是工业化条件下生产出的质量稳定、质量均一的成品培养基，其最大的优势就是无菌性和质量均一性。其无菌性达到SAL值小于等于一百万分之一。无菌液体成品培养基也是培养基的发展方向。因此，在无菌工艺模拟试验培养基的选择中，高压蒸汽灭菌培养基是首选灭菌方式，无菌液体成品培养基也应该是第一选项。

六、模拟灌装的时间因素

无菌工艺模拟试验应该执行首次验证，每班应有至少三个连续符合要求的、涵盖所有无菌工艺中可能发生的换班的模拟试验，还包括操作、设施、服务或设备（如HVAC系统调整、设备、主要设施关闭、工艺变更、班次数和人员数量等）。对于每一种无菌生产工艺和灌装线，无菌工艺模拟试验（周期性再验证）通常每六个月一次，每名操作人员至少要每年参加一次。

当生产线长期不使用或者在停用或移位前，应在最后一个生产批次后进行一次无菌工艺模拟试验（相当于设备退役验证）。

因为非终端灭菌产品的无菌保障水平 SAL 达不到一百万分之一，所以在强调无菌生产工艺模拟的时候，药品的无菌生产工艺中各生产阶段的时间控制是一个严格控制的关键生产因素。在无菌工艺模拟试验过程中，对于每个工艺阶段，包括培养基模拟时的器具灭菌结束时间、过滤开始时间、过滤结束时间、装机时间、装机结束时间、灌装开始时间、第一批次培养基灌装结束时间、第二批次培养基灌装结束时间、第三批次培养基灌装结束时间等阶段的实际时间要留出足够的"余量"，确保模拟试验的时长可以涵盖正常产品生产工艺的时长。

以下时间因素在无菌工艺模拟试验时必须要考虑：
- 需验证的生产工艺最大灌装批量；
- 无菌灌装操作最长的持续时间；
- 实际生产排班可能的时间；
- 模拟灌装期间预定固有干预和纠正性干预的次数和时长。

……

七、灌装体积和灌装批量

培养基灌装不需要灌装到正常成品的灌装体积。

最终包装单位中培养基灌装体积应考虑如下两个原则：①容器中应有足够的培养基以确保在倒置和旋转时培养基能够接触到容器和密封件表面；②容器中应有足够的培养基以备能够检测到微生物的生长。基于上述两点，通常灌装体积为最终包装单位的 1/2 是合适的，是可以被接受的。

灌装批量应该有足够的灌装数量，可以覆盖正常生产活动中发生的全部干扰和操作，法规及监管期望的是无菌工艺模拟试验能够包含这条灌装线执行的最长灌装过程的持续时间。因此，灌装批量必须在遵循相关法规的前提下来设计安排。

八、"干扰因素"的设计

无菌工艺模拟试验中，最大的难点在于对生产过程中各种无序的"变量"做到针对性的控制，把各种无序的"变量"控制到有序发生，并可追溯。

培养基模拟灌装过程与正常药品灌装过程相比，发生污染的可能性大，污染风险大，而且在培养基模拟灌装整个流程中又增加了更多的"干扰因素"，全程设计有更多的员工参与到过程中。人员是无菌生产工艺过程中最大的微生物污染源。人员在无菌灌装区的活动，称之为干扰。必须对干扰进行严格的控制，以确保人员不会危害无菌原料的生产。

必须特别强调的是，所谓的"干扰因素"，生产中允许的干扰应有专门的文件记载且应以同样的频率包含在工艺规程中。

干扰是生产工艺中操作员工必须做的，没有一个操作动作是多余的、额外的动作。对无菌生产工艺来说，"干扰"二字的含义，指的是这个动作行为的确是干扰到了药品生产本身。通常可以这样理解，干扰因素都是药品生产工艺中的规定动作，不是自选动作。

完全可以这样说，无菌工艺模拟试验中干扰因素设计的成功与否，直接决定了这个非终端灭菌生产工艺的成败。所谓的干扰因素的设计，就是基于风险分析、分析评估的理念，对这个非终端灭菌工艺中涉及操作人员参与的每个动作都逐一分析，并加以评估。这个评估过程和高压灭菌柜做例行验证前必须要做的灭菌程序研究有相似之处。

对于在生产工艺中没有定义的不合理的干扰因素，不能够以终产品无菌性来认定其合理。任何未经定义的干扰因素，处理途径只能是走偏差流程。

应有一份批准的可进行干扰清单，包括可能发生在生产过程中的固有的和纠正性的干扰。清单中列出固有的和纠正性干扰类型以及如何执行它们，应该根据需要对该清单进行更新或升版，确保与实际生产活动保持一致。

干扰因素设计的起点是：第一，生产工艺中所有动作列表（如案例1和案例2）；第二，生产员工，按照职能区分，每个人必须所作动作列表（如案例3～案例5）。

案例1 无菌粉西林瓶灌装日常干扰最大研究

班次	干扰动作或行为							
	更换料筒（次）	添加胶塞（次）	剔除倒瓶（次）	调整装量（次）	清洁灌装区域粉尘（次）	清理生产线玻璃碎屑（次）	更换监测培养基平板（次）	……
早班								
中班								
夜班								

案例2 日常生产最大干扰次数研究

序号	日常干扰	每班最大模拟干扰次数
1	更换料筒	
2	添加胶塞	
3	剔除倒瓶	
4	调整装量	
5	清洁灌装区域粉尘	
6	清理生产线玻璃碎屑	
7	更换监测培养基平板	
8	……	

案例3 生产员工干扰确认记录

日期		班次		操作员	
人员日常干扰因素					
序号	日常干扰			完成情况	
1	更换料桶			□是	□否
2	添加胶塞			□是	□否
3	剔除倒瓶			□是	□否
4	调整装量			□是	□否
5	清洁灌装区域粉尘			□是	□否
6	清理生产线玻璃碎屑			□是	□否
7	更换监测培养基平板			□是	□否
8	使用对讲机			□是	□否
9	更换无菌手套			□是	□否
10	更衣确认			□是	□否
其他干扰因素：					
QA				日期	

案例 4 　　　　　人员干扰记录

操作人员	批号1	批号2	批号3	模拟干扰序号	更衣确认	工艺确认结果
						合格
						合格
						合格
						合格
						合格
						合格

案例 5 　模拟灌装排班表

日期	培养基批次	早班	中班	夜班
1	培养基批号1	容器和部件灭菌	/	/
2		装机	/	/
3		灌装开始	不灌装	灌装
4		不灌装	灌装结束	不灌装
5		拆机		
6	培养基批号2	/	容器和部件灭菌	/
7		/	装机	/
8		不灌装	灌装开始	不灌装
9		灌装	不灌装	灌装结束
10		/	拆机	
11	培养基批号3	/	/	容器和部件灭菌
12		/	/	装机
13		不灌装	不灌装	灌装开始
14		灌装	不灌装	灌装结束
15		/	/	拆机
		结束		

九、人员资质确认

必须规定、记录洁净区内允许进入的操作人员的最大数量，然后在无菌工艺模拟时进行确认，以确保不会对无菌保证带来危害。这对于无菌工艺模拟过程尤其重要。在 A/B 级区工作的人员应接受无菌更衣培训，应对无菌更衣程序的符合性进行评估，并且在无菌工艺模拟时做周期性再确认，并且成功地参与一次按照其日常任务执行的无菌工艺模拟试验。

未经授权的人员（如建筑物或维护保养的合同商）不得进入 B 级洁净区或动态 A 级洁净区。

① 人员要求
② 基本资质
③ 定期资质确认
④ 无前期资质进入
⑤ 失去资质

十、可接受标准

（1）无论最终灌装数量或允许的阳性数量是多少，最终目标是培养基模拟灌装 0 污染。
（2）样品的促生长试验结果必须是阳性。

案例 6 　无菌制剂：无菌粉西林瓶、B+A 环境无菌灌装

背景：
（1）无菌粉西林瓶＋胶塞＋铝盖；

(2) 6.5mL TSB＋甘露醇；
(3) 批量 9000 瓶；3 个批次。
成品液体 TSB 模拟方案：
(1) 50L/袋无菌液体成品 TSB；
(2) 2 袋/批次。
无菌成品培养基示意图如下：

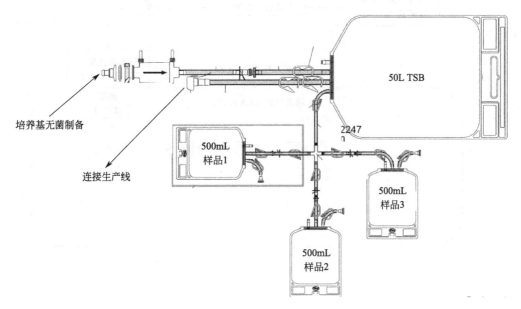

无菌工艺模拟培养基连接示意图如下：

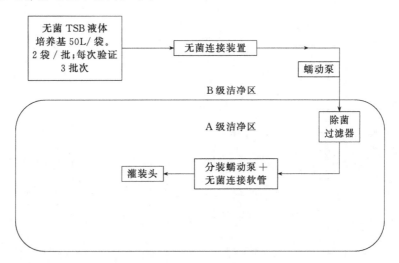

案例 7　无菌原料药：无菌粉铝罐、隔离器内无菌灌装
背景：
(1) 无菌原料药＋铝罐；
(2) 8L TSB＋甘露醇；
(3) 批量 9000 瓶 15 罐；3 个批次。
成品液体 TSB 模拟方案：

(1) 50L/袋无菌液体成品 TSB；

(2) 2 袋/批次。

无菌成品培养基示意图如下：

同案例 6。

无菌工艺模拟培养基连接示意图如下：

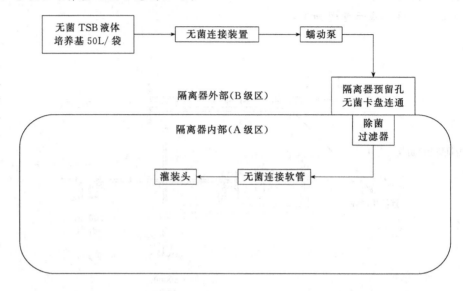

第11章 最终灭菌小容量注射剂生产线

11.1 典型工艺流程

最终灭菌小容量注射剂是无菌药品的一种,其生产过程必须确保无菌。无菌药品是指现行《中国药典》中列有无菌检查项目的制剂和原料药。其中,采用最终灭菌工艺的为最终灭菌产品,部分或全部工序采用无菌生产工艺的为非最终灭菌产品。

本节以安瓿瓶水针为例,介绍典型的最终灭菌小容量注射剂生产工艺流程。

11.1.1 安瓿瓶水针工艺流程

常见的安瓿瓶水针工艺流程见图11-1-1。

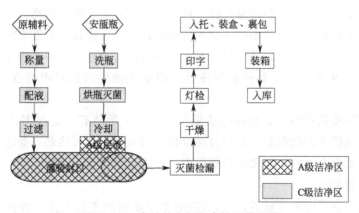

图 11-1-1 常见的安瓿瓶水针工艺流程

11.1.2 安瓿瓶水针工序

(1) 原辅料称量、配液

原辅料经外清间脱外包、清洁后,由气锁室送入C级洁净区,将原辅料存放待用。将依据配方称量的原辅料投入配液罐中,再加入注射用水进行配液。配制过程中,应根据产品性质判断是否需要充入惰性气体(氮气)防止氧化。如需充入,应根据需求确定氮气供应量,并对氮气进行净化处理。

暂存罐和配液罐的温度可控,罐体和管道都可进行在线清洗(CIP)和在线灭菌(SIP)。

(2) 过滤

完成配液后,过滤待用。部分产品需将料液先浓配、粗滤,后稀配、精滤。在过滤过程中,应监控过滤压力和过滤速度以确保该过程的正常运行。滤芯(滤膜)使用前后应检查其是否完好,盛装滤液的容器应密闭,料液自配制至灭菌的过程宜在24h内完成。

(3) 洗瓶、烘瓶、灌装

灌装用的安瓿瓶输送至瓶暂存间,经过理瓶后,由传送带进入C级洁净区的洗烘灌封联动线,进行洗瓶、烘瓶、灭菌、冷却后通过A级层流进入C级灌装间。A级层流是指A级送风且A级管理,需静态和动态都符合A级标准。配制的合格的料液经过滤进入洗烘灌封联动线进行灌封。

洗瓶分为粗洗和精洗。粗洗是用纯化水进行清洗,精洗则是用过滤后澄清度合格的注射用水进行清洗。安瓿瓶经恒温干燥灭菌,随后进行冷瓶。通常,烘箱内温度在60℃以下可出瓶,瓶内温度在40℃以下可送入灌封室,出烘箱的安瓿瓶应于48h内使用,否则需重复以上操作进行重新处理。

(4) 灭菌检漏

灌封后的安瓿瓶由输送带送入灭菌前区,自动进入水浴灭菌柜内进行灭菌,灭菌合格后出柜。灭菌过程应监控温度、压力和时间。灭菌后半成品必须逐瓶检漏,检漏工艺参数依具体产品而定。灭菌后产品需按批号分开存放,防止灭菌前后产品混淆。

(5) 干燥、灯检

将灭菌后的半成品经甩干后逐瓶灯检。灯检用于剔除不合格的产品,可分为人工灯检和全自动灯检。人工灯检是在暗室中以一定光照强度,由视力符合药典要求的员工用肉眼对半成品内容物进行逐一检查。全自动灯检是基于光散射法对料液中的不溶性悬浮物质引起的散射光能量进行连续拍照,进而处理所得图像,依据预设的阈值对微粒含量是否合格做出判断。

人工灯检存在质量不均一、易误检或漏检、对员工眼睛有一定损害、生产效率低等缺点,难以满足大规模生产的需要。而全自动灯检对微粒的检测可达药典要求,并具有成品质量均一稳定、可实现大规模工业化生产等优点,正逐步替代人工灯检。

(6) 印字、包装

经以上检测合格后印字(贴签)。印字后的半成品依次进行入托、装盒、裹包及装箱捆扎,待检合格后送成品仓库贮存。

11.1.3 GMP部分相关条款

最终灭菌小容量注射剂与冻干粉针剂均需符合《药品生产质量管理规范》中对于无菌药品的规定。最终灭菌小容量注射剂属于最终灭菌产品,冻干粉针剂属于部分或全部工序采用无菌生产工艺的非最终灭菌产品，故本书第 10 章中 10.1.3 GMP 部分相关条款所覆盖的条款适用于本章节，可参照本书第 10 章。针对最终灭菌产品的其他未涉及条款，补充如下。

11.1.3.1 厂房、设备相关

我国 GMP（2010 年修订）中对无菌药品生产厂房、设备的相关要求如下：

第十条　应当按以下要求对洁净区的悬浮粒子进行动态监测：

（一）根据洁净度级别和空气净化系统确认的结果及风险评估，确定取样点的位置并进行日常动态监控。

（二）在关键操作的全过程中，包括设备组装操作，应当对 A 级洁净区进行悬浮粒子监测。生产过程中的污染（如活生物、放射危害）可能损坏尘埃粒子计数器时，应当在设备调试操作和模拟操作期间进行测试。A 级洁净区监测的频率及取样量，应能及时发现所有人为干预、偶发事件及任何系统的损坏。灌装或分装时，由于产品本身产生粒子或液滴，允许灌装点 $\geqslant 5.0\mu m$ 的悬浮粒子出现不符合标准的情况。

（三）在 B 级洁净区可采用与 A 级洁净区相似的监测系统。可根据 B 级洁净区对相邻 A 级洁净区的影响程度，调整采样频率和采样量。

（四）悬浮粒子的监测系统应当考虑采样管的长度和弯管的半径对测试结果的影响。

（五）日常监测的采样量可与洁净度级别和空气净化系统确认时的空气采样量不同。

（六）在 A 级洁净区和 B 级洁净区，连续或有规律地出现少量 $\geqslant 5.0\mu m$ 的悬浮粒子时，应当进行调查。

（七）生产操作全部结束、操作人员撤出生产现场并经 15~20 分钟（指导值）自净后，洁净区的悬浮粒子应当达到表中的"静态"标准。

（八）应当按照质量风险管理的原则对 C 级洁净区和 D 级洁净区（必要时）进行动态监测。监控要求以及警戒限度和纠偏限度可根据操作的性质确定，但自净时间应当达到规定要求。

（九）应当根据产品及操作的性质制定温度、相对湿度等参数，这些参数不应对规定的洁净度造成不良影响。

第十一条　应当对微生物进行动态监测，评估无菌生产的微生物状况。监测方法有沉降菌法、定量空气浮游菌采样法和表面取样法（如棉签擦拭法和接触碟法）等。动态取样应当避免对洁净区造成不良影响。成品批记录的审核应当包括环境监测的结果。

对表面和操作人员的监测，应当在关键操作完成后进行。在正常的生产操作监测外，可在系统验证、清洁或消毒等操作完成后增加微生物监测。

洁净区微生物监测的动态标准[①]如下：

洁净度级别	浮游菌 /(cfu/m^3)	沉降菌(ϕ90mm) /(cfu/4 小时)[②]	表面微生物	
			接触(ϕ55mm)/(cfu/碟)	5 指手套/(cfu/手套)
A 级	<1	<1	<1	<1
B 级	10	5	5	5
C 级	100	50	25	—
D 级	200	100	50	—

① 表中各数值均为平均值。
② 单个沉降碟的暴露时间可以少于 4 小时，同一位置可使用多个沉降碟连续进行监测并累积计数。

第十二条　应当制定适当的悬浮粒子和微生物监测警戒限度和纠偏限度。操作规程中应当详细说明结果超标时需采取的纠偏措施。

第三十条　应当按照气锁方式设计更衣室，使更衣的不同阶段分开，尽可能避免工作服被微生物和微粒污染。更衣室应当有足够的换气次数。更衣室后段的静态级别应当与其相应洁净区的级别相同。必要时，可将进入和离开洁净区的更衣间分开设置。一般情况下，洗手设施只能安装在更衣的第一阶段。

第三十七条　生产设备及辅助装置的设计和安装，应当尽可能便于在洁净区外进行操作、保养和维修。需灭菌的设备应当尽可能在完全装配后进行灭菌。

第三十八条　无菌药品生产的洁净区空气净化系统应当保持连续运行，维持相应的洁净度级别。因故停机再次开启空气净化系统，应当进行必要的测试以确认仍能达到规定的洁净度级别要求。

第四十一条　过滤器应当尽可能不脱落纤维。严禁使用含石棉的过滤器。过滤器不得因与产品发生反应、释放物质或吸附作用而对产品质量造成不利影响。

第四十二条　进入无菌生产区的生产用气体（如压缩空气、氮气，但不包括可燃性气体）均应经过除菌过滤，应当定期检查除菌过滤器和呼吸过滤器的完整性。

11.1.3.2　生产管理相关

我国GMP（2010年修订）中对无菌药品生产管理相关要求如下：

第五十七条　应当尽可能缩短药液从开始配制到灭菌（或除菌过滤）的间隔时间。应当根据产品的特性及贮存条件建立相应的间隔时间控制标准。

第六十一条　无菌药品应当尽可能采用加热方式进行最终灭菌，最终灭菌产品中的微生物存活概率（即无菌保证水平，SAL）不得高于10^{-6}。采用湿热灭菌方法进行最终灭菌的，通常标准灭菌时间F_0值应当大于8分钟，流通蒸汽处理不属于最终灭菌。

对热不稳定的产品，可采用无菌生产操作或过滤除菌的替代方法。

第六十八条　应当有明确区分已灭菌产品和待灭菌产品的方法。每一车（盘或其它装载设备）产品或物料均应贴签，清晰地注明品名、批号并标明是否已经灭菌。必要时，可用湿热灭菌指示带加以区分。

第七十一条　湿热灭菌应当符合以下要求：

（一）湿热灭菌工艺监测的参数应当包括灭菌时间、温度或压力。

腔室底部装有排水口的灭菌柜，必要时应当测定并记录该点在灭菌全过程中的温度数据。灭菌工艺中包括抽真空操作的，应当定期对腔室作检漏测试。

（二）除已密封的产品外，被灭菌物品应当用合适的材料适当包扎，所用材料及包扎方式应当有利于空气排放、蒸汽穿透并在灭菌后能防止污染。在规定的温度和时间内，被灭菌物品所有部位均应与灭菌介质充分接触。

第七十七条　无菌药品包装容器的密封性应当经过验证，避免产品遭受污染。

熔封的产品（如玻璃安瓿或塑料安瓿）应当作100%的检漏试验，其它包装容器的密封性应当根据操作规程进行抽样检查。

第七十九条　应当逐一对无菌药品的外部污染或其它缺陷进行检查。如采用灯检法，应当在符合要求的条件下进行检查，灯检人员连续灯检时间不宜过长。应当定期检查灯检人员的视力。如果采用其它检查方法，该方法应当经过验证，定期检查设备的性能并记录。

11.2 单元设备工艺原理

最终灭菌小容量注射剂与冻干粉针剂有部分相同工序,如配液、洗烘。相同工序可参照本书第 10 章,这里主要阐述灌封、灭菌检漏工序。

11.2.1 无菌制剂

非最终灭菌制剂多为不耐热、易失活的制剂,无法通过高温方式去除细菌、微生物等热原,在生产中多采用过滤除菌的方式,再加以严格的过程控制,保证产品的质量。最终灭菌制剂在灌封之后可进行高温灭菌,这也是最终灭菌和非最终灭菌的主要区别。

无菌制剂包含冻干注射粉针剂、液体注射剂、滴眼剂、眼用膜剂、植入性植入片、溃疡烧伤及外伤用溶剂、手术用止血海绵等。其中在无菌注射剂上(特别是冻干粉针剂和液体注射剂)对药品质量的要求不断提高,要求无菌、无热原、无肉眼可见浑浊或异物(澄明度)、与血浆相等或相近的渗透压、与血液相等或相近的 pH、必要的物理稳定性和化学稳定性等。

11.2.2 灌封工序

11.2.2.1 设备原理

拉丝灌封机采用的是直线间歇式灌装及封口。来自隧道式灭菌干燥机的安瓿瓶(也可以直接输进清洗过后的清洁干燥安瓿瓶)通过连接板进入进瓶传输带,通过进瓶系统将混乱状态的安瓿瓶整理成有序的排列状态,主传输系统将安瓿瓶以间歇运动方式送至前充气、灌液、后充气、预热、拉丝封口工位。在灌液工位,灌装泵通过灌针将药液注入安瓿瓶。在预热工位,安瓿瓶被喷嘴吹出的氢气与氧气的混合燃烧气体加热,同时在滚轮的作用下产生自旋运动。在拉丝封口工位,安瓿瓶顶部进一步受热软化被拉丝夹拉丝封口,封好口后的安瓿瓶经传输收集后进入后续工序。

11.2.2.2 设备结构

拉丝灌封机主要由进瓶系统、主传输系统、灌针和充气针升降系统、进液系统、灌装系统、充气系统、拉丝封口系统、出瓶系统、燃气系统、排热风系统、层流系统组成(图 11-2-1)。

① 进瓶系统主要由输瓶网带、进瓶螺杆和电感接近开关等组成(图 11-2-2)。其主要作用是将无序排布的安瓿瓶整理成一定间距,以一定速度单列有序输出。

② 主传输系统主要由前后进瓶扇形块(图 11-2-3)、行走梁部件、靠瓶部件、推瓶部件和传动部件等组成。将进瓶系统连续送过来的安瓿瓶每次以相同的数量间歇式地送到各个工位,依次完成前充气、灌液、后充气、预热、拉丝封口,然后将封口的安瓿瓶送到出瓶系统。

③ 灌针和充气针在水平面固定位置做垂直升降运动,灌针和充气针插入和退出安瓿瓶

口，完成灌装和充气保护（图11-2-4）。

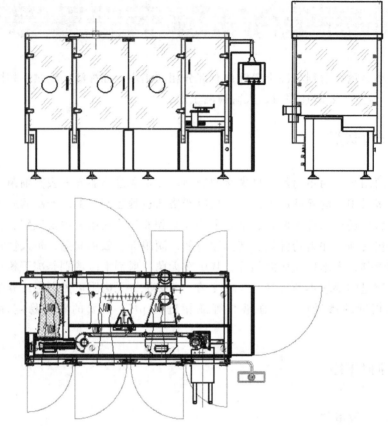

图 11-2-1 灌封机三视图

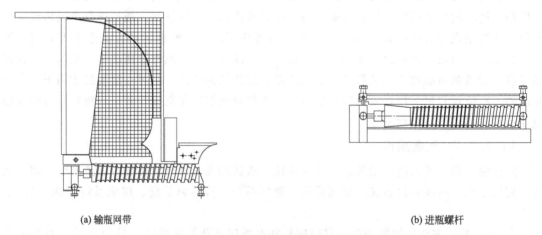

(a) 输瓶网带　　　　　　　　　　　　　(b) 进瓶螺杆

图 11-2-2 输瓶网带和进瓶螺杆的结构

④ 进液系统接收配液系统输送过来的药液，然后将药液分配给各个灌装泵。

⑤ 灌装系统将药液按设定的装量灌注到安瓿瓶内。灌装系统具有回吸功能，是为了防止灌针滴液，引起装量变化。

⑥ 充气系统在安瓿瓶灌装前后充气，保护药液。充气介质的主要成分需根据产品属性和工艺来确定。

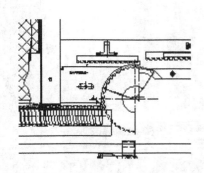
图11-2-3　前后进瓶扇形块的结构

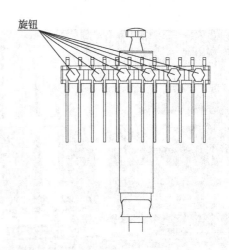
图11-2-4　灌针、充气针的结构

⑦ 拉丝封口系统主要由火板组件、转瓶组件和拉丝组件等组成。

拉丝封口系统有预热和拉丝两个工位，两个工位的每支安瓿瓶都对应一个火嘴，火嘴向安瓿瓶封口部位喷出火焰，加热熔化玻璃。所有火嘴安装在一块板上，同时通气燃烧，火嘴和装火嘴的板统称火板。火板在垂直面内做升降运动。火板在低位时，预热工位对安瓿瓶加热，封口工位进行拉丝封口。在高位时，火板离开安瓿瓶停止加热。转瓶组件驱动封口工位的安瓿瓶自身独立旋转，使得火嘴喷出的火焰能均匀加热安瓿瓶的四周。

拉丝钳随固定支架下降到低点，拉丝钳合拢，夹着热熔中的安瓿瓶头部，然后拉丝钳随固定支架逐渐上升，拉丝钳夹断安瓿瓶头部并使其脱离安瓿瓶。上升过程中拉丝钳向前摆动（脱离安瓿瓶正上方），当摆到接渣盘上方时拉丝钳张开，安瓿瓶头部落入接渣盘内，此时拉丝钳也上升到了高点。拉丝钳随固定架逐渐下降，下降过程中张开的拉丝钳逐渐向后回摆，回到安瓿瓶的正上方，进行下一个工作循环（图11-2-5）。

⑧ 出瓶系统收集主传输系统中推瓶部件送出来的灌装并封口了的安瓿瓶。

⑨ 排热风系统将热熔封口区域的热空气抽走并排出室外，避免环境温度的升高。

11.2.2.3　氢氧发生器

氢氧发生器用于供给拉丝封口系统所需的氢气和氧气，以便产生火焰熔化安瓿瓶口，被广泛应用于制药企业安瓿瓶封口（图11-2-6）。

氢氧发生器是利用水电解产生布朗气的电化学设备。氢氧发生器一般包括电源系统、电解槽系统、汽水分离系统以及使用该氢氧发生器的附件等。火头的结构见图11-2-7。氢氧发生器只需要少量水和电，通过电解就能产生氢气和氧气。水分子电离为 H^+ 和 OH^-。在电场的作用下，阳离子（H^+）移动至阴极得到电子产生氢气，阴离子（OH^-）移动至阳极失去电子产生氧气，从而完成氢气和氧气的制备。

与液化气封口方式相比，在水针剂和安瓿瓶拉丝封口领域，布朗气技术具有成本显著降低、药品质量高、封口合格率高、封口速度快等优点。液化气封口会产生碳化物、硫化物等有害气体，其中少量会因气体分子量大于空气而在封装过程中进入药瓶，从而影响药品质量。布朗气封口在氢气和氧气完全燃烧的情况下仅产生分子量小于空气的水汽，无污染产物，不会在封装过程中影响药品质量。此外，布朗气火焰较为集中，热能利用效率较液化气有所提升，从而提升了封口合格率和封口速度。

图 11-2-5 灌装、拉丝封口系统

图 11-2-6 火焰熔化安瓿瓶口

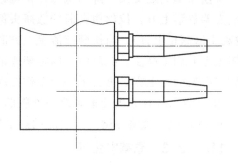

图 11-2-7 火头的结构

11.2.2.4 操作规程

(1) 准备检查

检查模具、灌装管路及灌装泵、电器元件是否合规正常。检查燃气及惰性保护气体是否符合要求，打开阀门。检查各系统有无异常，确认接入总电源为380V、50Hz、三相，打开电控柜将断路器全部合上，关柜门，开启电源。

(2) 进瓶、灌装

开启层流风机，检查已烘干瓶是否布满进瓶网带，将倒瓶扶正或用镊子夹走后，启动进瓶网带。进行抽药操作前，需将灌装管路充满药液，排空管内空气。

(3) 封口

开启抽风电机，打开氧气、燃气阀门，点燃各个火嘴，调节流量计开关使火焰呈蓝色、火焰平直且各火嘴火焰大小一致。进几组瓶后，停止进瓶，检查灌装、拉丝效果，确认符合生产要求后继续进瓶并开始生产。

如需调整，进行调整时必须把电源切断。停机时先按"氧气停止"按钮，火焰变黄后再按"燃气停止"按钮。

(4) 清场

关闭燃气、氧气、惰性保护气体、压缩空气阀门，切断电源进行清洁。对灌装管路及灌装泵、储液罐等设备进行清洗、消毒。最后关闭房间照明系统，开启紫外光对灯具进行消毒。

11.2.3 灭菌检漏工序

灭菌检漏工序主要用于产品的灭菌和检漏，利用高温对产品进行灭菌，利用色水和压差完成检漏工序。检漏灭菌柜见图11-2-8。

11.2.3.1 工作原理

水浴式安瓿检漏灭菌柜是适用于安瓿瓶的灭菌、检漏、清洗的灭菌设备。采用蒸汽通过板式换热器对内室的软化水进行加热、喷淋来对安瓿瓶进行升温、灭菌。

检漏过程是先抽真空，外部压力降低，有泄漏的制剂因为内部正压，会泄漏一部分内容物（封存的气体或液体）使内部压力与外部相同；然后放入色水后再恢复外部压力，这时外部压力比泄漏制剂的内部压力大，色水就会压入制剂，使之能明显地观察到。检漏结束后用清洗水对安瓿瓶进行清洗并回收清洗水。

图11-2-8 检漏灭菌柜

11.2.3.2 设备特点

水浴检漏方法比较传统，目前在玻璃容器上应用较普遍。该方法最终是通过操作人员根据容器中药液量的变化或颜色的变化来判断容器是否泄漏，易产生误判，并有二次污染的风险。

11.3 典型岗位操作注意事项与车间设计要点

11.3.1 灌封岗位操作注意事项

① 灌装前要确认药液的储存时间在规定的时限内，并且符合无菌、无热原的要求；
② 灌装管路、针头等要求无菌；
③ 灌装过程中要检查安瓿瓶的形状、密封性和焦头等；

④ 灌封后及时取样用于 QC 检查；
⑤ 灌装结束后及时清洁设备表面并进行消毒。

该岗位质量控制点包括：安瓿瓶的清洁度、药液颜色、药液可见异物、药液装量。验证要点包括：灌装速度、药液装量、惰性气体纯度、灌装时限、安瓿瓶的密封完整性、房间清洁灭菌效果。

11.3.2 灭菌岗位操作注意事项

水浴灭菌是典型的灭菌方法，在最终灭菌小容量注射剂生产中灭菌是建立在温度压力曲线和饱和蒸汽曲线一致的基础上，对热穿透药品的时间和温度进行评估，确定灭菌时间；同时对灭菌器定期进行再验证，确保灭菌的有效性。

该岗位操作过程中要观察升温、灭菌、降温的过程，记录灭菌曲线。每种产品的灭菌曲线均有差异，任何变化均要确认其适合性，确保灭菌程序处于受控状态。该岗位主要控制灭菌周期内的各段时间、标准灭菌时间（F_0）、真空度等。

11.3.3 车间设计要点

本节车间布置原则同本书第 9 章的 9.3.4.1 车间布置原则。

11.3.3.1 车间布置说明

典型最终灭菌小容量注射剂车间布置生产线和辅助设施两部分。生产线配液系统、灌装、安瓿瓶清洗、灭菌布置在 C 级洁净区；灭菌、灯检、包装布置在一般生产区。

进入车间的所有人员经人流门厅，经换鞋、更衣、洗手进入车间；洁净区操作人员再经人净设施，经换鞋、脱外衣、穿洁净衣、气锁进入洁净生产区；进入洁净区的物料经外清气锁进入洁净生产区。

配液系统包括：原辅料的暂存、称量、配液中心、过滤、IPQC 及 CIP 系统；灌装及辅助岗位包括：灌装、模具间、氢氧间。

洁净区清洗房间包括：洗衣整衣间、工具清洗间、工具存放间、洁具间、消毒液配制间等。

一般区依次布置灭菌检漏、灯检、印字包装岗位。

辅助生产区包括变配电室、空调机房、压缩空气氮气制备系统、纯化水制备系统、注射用水制备系统、原辅料进货大厅、易耗材间、标签暂存间、外包材暂存间、成品出货大厅。

11.3.3.2 车间布置特点

该车间是典型的最终灭菌小容量注射剂生产车间，在人流、物流方面均与非最终灭菌制剂一致，该剂型中关键的灌封岗位有其特殊性，具体表现在以下几方面：

① 灌封岗位是最终灭菌小容量注射剂的关键生产区域，该区域必须独立操作；
② 人员和材料进出该区域要采用定向流动；
③ 人员、物料、包材均在该区域同时存在，采用密闭输送物料、在线清洗和灭菌，用输送带直接将灭菌后的安瓿瓶输送到灌装机，同时将灌封后的安瓿水针送出洁净区；
④ 灌封区域属于高风险环境控制区域，应设置门禁装置和在线视频监控系统，以便管

理人员督查和追索监控；

⑤ 灌封区域内墙壁上尽量避免设置突出物品，仪表、电话、灯具、电源插座等应采用平面设计；

⑥ 废弃物的转移：该岗位产生的废瓶、废玻璃渣，应用专用容器传递出生产区；

⑦ 消毒：对灌封操作区域，采用VHP灭菌，消毒效果要求消毒剂熏蒸后挑战细菌数量下降对数单位。

思考题

1. 灌封岗位和灭菌检漏岗位布置在什么级别洁净区？
2. 灭菌需要控制哪些主要参数？
3. 试述最终灭菌小容量注射剂生产工艺流程及区域划分。
4. 小容量注射剂常用的灭菌方法有哪些？

参考书目

[1]　张珩，王凯．制药工程生产实习．北京：化学工业出版社，2019．
[2]　姚日升，边侠玲．制药过程安全与环保．北京：化学工业出版社，2018．
[3]　翟铁伟，宋航．药品生产质量管理（案例版）．北京：科学出版社，2021．
[4]　郭永学．制药设备与车间设计．3版．北京：中国医药科技出版社，2019．
[5]　马义岭，郭永学．制药设备与工艺验证．北京：化学工业出版社，2019．
[6]　齐鸣斋．化工原理．北京：化学工业出版社，2019．
[7]　杨俊杰．制药工程原理与设备．重庆：重庆大学出版社，2017．
[8]　陈玉文，杨舒杰．制药车间管理．北京：中国医药科技出版社，2011．
[9]　宋瑞．基础制药设备．石家庄：河北科学技术出版社，2015．
[10]　熊野娟．药物制剂实践教程．上海：复旦大学出版社，2015．